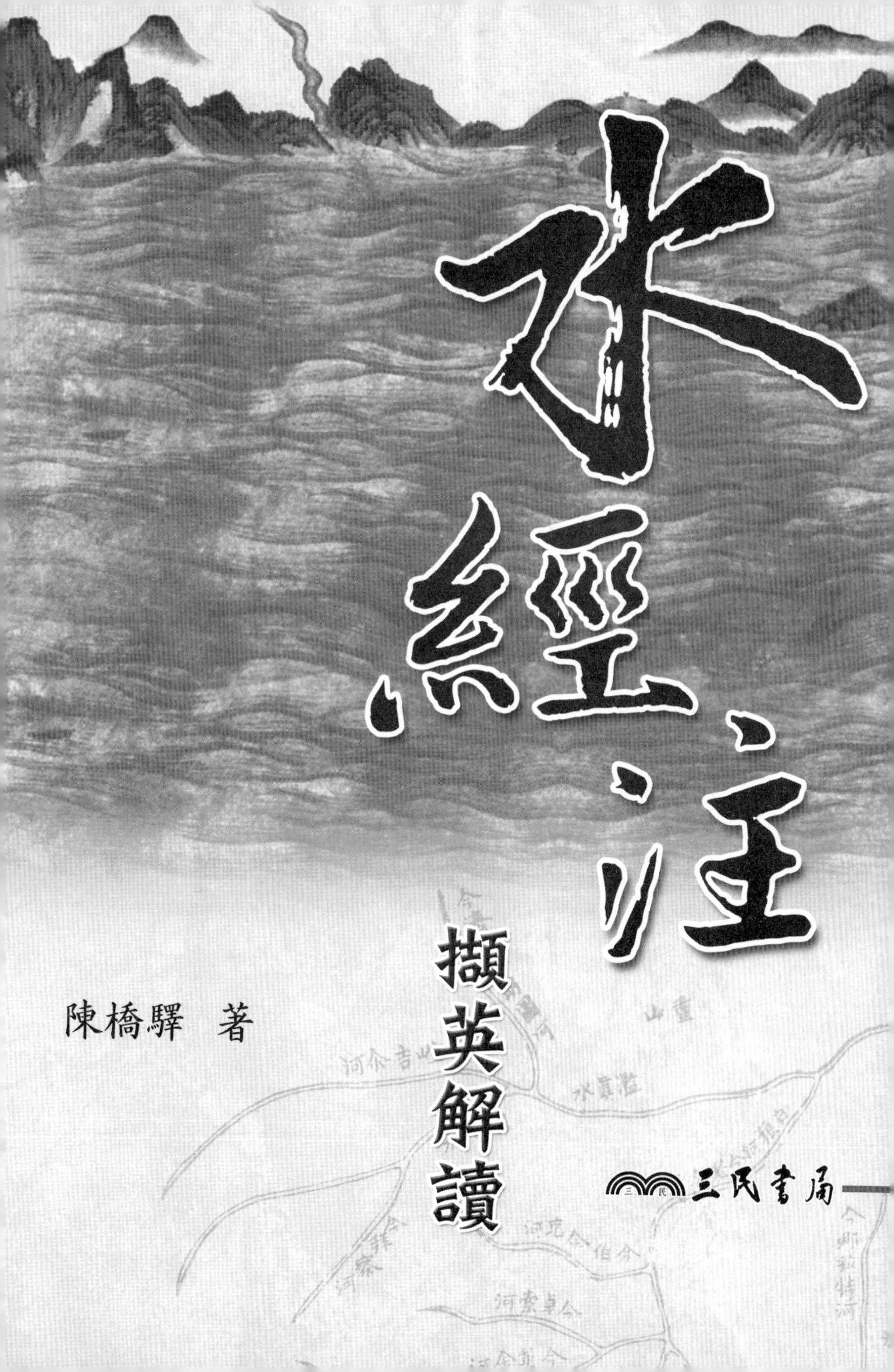

水經注

擷英解讀

陳橋驛 著

三民書局

國家圖書館出版品預行編目資料

水經注擷英解讀／陳橋驛著.－－初版一刷.－－臺北
市：三民，2010
面；　公分.－－(文苑叢書)

ISBN 978-957-14-5298-2　(平裝)

1. 水經注 2. 注釋

682　　　　　98023225

© 水經注擷英解讀

著作人	陳橋驛
責任編輯	郭佳怡
發行人	劉振強
著作財產權人	三民書局股份有限公司
發行所	三民書局股份有限公司 地址　臺北市復興北路386號 電話　(02)25006600 郵撥帳號　0009998-5
門市部	(復北店) 臺北市復興北路386號 (重南店) 臺北市重慶南路一段61號
出版日期	初版一刷　2010年1月
編號	S 821070

行政院新聞局登記證局版臺業字第〇二〇〇號

ISBN　978-957-14-5298-2　(平裝)

http://www.sanmin.com.tw　三民網路書店

水經注擷英解讀

目次

代序

《水經注》簡介

我是以一種偶然的機遇走進酈學這門學問的。而竟料不到從此在這門學問上走過了六十多個年頭，撰述的論文集和校勘的版本總共已近三十。所有這些，在最近出版的〈我讀《水經注》的經歷〉❶和〈我校勘《水經注》的經歷〉❷兩文中已經作了較詳的說明。時至今日，《水經注》不僅是一本許多文化人都樂於瀏覽披閱的古籍，而且還成了一本不少人文科學家和自然科學家共同需要檢索的工具書。

現在，我已經是一位逾八近九的老朽，但是由於不退休，仍是高等學校中的在職教授，而且還帶著研究生，所以常常為他們講及這門學問。自從上世紀八十年代以後，我經常應邀出國

❶ 此文首發於上海《書林》一九八〇年第三期，如《治學集》、《開卷有益》等均轉載，又收入於《水經注研究》，天津古籍出版社一九八五年出版，又譯載於日本的某些集刊，但均有錯訛，今以浙江大學出版社二〇〇八年出版的《百年求是學術名流精品集》之一《水經注論叢》為準。

❷ 原載《杭州師範學院學報》社會科學版二〇〇四年第五期，並作為中華書局二〇〇七年出版《水經注校證》卷首〈代序〉。

擔任客座教授或講學，也有不少對漢學有興趣和已經有了漢學研究成果的國外漢學學者到我的研究室從事進修和研究工作。一九八三年，我應邀在日本關西大學大學院（研究生院）作客座教授，其時，我的漢學好友藤善真澄教授正在為該校開設「水經——江水篇」課程，所以我去該校大學院講授《水經注》研究，確實受到他們的歡迎。為了提高研究生的英語水平，校方在事前就要求我以英語講課，藤善先生也隨同聽課，除了他的英語較遜以外，我們相處甚得，從此成為酈學摯友。我的《水經注研究》❸隨即出版，他立刻函告，此書已作為該校酈學課程的教材，此訊除了使我不勝汗顏外，也讓我略知這門學問的國際性。藤善本人即是日本著名酈學家京都大學教授森鹿三的高足。此後，我雖曾多次前往東瀛，但講學的地域不斷擴大。發現那些雖然不是如同日本那樣「同文同種」的國家裡，不僅是漢學家不少，而其中對《水經注》的研究，也有很感興趣的。所以我同樣地在那些國家裡多次演講了有關《水經注》的課題。

正因為此，上世紀末期，當臺灣中央研究院邀請我前去講學時，我們夫婦特地到該院邊緣的胡適墓前鞠躬致敬。除了景仰他的道德學問外，特別是因為他竟以其有生的最後二十年時間，傾全力於酈學的研究。《胡適手稿》十集共三十冊，其中一至六集共十八冊，全是他的酈學研究成果。他所搜集的大量前人或與他同輩人的酈學文章，為後來的酈學研究者提供了極大的方便。從臺灣返回以後，我即應上海《辭海．新知》❹之約，撰寫了〈我說胡適〉這一篇不短的文章，並插附了我們夫婦在他墓前致敬的照片。我所以把文題名為〈我說胡適〉，是因為在一九五〇年

---

❸ 此是拙撰《水經注》論文集的第一部，常稱《一集》，拙撰此類論文集共有四部。

❹ 上海辭書出版社出版，一九九九年第四期。

以後，曾經也有過不少人說過胡適。我在此文中引了一小段當時的那些人是怎樣說，怎樣做的：

> 是一個唯心主義和反動思潮的代表，十足的洋奴。……所以在當時，如果與胡適這個名字有牽連，就可以讓人家破人亡。〈吳晗與胡適〉這一篇張開血盆大口的文章，不僅吞噬了吳晗一家，還毀滅了千萬個無辜的家庭。年歲大些的知識分子，恐怕記憶猶新。

後來形勢轉變了，有一些看風使舵（或知識淺薄）的人，其實並不懂得胡適，也跳出來趕時機，為胡適說「好話」。史學界前輩楊向奎先生看到了一九八六年十月三十日這類人物的文章，急急忙忙地把此文剪下來，於次日就寄給我，並在信上說：「這未免顛倒黑白，我並不研究《水經注》。……希望你出頭說一下以澄清是非」。我其實也看到連載多日的這篇大作，但我對這類作者和這類文章，初看一篇，就覺得不值得為此浪費我的目力，所以從此不再觸及。但是因為楊先生是我尊敬的前輩，所以只好遵命寫了一篇〈關於《胡適傳》中涉及《水經注》問題的商榷〉❺的文章，澄清了楊先生囑我澄清的是非。我在上述〈我說胡適〉的拙文中，最後歸納了他為人為學的四種優秀品質，這中間也包括了他在《水經注》研究中的三個方面的例子。

現在言歸正傳，談：我為什麼用這一篇〈水經注簡介〉作為此書的〈代序〉。《水經注》一書的確實年代，現在無可核實，總之是西元六世紀初期的作品，而學者以此書從事學術研究則始於唐朝❻。從宋代起，由於刊本開始流行，所以研究者逐漸增多，到清初而至於極盛。因為

❺ 原載《光明日報》一九八七年一月十四日，收入於《酈學新論——〈水經注〉研究之三》，山西人民出版社一九九二年出版。

❻ 〈水經注研究始於唐代〉，收入《酈學札記》，上海書店出版社二〇〇〇年出版。

其書在以往的傳鈔、刊印過程中，有過不少散佚與訛誤，所以在後人研究中，曾作了許多輯佚、增改、校勘的工作，而四庫館中校勘成書的《殿本》，可以作為今天閱讀和研究的較好本子。這個本子約三十五萬字，歷來有許多學者研究和議論，著述甚多。現在我的書名稱為《水經注擷英解讀》，我在此必須解釋「擷英」的這個「英」字。因為《水經注》其書，既有許多佳處，我的「解讀」是既解佳處，又解難處。而在不少這種場合，我都引及了前人的說法，當然也表述了我自己的心得。既供酈學研究者的評議參考，也供一般愛酈讀者的披閱欣賞。由於估計到此書的讀者之中，或許有多數是聽聞《水經注》之名，或者是偶讀此書的某些篇段而引起興趣者，所以在卷首要有一篇介紹此書一般情況的文章。歷來介紹此書的文章較多，找一篇這類文章置於卷首，或許比重起爐灶專寫一篇更為適當和有效。這些年來，我常常採用這種方式在拙著卷首加上一篇這類文章，所以稱為〈代序〉。例如《水經注校釋》❼，此書還謬獲二〇〇三年教育部「第三屆中國高校人文社會科學研究優秀成果獎」的歷史學一等獎❽。此書卷首，我是以發表於一九九四年的拙作〈民國以來研究《水經注》之總成績〉❾作為卷首〈代序〉，而二〇〇七年在中華書局出版的《水經注校證》，則以〈我校勘《水經注》的經歷〉作為卷首〈代序〉。現在要選用一篇比較全面地介紹《水經注》的文章作為〈代序〉，頗讓我花費了一番考慮。因為我歷來寫過的這類作品不少，但作為〈代序〉，不宜過繁，也不宜過簡。例如我曾經寫過《酈道元

❼ 杭州大學出版社一九九九年出版。
❽ 中華人民共和國教育部二〇〇三年七月三日，教社證字（二〇〇三）第〇一七號。
❾ 原載《中華文史論叢》第五十三輯。

與水經注》[10]一書，雖然並非一部大書，但以之作〈序〉，畢竟太長。中國青年出版社曾經出版過一套《中國典籍精華叢書》[11]，其中第九卷內有我的〈水經注評介〉一篇，這次重閱此篇，感到不夠全面。山東教育出版社於二〇〇六年出版了一套《中國史學名著評介》，第一卷中就收入我的《水經注》評介文章，儘管評介了幾個方面，但看來也稍嫌簡略。所以最後決定採用卞孝萱、胡阿祥二位先生主編的《國學四十講》[12]中收入的〈酈學〉這一篇，把篇名改作〈水經注簡介〉，作為此書卷首〈代序〉。對於此事，我確實揣摩甚久，而且反覆比較，終於拿定主意，以此篇作為卷首〈代序〉，或許稱得上差強人意。

一、《水經》與《水經注》

酈學是一門學問，它以《水經注》為研究對象，《水經注》是北魏酈道元的著作，所以學術界把這門學問稱為酈學。由於《水經注》一書內容豐富，涉及的學術領域很廣，如我在簡化字本《水經注》[13]的點校〈後記〉中所說，此書「已經成為自然科學者和人文科學者都要使用的參考書」。郗志群在其〈最近十年來《水經注》研究概述〉[14]一文中指出：「最近十年，對《水

[10] 上海人民出版社一九八七年出版。

[11] 二〇〇六年出版。

[12] 湖北人民出版社二〇〇八年出版。

[13] 浙江古籍出版社二〇〇一年版。

[14] 華林甫編：《中國歷史地理學五十年（一九四九—一九九九）》，學苑出版社二〇〇一年版。

經注》的研究一直是學術界的一個熱點，且有不斷升溫的趨勢。」所以對於學術界來說，酈學是一門博大精深、值得研究的學問；對於一般讀者來說，《水經注》是一部趣味雋永、知識豐富的讀物。這或許就是郗志群稱之為「熱點」的原因。

從書名來看，《水經注》是《水經》的一種注釋。在中國歷史上，後人為前輩學者著作作注的事相當普遍，其中也有很出名的，例如裴松之注《三國志》，李善注《文選》，胡三省注《資治通鑑》，都是這方面的例子。但《水經注》的情況就更為特殊。酈道元作注的這部《水經》內容簡單而刻板，全書共約八千二百五十字。經過酈道元作注，全書擴大到約三十四萬五千字[15]。所以，《水經注》實在是一部獨立的著作。

這裡有必要說明的是，在中國歷史上，《水經》和《水經注》都不止一種。這在《隋書・經籍志》、《舊唐書・經籍志》、《新唐書・藝文志》中都有著錄。《隋志》著錄：「《水經》三卷，郭璞注。」這項著錄不及撰者，只知是郭璞所注。《舊唐志》著錄：「《水經》三卷，郭璞撰。」這項著錄的價值不大，因為它無非是抄錄《隋志》，而且把《隋志》「郭璞注」的「注」字訛作「撰」字。郭璞是東晉人，確實注過不少書，現存的還有《山海經》、《爾雅》、《方言》等，所以《隋志》作「注」，大概不致有訛。《新唐志》著錄：「桑欽《水經》三卷。」這項著錄，指出了《隋志》和《舊唐志》都不曾記及的這部《水經》的作者，所以對《隋志》和《舊唐志》都是一種重要的補充。桑欽是西漢成帝時人（西元前一世紀末），所以班固在東漢初撰寫《漢書・

⑮ 陳橋驛：〈讀胡適研究《水經注》的第一篇文章〉附錄〈乾隆酈學全、趙、戴三家札記——三家研究《水經注》獨立同歸探討〉，《水經注研究四集》，杭州出版社二〇〇三年版。

地理志》時已引及了他的著作。〈漢志〉在有關絳水、漯水、汶水、淮水、弱水、易水等六條河流的敘述中，分別引及了桑欽的著作。既然所引都是河流，或許就是他所撰的《水經》。但是由於班固引及桑欽時，都並未提出《水經》書名，而只是籠統地說「桑欽言」、「桑欽以為」等等，而酈道元《水經注》卷五〈河水注〉中，卻引及桑欽《地理志》，所以〈漢志〉所引桑欽，是《水經》抑是《地理志》或桑欽的其他著作，仍然無法肯定。不過宋鄭樵《通志・藝文略》著錄：「《水經》三卷，漢桑欽撰，郭璞注。」與上述〈隋志〉及〈舊唐志〉的著錄對照，桑欽所撰《水經》，由郭璞作注，其書或許確曾存在。當然，全書不過三卷，篇幅甚小，而且亡佚已久，內容除〈漢志〉引及者外，已經不得而知了。

隋唐三志除了上述對《水經》的著錄外，〈隋志〉又另有著錄：「《水經》四十卷，酈善長注。」〈舊唐志〉作：「《水經》又四十卷，酈道元撰。」〈新唐志〉作：「酈道元注《水經》四十卷。」酈道元所注的《水經》當然不是桑欽的《水經》。此《水經》是何時何人所撰，歷來有不同意見。清初胡渭在《禹貢錐指略例》中認為：「《水經》創自東漢，而魏晉人續成之，非一時一手作。」全祖望在其〈五校本題辭〉也指出：「東漢初人為之，曹魏初人續成之。」乾隆年代，《四庫全書提要》在仔細地研究了經文中的地名以後，作出了令人信服的考證：

> 又《水經》作者，《唐書》題曰桑欽，但班固嘗引欽說，與經文異；道元注亦引欽所作《地理志》，不曰《水經》。觀其涪水條中，稱廣漢已為廣魏，則決非漢時；鍾水條中，稱晉寧仍曰魏寧，則未及晉代。推尋文句，大抵三國時人。

清末楊守敬在《四庫全書提要》的基礎上繼續研究，得出了此《水經》是三國魏人所撰的結論。他在〈水經注要刪凡例〉中說：

自閻百詩謂郭璞注《山海經》引《水經》者七，而後郭璞撰《水經》之說廢；自〈水經注序〉出，不言經作于桑欽，而后來附益之說為不足凭。前人定為三國時人作，其說是矣。余更得數證焉。〈沔水〉經「東過魏興安陽縣南」。魏興為曹氏所立之郡，注明言之。趙氏⑯疑此條為后人所續者，不知此正魏人作經之明證。古淇水入河，至建安十九年曹魏始遏淇水東入白溝，而經明云「東過內黃縣南為白溝」，此又魏人作經之切證。又劉璋分巴郡置巴東、巴西郡，而夷水、漾水經文只稱巴郡；蜀先主置漢嘉郡、涪陵郡，而若水、延江水經文，不稱漢嘉、涪陵。他如吳省沙羨縣，而經仍稱江夏沙羨，吳置始安郡于始安，而經仍稱零陵始安，蓋以敵國所改之制，故外之。此又魏人作經，不下逮晉代之證也。

如上所述，經過《四庫全書提要》和楊守敬的考證，這部《水經》為三國魏人所作，大概已可論定。不過他們在考證中都沒有提出此書是何人所撰。由於這個問題實在沒有線索可循，只好付之闕如，中國古籍中這種情況很多，不足為怪。所以我們可以確定的是，酈道元為之作注的這部《水經》，是三國魏人所撰，但撰者不知其名。

⑯按指清代趙一清。

二、酈道元家世

酈道元（西元？年—五二七年），字善長，范陽郡涿縣（今河北涿州）人。現在我們研究的這門學問以他的姓氏命名，則酈道元其人是首先必須了解的。著名學者胡適在其酈學研究中，曾考證典籍，把酈氏家世，從他的曾祖、祖父、父輩和兄弟輩作了一張簡表：

酈氏家族世系

- 酈紹
  - 酈嵩
    - 酈範
      - 道元（善長），孝昌三年（西元五二七年）死。
      - 道□⑰
      - 道□
      - 道慎（善季），正光五年（西元五二四年）死，年三十六。
      - 道約（善禮），武定七年（西元五四九年）死，年六十三。
    - 酈神虎
    - 酈夔
      - 惲（幼和），武泰元年（西元五四九年）死，年三十六。
    - 酈神期
    - 酈顯度

這張世系表中列入了酈氏家族四代共十三人，都是從《魏書》和《北史》兩部正史中查出

---

⑰ 酈氏家族世系從《胡適手稿》（第三集下冊），書中原未查明酈範子二人，作□。

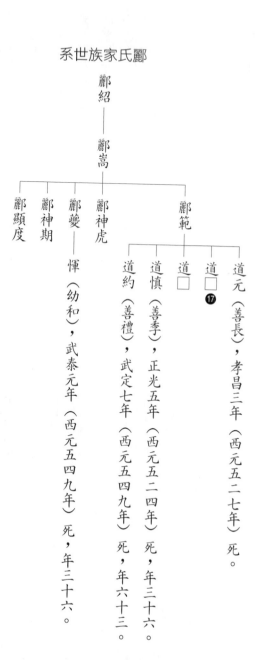

來的，因為酈範和酈道元在這兩部史書中都立有專傳，此外，酈道慎和酈道約也都立有不到一百字的短傳。與他們同輩的酈惲也有短傳。而另外在世系表中列名的，都在上述入傳的成員中提及。所以總的說來，酈氏在當時稱得上是一個望族，官宦世家，書香門第。

再看看酈氏家族所處的時代。在中國，這是一個南北分裂的時期，歷史上稱為「五胡亂華」。大群生活在北方草原的游牧民族，相繼進入華北和中原，他們放棄了「天蒼蒼，野茫茫」的自然環境和「風吹草低見牛羊」的游牧生活，而入居到這片對他們來說是完全陌生的土地上從事農業生產。而原來居住在這個地區的漢族，也就被迫大批南遷，放棄了他們世代定居的這片坦蕩肥沃的小麥雜糧區，遷移到低窪潮溼的江南稻作區。譚其驤在其〈晉永嘉喪亂後之民族遷徙〉⑱一文中作過估計，從西晉末年到劉裕為止，「南渡人口約共有九十萬，占當時全國境人口約五百四十五萬的六分之一。」但從地理上說，如我在〈酈道元生平考〉⑲一文中所指出的，這是一個「地理大交流」的時代，它加速了中華民族的形成與融合。所以，從戰禍蔓延、人民流離的這種現象來說，這個時代是中國的混亂時代；但從文化交流、民族融合的這種結果來說，這個時代是中國的光榮時代。

當永嘉之亂之時，大批漢人南遷。但按上述譚其驤的估計，漢人中的大部分仍然留居北土，他們甘冒戰亂的風險而安土重遷。據《魏書》和《北史》這兩部史書的記述，酈氏家族很早就

⑱《長水集》(上)，人民出版社一九八七年版。

⑲《地理學報》第四十五卷第三期，一九八八年九月，又收入《酈學新論——水經注研究之三》，山西人民出版社一九九二年版。

服官於「五胡」中的鮮卑族人之下。酈道元的曾祖酈紹原來在慕容鮮卑建立的後燕（西元三九六年－四〇三年）任濮陽太守。當拓跋鮮卑大軍南下之時，他「以郡迎降，授兗州監軍」。酈道元的祖父酈嵩，曾在拓跋鮮卑的北魏任天水太守。而到了其父酈範，在北魏任給事東宮，以後又不斷地加官晉爵，從男爵、子爵、侯爵，直到「除平東將軍，青州刺史，假范陽公」。他是酈氏家族中在北魏登峰造極的人物。從上列世系表中可以見及，表上列名的家族成員，幾乎每人都曾在拓跋王朝中擔任過大小不同的官職。如酈道元的弟弟酈道慎，雖然不到四十歲就去世，但卻獲得過不少封號和官職，如輔國將軍、驍騎將軍等，並任官正平太守。另一個弟弟酈道約，曾獲冠軍將軍的封號，並任東萊太守和魯郡太守。酈道元的堂兄弟酈惲，曾得征虜將軍的封號，並任安州刺史。酈道元的叔叔酈神虎、酈神期，以及他的子侄一輩，也都有封號和官職。所以酈氏家族在鮮卑王朝中，顯然屬於官宦世家。

永嘉之亂以後，中國分為南北，拓跋鮮卑是北部中國的最大勝利者，從政治上說，他們建立了勢力強大的北魏。對於許多留居在北方的漢人來說，則是被征服者。但是在另一方面，這些在政治上屈從於鮮卑王朝的漢人，從文化上說，卻是十足的征服者。因為這一大批騎著戰馬呼嘯而來的草原人，在進入中原以後，剛剛跨下馬背，就拜倒在漢人的文化之下。他們把首都從塞北平城（今山西大同附近）遷到中原名都洛陽，他們崇儒尊孔，禁說胡語，禁穿胡服，而最終廢棄他們的世代胡姓「拓跋」，改為漢姓「元」。這個過程，實際上就是民族間文化交流的過程，也就是隨著「地理大交流」而發生的民族融合的過程。

這個過程實際上是相當漫長的，我在拙著《酈道元評傳》[20]中，曾以兩個確切可考的年分，敘述了這個過程的經歷：

在公元前三〇七年，一位漢族的著名國君趙武靈王，他甘願冒天下之大不韙，放棄祖宗歷代的傳統服式，自己帶頭，並且要他的子民一起穿上人們所不齒的奇形怪狀的夷狄服裝。但事隔八個世紀，來自塞北草原的騎馬民族的一支，鮮卑族的著名國君拓跋宏，於北魏太和十八年（西元四九四年）正式下詔：「禁士民胡服。」……一位漢族領袖要漢人穿上胡服，而另一位胡人領袖要胡人穿上漢服。這真是一齣歷史喜劇，或許也可以說是歷史對人們的揶揄。

所以文化交流和民族融合的過程實際上是漫長、曲折和複雜的。而在酈氏家族這一代中，這種過程獲得很大的躍進，基本上趨於完成。而在這方面，酈氏家族是作出了很大貢獻的。前面已經述及，酈氏家族屬於書香門第，在當時戰亂頻繁、時局動盪的中原，他們家族正是漢族文化的代表，傾倒於漢族文化的拓跋王朝之所以把教育王朝子孫重任的給事東宮之職授予酈範，也正是看中了酈氏家族的這種代表漢族文化的書香門第。事實上，從上述兩種史書的記敘中，也可以看到這個家族成員的文化素養。且不說酈道元的學術文章，史書涉及的其他成員，如酈道慎「涉歷史傳，有幹略」，酈道約「頗愛琴書」，酈惲「好學，有文才，……所作文章，頗行于世，撰慕容氏書，不成」（酈惲沒有撰成的《慕容氏書》，或許就是慕容鮮卑建立的前燕、西燕、後燕的史書，可惜沒有撰成），這些記載可以說明，酈氏家族所以能夠在這些少數

---

[20] 南京大學出版社一九九四年版。

民族建立的王朝中獲得重視並建立功業，這與他們書香門第的文化素質是分不開的。而他們顯然在促成拓跋王朝的漢化過程中起了重要的作用。

三、酈道元

酈道元的家族門第和時代，這是酈學這門學問的背景。在了解了這種背景以後，就可以進一步認識酈道元本人了。

酈道元生年不詳，這是因為缺乏歷史記載。歷來有不少學者議論過他的出生和在世年代，但都是一種臆測，並不可靠。學者們臆測酈氏生年的依據，都是根據《水經注》卷二十六〈巨洋水注〉中的一句自述：「先公以太和中作鎮海岱，余總角之年，侍節東州。」不少學者以「總角之年」中的「總角」一詞，假設他「侍節東州」的年齡，而由此推算他的生年。但問題是，「總角」一詞，在中國古代詞彙中，並無確切的數值概念。此詞最早見於《詩經》和《禮記》，不過是童年的泛指。以往各家推測，最早為和平六年（西元四六五年），最晚為太和九年（西元四八五年）[21]。眾說紛紜，莫衷一是。這其實是酈學研究中既不能也不必解決的問題。

酈道元的家鄉在什麼地方？在卷十二〈巨馬水注〉中有明確記敘：

> 巨馬水又東，酈亭溝水注之。水上承督亢溝水于逎縣東，東南流，歷紫淵東，余六世祖樂浪府君，自涿之先賢鄉爰宅其陰。

---

21 《酈道元評傳》，第二十頁。

這條記載明白地寫出了他的故鄉，在巨馬水（今拒馬河）支流酈亭溝水的一個稱為紫淵的湖邊，酈氏故居在這個湖泊以南。清孫承澤在《春明夢餘錄》卷六十四說：「酈亭在涿州南二十里，為酈道元故居。」酈道元故居，也就是酈氏家族的故居，從《水經注》中明確可考。不過由於酈範遊宦四方，故居是否就是酈道元的出生地，也屬無可考證。

一九九五年初，時值元宵佳節，涿州市舉行酈道元學術討論會，我曾躬逢其盛。當時，酈道元紀念館也在其故居奠基動工。此處現已稱為酈道元村，地理位置與《春明夢餘錄》完全吻合，不過河川變化與《水經注》時代已經很不相同。村邊有一條溝渠，與拒馬河連通。而酈氏記載的酈亭溝水已經完全乾涸，紫淵當然更無影蹤。村舍不大，坐落在拒馬河的一片平原之中，回首十四個世紀以前的酈氏故居，滄桑遞變，令人感慨係之。

前面已經提到酈氏家族是一個官宦家族，他父親酈範是北魏王朝中的重臣，他自幼隨父，當然到過不少地方，上述〈巨洋水注〉中「余總角之年，侍節東州」，說的就是他父親任青州刺史時他的童年經歷。至於他自己何時入仕，在〈河水注〉中有明確記載：「余以太和十八年從高祖北巡。」當時所任的是什麼官職，注文也說得明白：「余以太和中為尚書郎，從高祖北巡。」按《魏書・官氏志》，尚書郎是一個不入品位的小官，以他的家族背景而只任一個小官，說明這正是他年輕資低初入仕途之時。以一個職位低微的小官，卻能隨帝北巡，這仍與他的家族背景有關。

此後，酈道元在北魏擔任過許多官職。在他父親去世以後，朝廷因他父親的爵位，封他為永寧伯，並先後擔任太尉掾、書侍御史、冀州鎮東府長史、潁川太守、魯陽太守、東荊州刺史、河南尹、黃門侍郎、侍中兼攝行臺尚書、御史中尉等職。他的最後幾項官職，如河南尹、御史中尉等，按《魏書・官氏志》均入第三品，已經屬於北魏王朝的高級官吏了。由於他的才能和膽識，在他為官的經歷中，常常被朝廷臨危授命，去完成緊急和艱難的任務。見於其傳記的就有三次。

第一次是北方六鎮叛亂前夕，據《北史》所載：「詔道元持節兼黃門侍郎，馳驛與大都督李崇籌議置立、裁減、去留」。其事在正光之末（西元五二四年—五二五年）。這裡值得注意的是「持節」一語。從晉代以來，朝廷在對大臣臨危授命時，往往加以「使持節」、「持節」、「假節」的權力。《晉書・職官志》說：『「使持節」為上，『持節』次之，『假節』為下。『使持節』得殺二千石以下；『持節』殺無官位人，若軍事，得與『使持節』同；『假節』唯軍事，得殺犯軍令者。」這次酈道元的授命，或許可以視同軍事，權力實同於「使持節」。但是由於朝廷的措施已晚，「會諸鎮叛，不果而還」。

第二次臨危授命在孝昌元年（西元五二五年），據《北史》所載：「孝昌初，梁遣將揚州刺史元法僧又於彭城反叛，詔道元持節，兼侍中，攝行臺尚書，節度諸軍事，依僕射李平故事。軍至渦陽，敗退，道元追討，多所斬獲。」這一次臨危授命，除了「持節」以外，並且還要「依僕射李平故事」。據《魏書・李平傳》：「冀州刺史京兆王愉反於信都，以平為使持節都督，北討諸軍事鎮北將軍，行冀州事以討之。」說明所謂「李平故事」，實際上就是朝廷在非常時刻任命一位文官指揮一場戰爭的先例。京兆王愉是王上的元弟，又是坐鎮北疆的封疆大吏，其反叛朝廷，關係非同小可，所以朝廷採用這樣的緊急措施，以求平叛軍事的迅速奏效。酈道元的這次授命也正是這樣，元法僧是北魏宗室，曾任魏光祿大夫，當時是使持節都督徐州諸軍事、徐州刺史，是北魏南疆的封疆大吏。所以朝廷引「李平故事」，斷然臨危授命，讓酈道元持節節度諸軍，一舉擊潰元法僧，元法僧走投無路，終於投奔南梁。

第三次臨危授命即是雍州刺史蕭寶夤反狀暴露後，朝廷命酈道元為關右大使深入險境。雖然這次授命可能是他的政敵的陷害陰謀，而他最後也在這次使命中蒙難，但事情的本身仍然可以說明酈道元具有出生入死、赴湯蹈火的果斷和勇敢的品質。他是在陰盤驛亭（今陝西臨潼附近）受到叛將蕭寶夤殘害的，同時蒙難的據《北史》所載還有他的弟弟和兩個兒子。酈氏死後，朝廷追贈其兵部尚書、冀州刺史。

酈道元蒙難，並且受到朝廷的封贈，但在《魏書》中，卻把他列於〈酷吏傳〉。《魏書》是與酈道元同時代的魏收所纂，魏收是一個略有文才的狎邪小人。《北齊書》曾引他奉命纂修《魏書》後的言論：「何物小子，敢共魏收作色，舉之則使上天，按之當使入地。」所以清趙一清在其《水經注釋》所附《北史》本傳中作了一段案語：

按道元立身行己，自有本末，不幸生于亂世，而大節無虧，即其持法嚴峻，亦由拓跋朝淫汙闒冗，救蔽扶衰使然，何至列之〈酷吏傳〉耶？恐素與魏收嫌怨，才名相軋故耶？知人論世，必有取于余言也。

其實，較《魏書》晚纂百餘年的《北史》，事實上已為「酷吏」之事平反。而《魏書》本身在其纂成以後即被當時人諧音稱為「穢史」。直到《四庫全書提要》中，仍然指出：「收以此書，為世所詬厲，號為『穢史』。」我在拙著《酈道元評傳》中，對此又有評論，這裡不作贅敘。

四、酈道元撰《水經注》的動機

前面已經寫明了酈道元出身書香門第。《魏書》和《北史》都指出：「道元好學，歷覽奇書。」對於他的著述，此二史也都記及：「撰《水經注》四十卷，〈本志〉十三篇，又為〈七聘〉及諸文，皆行于世。」但當時「皆行于世」的〈本志〉、〈七聘〉及其他文字，後來都亡佚不見，唯《水經注》獨存。而《水經注》竟是如此一部文字生動、內容浩瀚的大書，一本書而形成一門學問。蘇東坡詩：「嗟我樂何深，《水經》亦屢讀。」㉒ 一本書，讓歷代多少文人學士誦讀研究，在中國文化史上，實在難能可貴。

《水經》是一部專記河流的書，所記河流除了發源、流程、歸宿以外，別無其他，所以非常簡單，以卷四十〈漸江水〉（今錢塘江）為例，它的全文是：「漸江水出三天子都，北過餘杭，東入于海。」寥寥十六字。但《水經注》這一篇長達六千五百餘字。描述流域中的許多山岳、河川、湖泊、瀑布，生動地勾劃出境內的風景名勝。對於流域中的郡縣城市，不僅敘述了它們的淵源沿革，並且還寫出了許多歷史掌故。此外並穿插了流傳於這個地區的許多人物行歷，兼及傳說故事。為了寫此一篇，注文中引及的文獻即達三十種左右。而當今這個地區的主要旅遊勝地如西湖、天目山、會稽山、蘭亭、鑑湖、五泄瀑布等等，都已在他的注文之中，其中如西湖、天目山、蘭亭、五泄瀑布等，都是現存古籍中的第一次記載。

㉒ 〈寄周安孺茶詩〉，《蘇軾詩集》卷二十二，中華書局一九八二年版。

酈道元為什麼能夠寫出這樣一部內容豐富、文字生動的巨著，這當然是依靠他的天賦和勤奮。上述史書中所說「道元好學，歷覽奇書」八字，或許可以解答這個問題。但另外一個問題是，酈道元為什麼要撰寫這樣一部記敘全國歷史沿革、描寫各地大好河山的巨著？他身處南北分裂的擾攘時代，他在世之日，國家分裂已經超過了一個半世紀，儘管他們家族尊孔尊儒，一門書香，但是他只能從歷史文獻中看到一個自秦以後的強盛祖國。他們家族累世任官北朝，戎馬倥傯，政事繁劇，但他竟能在忙碌的宦事之餘，在他所目及的半壁河山之間，撰寫包羅全國的如此一部大書。他畢生從來沒有看到過統一的國家，但是《水經注》一書，卻是以西漢王朝的版圖為基礎撰寫的。有人認為，《水經注》的記敘空間是由《水經》決定的。這話其實不對，因為不僅選《水經》作注是他自己的決定，而《水經》如上所述，不過是簡列河川源流，並不記敘西漢版圖。例如南疆的朱崖、儋耳二郡（今海南省），因與《水經》所列河川無涉，並不載入《水經》，但酈道元卻不輕易放過，以之附於〈溫水注〉的記敘之中，而且寫得非常詳細：

> 朱崖、儋耳二郡，與交州俱開，皆漢武帝所置。大海中，南極之外，對合浦徐聞縣，清朗無風之日，逕望朱崖州，如囷廩大，從徐聞對渡，北風舉帆，一日一夜而至，周回二千餘里，徑度八百里，人民可十萬餘家，皆殊種異類，被髮雕身，而女多姣好，白皙、長髮、美鬢。犬羊相聚，不服德教。

一位足跡從未南下的北人，對於這個在遙遠的南方大海中的、建置短暫的西漢屬郡，竟能通過對文獻的搜索整理，記敘得這樣生動詳細。在全書中，對於江南的這類記敘，例子甚多，朱崖、儋耳，無非是其中之一而已。

著名史學家楊向奎在其所著《大一統與儒家思想》㉓一書中所強調的「大一統」思想，正是酈道元撰寫《水經注》的動機。楊先生在此書中指出：「『大一統』的思想，三千年來浸潤著我國人民的思想感情，這是一種凝聚力，這種力量的淵泉，不是狹隘的民族觀念，而是內容豐富，包羅有政治經濟文化各種要素在內的實體，而文化的要素更占有重要地位。『華夏文明』照耀在天地間，使我國人民具有自豪感與自信心，因而是無比的精神力量。」

前面已經多次提及了酈氏這個世代官宦的書香門第，酈道元從小所受的教育是儒家的正統教育，大概也是沒有疑問的。從《水經注》中所引的文獻來看，他對四書五經和孔孟的推崇，可以窺及他的心態，大一統思想在他身上顯然是根深蒂固的。而他目睹的這種長期存在的南北分裂的局面，無疑更促進了他這種思想的發展。他的青少年時代，正是北魏勵精圖治、國勢蒸蒸日上的時候，而當時的南朝，卻是一個篡奪頻仍、朝政腐敗、國勢淩夷的局面。他的父輩受到朝廷的重用，而拓跋氏變夷為夏的各種改革，讓他對儒家文化的勝利充滿信心。他本人入仕於孝文帝元宏時代，這正是北魏國勢鼎盛而北朝的漢化也已基本完成的時代。元宏確實是一位傾心於漢人文化，而在政治上具有一統南北、建立一個大朝廷的抱負的國君。在揮師南下以前，為了鞏固北方的防務，因而於太和十八年親自出巡六鎮，直到陰山一帶。酈道元雖然年輕資淺，卻也能成為隨行成員，說明了朝廷對酈氏家族的信任，另一方面也說明了酈道元的才華意氣已經獲得朝廷的賞識。所有這一切，他當然心領神會。所以他滿懷希望，長期的南北分裂，將由元宏這位英明國君來統一，西漢以來的大一統國家又將出現。

㉓ 中國友誼出版公司一九八九年版。

但事實的發展並不如他所盼望的，由於元宏的中道崩殂，北魏國勢竟從此一蹶不振。朝廷內部傾軋鬥爭，宮幃腐敗，不可收拾。而北有六鎮之亂，南疆也日益不寧。蒿目時艱，大一統已經沒有可能。這或許就是他撰寫《水經注》的動機，通過著述，以寄託他渴望祖國大一統的胸懷。

從《水經注》全書來看，北部中國多是他親涉之地，以他的豐富知識和寫作技巧，當然可以把各地風景記敘得生動細膩，栩栩如生，例如〈河水注〉的壺口瀑布一段，即是他的實地寫生。如史念海所說：「這完全是壺口的一幅素描，到現在也還是這樣，到過壺口的人一定會感到這話說得真切。」㉔但是他生平足跡絕未到達南方，對於祖國南部的半壁河山，他千方百計地廣搜資料，悉心加工，同樣寫得出神入化，例如在〈江水注〉中，對於長江三峽，他利用親履其境的袁山松等人的著作，同樣留下了讓人百讀不厭的千古文章。由於他的大一統思想，雖然國家殘破，但在他的心目中，南方也是祖國的大好河山。

他在《水經注》撰寫中的大一統思想，還充分地從他在注文中使用的南朝年號中表現出來。酈氏家族長期入仕北朝，但《水經注》中卻多次使用南朝年號。在〈河水注〉中，他不僅使用南朝年號，並且還使用了尊南卑北的詞彙。這段注文說：

> 宋元嘉二十七年，以王玄謨為寧朔將軍，平碻磝，守之。都督劉義恭以沙城不堪守，召玄謨令毀城而還，后更城之，魏立濟州，治此也。

劉宋元嘉二十七年，即北魏太平真君十一年（西元四五〇年），注文記載的是北魏和劉宋在黃河

㉔ 〈黃河在中游的下切〉，《陝西師範大學學報》一九七七年第三期。

的一個渡口碻磝城的爭奪戰，宋軍雖一度得勢，終於敗退。這年年底，北魏拓跋燾一直進軍到劉宋首都以北的瓜步，並於次年大會群臣於瓜步山上，南朝震驚。對於像這樣北朝勢力盛極一時的年代中，南北之間的戰爭竟用南朝年號記載，說明他的大一統思想是何等強烈。

這段注文中的「平碻磝」一語也令人驚駭。碻磝原為北魏所守，劉宋入侵，攻占此地，作為一位北朝命臣，竟以「平」字記敘這一次南朝的入侵。這一事件，在《魏書・傅豎眼傳》中作「寇碻磝」，甚至在北朝消亡以後，《北史・傅豎眼傳》中也作「寇碻磝」。一「平」一「寇」，酈道元的大一統思想何等鮮明。

還可以再舉個例子。〈江水注〉中有一段注文說：「宋孝武帝舉兵江洲，建牙洲上，有紫雲蔭之，即是洲也。」「建牙洲上，有紫雲蔭之」，這類渲染南朝帝王「真命天子」的話，居然也出現在他的著作之中，確實值得深思。

注文一方面經常使用南朝年號，並且用廟號記敘南朝國君，如宋文帝、宋孝武帝、宋明帝等。特別是對於劉裕，注文更優禮有加，或稱宋武帝（〈濟水注〉），或稱劉武帝（〈沂水注〉），或稱劉武王（〈洛水注〉）。但對於北朝，注文除了北魏以外，對十六國君王，都是直呼其名，如劉淵（〈汾水注〉）、劉曜（〈河水注〉、〈滱水注〉）、石勒（〈河水注〉、〈淇水注〉）、石虎（〈河水注〉、〈濁漳水注〉、〈汶水注〉）、苻堅（〈渭水注〉）等等。特別明顯的是酈氏家族曾經服官的慕容燕，注文除了在〈濡水注〉有一處稱慕容儁之諡為「燕景昭」外，其餘各篇對慕容氏也均直呼其名，如前燕的慕容廆、慕容皝，南燕的慕容超等，無不如此。

酈道元的這種心態，無疑是漢儒文化熏陶的結果。在當時這個民族雜處時期，不論在江南或江北，漢族特別是其中的知識分子，這種心態實際上是普遍存在的。同時在這個時期，不僅漢人有這種心態，其他民族也是仰望漢族文化的。據《北齊書・杜弼傳》所載：「弼以文武在位，罕有廉潔，言之于高祖。高祖曰：弼來，我語爾：天下濁亂，習俗已久，今督將家族多在關西，黑獺常相招誘，人情去留未定；江東復有一吳兒老翁蕭衍者，專事衣冠禮樂，中原士大夫望之，以為正朔所在。我若急作法網，不相饒借，恐督將盡歸黑獺，士子悉奔蕭衍，則人物流散，何以為國？爾宜少待，吾不忘之。」說明一個異族國君，他心裡十分明白，江南是「衣冠禮樂」，「正朔所在」。

這種心態當時在漢人和其他民族之間，士大夫和平民之間的普遍存在，現在看來，是一件鑄造中國歷史的了不起的大事。因為這實在是大一統的基礎。由於大家都嚮往漢族文化，因此，國家雖然長期分裂，但中華民族卻因此而獲得融合。

以這樣的時代背景來理解酈道元撰寫《水經注》的動機，今天，我們面對這部不朽的歷史名著，溯昔撫今，真是不勝感慨，這是中華民族史上的一宗寶貴財富，是我們全民族的驕傲！

五、《水經注》的內容

《水經注》是一部包羅宏富的著作，現在有許多學科都利用它進行各種研究。不同專業的學者，都從此書中挖掘自己所需要的資料。此外，還有許多讀者，他們並不利用此書研究學問，但由於此書的豐富內容和生動文筆，通過誦讀此書作為一種休閒和享受。所以此書雖然不斷校注，不斷重印，但至今仍然盛行不衰，是一種熱門書。

不過從此書記載的主要內容來看，它畢竟是一部地理著作，所以要敘述《水經注》的內容，首先還得從地理學說起。地理學是一門綜合性科學，它包括自然地理學和人文地理學兩大門類。《水經注》對這兩大門類，都有豐富的資料。現在把此書涉及的有關地理學和其他學科的內容分述如下：

(1)自然地理學

《水經注》記敘的主要對象是河流，所以它在自然地理學上的貢獻，首先在河流水文方面。全書記及的河流達一千多條，對於這許多河流，《水經注》大都記載了它們的發源、流程與歸宿，緊緊地扣住這些河流的自然地理特點。首先是河流的發源，各種不同類型的河流，對它們的源頭，都作出不同的描寫。例如清水、沁水、淇水這三條河流，雖然同在卷九之中，但是它們的發源情況各不相同，注文就作了各不相同的記載。在源頭以下的整個河流流程中，注文對沿途的河床寬度、灘瀨、瀑布、急流等情況，也都有比較細緻的描寫。例如在〈江水注〉中，對岷江上游（《水經注》尊重《禹貢》，以岷江為長江正源）各段的河床寬度，都逐段記敘清楚，從「發源濫觴」，直到濕坂以下，「江稍大吳」。對於沿河的峽谷和灘瀨，注文內容特別豐富，不僅是重要的峽谷，如黃河的孟門、龍門、三門諸峽，長江的三峽，珠江的高要峽，湘江的空泠峽等，注文都有詳細的描述，即使並不出名的峽谷，作者也不曾疏忽，全書記載的峽谷將近三百處之多。峽谷以外，灘瀨在河川自然地理中也是重要事物，《水經注》在這方面多予重視，以〈漸江水注〉一篇為例，就記敘了灘瀨六十餘處。

瀑布在河流的自然地理學研究中具有重要價值，它不僅是河床岩石構造和岩性變化的重要依據，同時也是河流溯源侵蝕的顯著標誌。《水經注》在這方面提供的資料尤為豐富。全書記載的各種類型的瀑布達六十多處，不僅地理位置準確，還記及不少瀑布的高度。所以我們在今天往往可以利用當時的瀑布位置和現在位置的移動，測算出河流溯源侵蝕的速度。著名歷史地理學家史念海，曾經根據酈注記載的孟門瀑布（今壺口瀑布）的位置與唐《元和郡縣志》記載的位置相比進行測算，結果是，從魏孝昌三年（西元五二七年）到唐元和八年（西元八一三年）的二百八十六年中，瀑布平均每年退縮五．一公尺。從唐元和到現在的一千一百多年中，瀑布每年平均退縮三．三公尺㉕。《水經注》記載的價值，於此可見一斑。

除了河流以外，《水經注》也記敘了許多湖泊，總數超過五百處。這中間有大量的排水湖（淡水湖），如洞庭湖、彭蠡（今鄱陽湖）、太湖以及如今已經湮廢的不少北方大湖如鉅野澤、圃田澤等等，也記載了許多非排水湖（鹹水湖）如蒲昌海（今羅布泊）、居延海等等。注文不僅記載了這些湖泊在當時的概況，而且也記載了它們在歷史上的變化過程。因為湖泊這種自然地理事物，在其形成以後，由於地質循環和生物循環等原因，總是不斷淤淺，甚至全部湮廢。如〈渠水注〉中記敘的圃田澤（在今河南鄭州、中牟之間），原是北方的一個著名大湖，《水經注》記載其原來的範圍，「東西四十許里，南北二十許里」。但在酈道元的時代，已經逐漸淤淺，成為相互分離的二十四個小湖。今天當然早已湮廢。《水經注》記載的湖泊資料，對於我們研究古今

㉕〈黃河在中游的下切〉，《陝西師範大學學報》一九七七年第三期。

湖泊的變遷具有重要價值。

《水經注》不僅記敘河流、湖泊等地表水，而且也記載了許多地下水，主要是泉水和溫泉。此書記載的不少溫泉，常常用「冬溫夏冷」、「冬夏常溫」、「炎熱」、「沸湧」、「可燖雞豚」等詞彙以區別它們的水溫級別。其中不少溫泉至今仍然存在，〈渭水注〉記及的「麗山溫泉」（今西安華清池）即是其例。

在自然地理學方面，《水經注》也擁有大量植物地理學和動物地理學的資料，根據這類資料，我們既可了解當時中國各地動植物種類和分布的概況，更可研究從酈注至今一千四百多年中的動植物變遷過程。所以有關這方面的記載，具有重要的意義。全書記及的植物品種多達一百四十餘種，而且在地理分布上也相當清楚，包括中國占最大優勢的溫帶森林和亞熱帶森林，並涉及西北乾燥地區的草原和荒漠植被。例如〈河水注〉記載的今新疆羅布泊一帶的荒漠植被。注文說「土地斥鹵少田，仰穀旁國，國出玉，多葭葦、檉柳、胡桐、白草。國在東垂，當白龍堆，乏水草」。直到今天，這項記載對那個地區仍是十分逼真的。

《水經注》記載了中國的許多古代動物，而且分布地區也很明確。其中有的動物在地理分布上如今已有很大變化，也有些動物在中國境內已經絕跡。例如〈沔水注〉中記載了一種稱為「水虎」的動物。注文說：

> 沔水又南與疎水合，……謂之疎口也。水中有物，如三四歲小兒，鱗甲如鯪鯉，射之不可入，七八月中，好在磧上自曝，膝頭似虎，掌爪常沒水中，出膝頭，小兒不知，欲取弄戲，便殺人。或曰，人有生得者，摘其皋厭，可小小使，名為水虎者也。

對於「水虎」這種動物，我在拙著《酈學摘記》㉖中已有專文論及。《水經注》記載的「水虎」，其地理位置在今漢江襄陽與宜城之間的河段中，其實就是揚子鱷。說明在一千多年前，今漢江一帶還有這種動物。現在，揚子鱷只分布在安徽青弋江和蘇、浙二省間的太湖流域一帶，不僅分布地區大大縮小，數量也很稀少，所以國家把牠列為保護動物。即此一例，說明動物的古今變遷，這對我們今天研究自然環境的變遷和動植物的保護當然很有價值。

(2)人文地理學

在人文地理學的各個分支中，《水經注》也擁有大量資料。其中首先是經濟地理學方面，特別是有關農田水利的資料。由於《水經注》是一部記敘河流的地理書，所以它有大量篇幅涉及農田水利。全書記敘的農田水利工程不勝枚舉，其中灌溉效益特別顯著的如鄭渠、都安大堰、車箱渠、白起渠、馬仁陂、長湖等等，注文都有詳細的說明。

《水經注》關於農業地理的記載遍及全國，例如注文詳細地列述了漢代在今新疆地區所經營的屯田，包括伊循城屯田、樓蘭屯田、莎車屯田、輪臺屯田等等，也記及了這些屯田的效益：「大田三年，積粟百萬，威服外國。」在此書有關農業地理的記載中，還包括各種耕作制度，例如〈溫水注〉所記的今中南半島地區的資料：「知耕以來，六百餘年，火耨耕藝，法與華同。名白田，種白穀，七月火作，十月登熟；名赤田，種赤穀，十二月作，四月登熟。所謂兩熟之稻也。」注文把這一帶一年兩熟的耕作制度，包括作物品種、收穫季節月令等，都記得清楚明

㉖ 上海書店出版社二〇〇〇年版。

白。這樣的資料，當然很有價值。

在酈道元的時代，工業還處於技術落後的手工業階段，分布不多，規模不大，但儘管如此，《水經注》記敘的工業地理資料也很不少，全書記載了包括冶金、機器、紡織、造紙、食品等許多門類。當時，各種礦物的開採業已有發展，全書記載了能源礦物中的煤炭、石油、天然氣，金屬礦物中的金、銀、銅、鐵、錫、汞，非金屬礦物中的雄黃、硫磺、鹽、石墨、雲母、石英、玉、石材等，對於它們的地理分布和用途等方面，注文也都有所記載。下面舉一個〈河水注〉所記今陝北和河西走廊中的石油的例子：

故言高奴縣有洧水，肥可然，水上有肥，可接取用之。《博物志》稱酒泉延壽縣南山出泉水，大如筥，注地為溝，水有肥如肉汁，取著器中，始黃后黑，如凝膏，然極明，與膏無異，膏車及水碓缸極佳，彼方人謂之石漆。水肥亦所在有之，非止高奴縣洧水也。

這項材料記載兩地的石油分布情況，並描述了這種礦物的性狀和當時的用途。而從地區來說，今天仍然是石油產地。所以也是很有價值的資料。

在《水經注》記載的各種冶金工業中，〈河水注〉中關於今新疆地區的一處冶鐵工業，是一個很完整的例子。注文說：

釋氏《西域記》曰：屈茨北二百里有山，夜則火光，晝日但烟，人取此山石炭，冶此山鐵，恆充三十六國用。故郭義恭《廣志》云：龜茲能鑄冶。

這項記載不僅敘述了冶金工業的原料地和燃料地，並且還記載了產品的市場，是一項完整的工業地理資料。

鹽業在古代是國計民生中的大事，《水經注》對當時的手工業記載中，最多的就是製鹽工業。包括海鹽、池鹽、井鹽、岩鹽等，其區域範圍東起沿海，西及西域，全書記及的鹽礦和鹽場多達二十餘處。

經濟地理學的最後一個分支是運輸業，《水經注》在這方面的記敘包括水運和陸運，都有豐富的內容。首先當然是水運，全書記敘的河流水道，絕大部分都涉及航運。在前面自然地理學部分所提到的峽谷、灘瀨等，常被作為航運條件加以評價，例如〈河水注〉所載黃河自砥柱山以下：「合有十九灘，水流迅急，勢同三峽，破害舟船，自古所患。」〈漸江水注〉記及浙江的航行：「浙江又東徑壽昌縣南，自建德至此八十里中，有十二瀨，瀨皆驚險，行旅所難。」除了天然河流以外，全書還記載了不少人工運河，其中特別有價值的是〈濟水注〉所記古代黃河與淮河間的運河。注文說：「偃王治國，仁義著聞，欲舟行上國，乃溝通陳、蔡之間。」這裡敘述的是一種傳說，但卻說明了相當重要的問題。徐偃王[27]是個傳說中的人物，其時約在西周穆王之世，估計在西元前十世紀之初，所謂「溝通陳、蔡之間」，正是古代黃、淮之間的鴻溝水系，這是中國傳說中最早開鑿的運河。

《水經注》記敘的運輸業內容雖然以水路為主，但對陸路運輸也並不疏忽。特別是對於那些山岳連亘、交通困難的地區。例如〈河水注〉中所記的葱嶺、天竺道：「度葱嶺，已入北天竺境，于此順嶺西南行十五日，其道艱阻，崖岸險絕，其山惟石，壁立千仞，臨之目眩，欲進

---

[27] 《中國歷代人名辭典》有「徐偃王」條：「西周時徐國王，戎族偃姓，統轄淮泗地帶，約方五百里，四鄰納貢者三十六國，後為楚所滅。」

則投足無所，下有水，名新頭河。昔人有鑿石通路施倚梯者，凡度七百梯，度已，躡懸絙過河，河兩岸，相去咸八十步，九譯所絕，漢之張騫、甘英皆不至也。」又如〈若水注〉所記今雲南、貴州間的高山道路：「自朱提至僰道有水步道，……故俗為之語曰：楢溪、赤水，盤蛇七曲，盤羊烏櫳，氣與天通，看都護泚，住柱呼伊，庲降賈子，左擔七里。又有牛叩頭、馬搏頰坂，其艱險如此也。」這裡所說的「庲降」，是當時的建寧郡治，約在今雲南曲靖附近。從庲降到那裡去的商販，由於山道狹窄，有時在連續七里的行程中，只能用左肩挑擔，不得換肩，這就是所謂「左擔道」，其艱險可以想見。

在大量水路和陸路的記敘中，必然要記及水陸道路的交錯地點，所以注文中同時也出現許多橋梁和津渡，全書記及的橋梁和津渡各達九十餘處，特別是其中的交通衝要之處，注文記敘得非常詳細。例如〈穀水注〉記載的洛陽旅人橋：「（旅人）橋去洛陽宮六七里，下圓以通水，可受大舫過也。」「可受大舫過也」，說明這是一座水上交通衝要之處的具有很大淨空的石拱橋。全書記及的津渡，如〈渠水注〉的官渡，〈施水注〉逍遙津等，在歷史上都發生過重大的戰役。

人文地理學的另一個重要分支是城市地理學，《水經注》在這方面的記載稱得上豐富多彩。全書記敘的縣級城市和其他城邑共二千八百餘處，古都達一百八十餘處。其中對某些名都的記敘特別詳細，例如〈渭水注〉中記載的秦、漢古都長安，舉凡城門、城郭、街衢、宮殿、園苑等，無不一一記載。〈穀水注〉中記載的洛陽，是酈道元目擊的北魏當時的首都，他用七千餘字的篇幅詳細地記敘了這座都城，成為《水經注》全書的第一篇長注。對於當時北朝的重要都城，即所謂「五都」，在〈濁漳水注〉中記得很明確：「魏因漢祚，復都洛陽，以譙為先人本國，許昌為漢之所居，長安為西京之遺迹，鄴為王業之本基，故號五都也。」酈道元足跡未履南方，但他也廣搜資料，記敘了不少南方的城市，例如在〈江水注〉中記敘了巴蜀的「三都」：「洛水又南徑新都縣，蜀有三都，謂成都、廣都，此其一也。」

《水經注》還記敘了許多人口與民族地理方面的內容。酈道元的時代，正是國家戰亂、人口流動頻繁的時代，全書反映了當時不少人口流動的情況，例如〈江水注〉所述：「（涂水）西北流徑汝南僑縣故城南，咸和中，寇難南逼，戶口南渡，因置斯郡，治于涂口。」這段注文反映的實際上就是前面提及的「地理大交流」的過程。東晉咸和年代（西元三二六年—三三四年）確實是「地理大交流」的全盛時代，南遷的漢人，常常在南方建立與他們原籍同名的郡縣，這就是這一時期僑郡、僑縣大量出現的原因。注文所說的汝南郡即是其中之一。汝南僑郡治原在上蔡（今河南上蔡西南），轄境在今河南省境的潁河與淮河之間，則當時在涂口（今武昌西南長江沿岸）建立的汝南僑郡，其居民主要來自今河南上蔡一帶。

《水經注》提供了許多有關少數民族的資料，注文中記及的少數民族有匈奴、犬戎、羯、于越、駱越、五溪蠻、三苗、馬流、雕題、文狼等，不勝枚舉。注文不僅記敘了他們的分布和活動，有時還述及他們的語言和風俗習慣，包括他們與漢族之間的關係。這些也都是不可多得的資料。

在人文地理學領域中，《水經注》的記載還涉及大量軍事地理的資料。我往年曾撰有〈水經注軍事年表〉[28]一篇。統計從西元六世紀以前的一千三百多年時間中，《水經注》記及的大小戰

---

[28] 《酈學新論——水經注研究之三》。

爭共達五百多次。在這段時期中，國內沒有戰爭而時間持續在十年以上的，一共只有十次。所以從全書的記敘來看，我們這個國家，歷史上實在戰禍不斷。我在這個〈年表〉之首，曾寫了一篇〈序〉㉙，末尾說了這樣一段話：

如上所述，在〈年表〉記載的公元六世紀初期以前的五百八十餘條軍事行動和戰爭資料中，除了火併、殘殺、死亡和毀滅以外，也存在著擴充、建設、融合和發展的一面，當然，我們決不因為後面的這些事實而去美化和歌頌古代的戰爭；同樣，這些事實也決不可能作為現代戰爭鼓吹者的理論根據。從人類的前途來說，戰爭總有一天要全面停止，永久的和平必然會出現。儘管現在說這句話，看來為時還早，但人類社會的這種遠景是不容懷疑的。在另一方面，對於歷史上的許多戰爭，因為它是一種歷史的既成事實，我們在譴責和詛咒的同時，也應該對它們作出實事求是的評價。對於這方面，〈水經注軍事年表〉對我們或許是有所啟發的。

最後，在現代人文地理學分支中，旅遊地理學是一門新興的學科，而這部在一千四百年前寫成的《水經注》，卻已經為我們積累了大量旅遊地理的資料。酈道元在注文中對祖國各地的河山風景，作了大量生動的描寫。此外又對各地的名勝古蹟、宮殿樓閣、祠廟寺院、塔臺園苑等，作了詳盡的記載。所以此書不僅是古代遊記的典範，而且在開發現代旅遊資源、復原古代名勝古蹟等方面，也都有重要的價值。

㉙《杭州大學學報》哲學社會科學版一九八八年第四期，又收入《酈學新論——水經注研究之三》。

(3) 地名學

地名學是一門研究地名的學科，它研究地名的形成、發展和變遷以及地方命名的原則和淵源。在中國，《穀梁傳・僖二十八年》中已經提出了為後世廣泛採用的地方命名原則之一：「水北為陽，山南為陽。」

在人類活動的早期，由於生產力水平的低下和人口不多，人口的流動性也很小，所以地名是很少的。但以後隨著生產力的發展和人口的增加，人們的活動範圍擴大，地名也就不斷增加。成書於戰國時代的《禹貢》，是一部重要的地理著作，但全書涉及的地名還不過一百三十餘處。《山海經》也是先秦地理著作，其中的〈五藏山經〉部分，成書早於《禹貢》，其他的不少篇章，是漢代人續寫的，但全書地名也只有一千三百餘處。此後，東漢初年撰成的《漢書・地理志》，所載地名就大有增加，共達四千五百多處[30]。所有上述各種地理書，與《水經注》相比，在地名數量上都是望塵莫及的。《水經注》所記載的各類地名，總數約在二萬上下[31]。確實是集北魏及其前代地名的大成，是後世地名學研究的重要資料。

前面提到《穀梁傳》中關於地名命名的原則，所指僅僅是山和水的位置與地名的關係，雖然也屬於早期的地名學研究，但還是比較簡單的。《水經注》則綜合前人在這方面的著述，加以系統化，發展了地名學的研究。例如〈河水注〉中有關這方面的一段：

[30] 陳橋驛：〈論地名學及其發展〉，《中國歷史地理論叢》第一輯，陝西人民出版社一九八一年版。

[31] 陳橋驛：〈水經注地名彙編序〉，《水經注研究二集》，山西人民出版社一九八七年版。

> 應劭《地理風俗記》曰：敦煌（《殿本》在此下案云：此當有脫文）、酒泉，其水甘若酒味故也。張掖，言張國臂腋，以威羌狄，……《漢官》曰：秦用李斯議，分天下為三十六郡。凡郡，或以列國，陳、魯、齊、吳是也；或以舊邑，長沙、丹陽是也；或以山陵，太山、山陽是也；或以川原，西河、河東是也；或以所出，金城城下得金，酒泉泉味如酒，豫章樟樹生庭，雁門雁之所育是也；或以號令，禹合諸侯，大計東冶之山，因名會稽是也。

以上所舉的一段，特別引《漢官》的一段，其實就是中國郡名的命名原則。雖然秦按這個原則命名時，郡數只有三十六，而到了漢代，郡數就超過一百，到了南北朝，劉宋的郡國超過三百，蕭齊的郡國更超過四百，而酈道元所在的北魏，郡國竟超過六百。此後，數量雖然不斷增加，但命名的原則卻並無多大變化。而《水經注》首先引及有關這方面的資料，當然有裨於後世的地名學研究。

地方命名的原則當然重要，但到底還只是一種原則，不可能代替具體的地名解釋。在中國古代的地理書中，開始對地名作出解釋的主要是《漢書・地理志》，例如此書在京兆尹下解釋華陰：「太華山在南。」在敦煌縣下解釋瓜州：「地生美瓜。」不過《漢書・地理志》在其全部四千多地名中，作出地名解釋的不過三十餘處。而《水經注》全書所作的地名解釋共約二千四百餘處，這是在它以前的一切地理書所不可比擬的。我以往曾經統計分析此書的地名，寫成〈水經注地名彙編說明〉一篇㉜，把此書解釋的地名按不同性質分成二十四類。其中有以人物命名

㉜ 《水經注研究二集》。

的如項羽堆（〈濟水注〉）、白起臺（〈沁水注〉），有以動物命名的如雁門（〈河水注〉）、吊烏山（〈葉榆河注〉），有以植物命名的如榆林塞（〈河水注〉）、菊水（〈湍水注〉）等，數量過多，不一一列舉。

《水經注》不但解釋漢語地名，而且也解釋當時流行的非漢語地名，例如〈河水注〉所記：「日暮便去半達鉢愁宿。半達，晉言『白』也；鉢愁，晉言『山』也。」這是一個梵語地名，至今仍可用梵語復原，即梵語 Punda Vasu，Punda 在梵語中意為「白」，Vasu 為「山」，半達鉢愁的漢（即注的「晉」）譯就是「白山」。這一類例子也不少，我往年曾撰有〈水經注中的非漢語地名〉[33]，作了較為詳盡的論述，在此也就不一一列舉了。

(4) 文學

《水經注》是一部學術著作，並不是一部文學著作，但酈道元撰寫此書，除了錄有大量資料，使全書具有十分豐富的學術內容外，同時也重視語言文字的運用，讓全書顯得生動活潑，在文學上也有很高價值。

其實，此書在古代，是在其語言文字上開始受人注意的。明末清初學者張岱說：「古人記山水，太上酈道元，其次柳子厚，近時則袁中郎。」[34]柳子厚即柳宗元，是唐宋八大家之一，他的寫景名作《永州八記》長期膾炙人口。袁中郎是明代公安派詩人袁宏道，他畢生寫過許多

[33]《水經注研究四集》。

[34]〈跋寓山注二則〉，《琅嬛文集》卷五。

遊記，後來人們把這些遊記彙編成帙，名為《袁中郎遊記》，名傳一時。但在張岱的評價中，柳宗元和袁宏道，在寫景方面都在酈道元之下。

《水經注》的文字為什麼如此生動，總的說來，當然是由於酈道元寫作技巧的高明。首先，他使用的文字新穎多變，不用陳詞濫調。例如瀑布，這是自然界常見而酈注常記的風景，但他絕不刻板地使用「瀑布」這個詞彙，而是根據瀑布的不同形象，用變化無窮的文字來進行描述，如「洪」、「瀧」、「懸流」、「懸水」、「懸濤」、「懸泉」、「懸澗」、「懸湍」、「懸波」、「頹波」、「飛波」、「飛清」、「飛泉」、「飛流」等等，讓讀者隨時有新鮮生動之感。例如對溪泉水流的清澈現象，他也用了許多惟妙惟肖的語言進行描寫，他在〈洧水注〉中說：「綠水平潭，清潔澄深，俯視游魚，類若乘空矣，所謂淵無潛鱗也。」在〈夷水注〉中說：「其水虛映，俯視游魚，如乘空也。」

柳宗元的《永州八記》中有一篇〈至小丘西小石潭記〉，也有類似的描寫：「潭中魚可百許頭，皆若空游而無所依。」柳宗元的這種描寫，顯然是吸取了酈道元的寫作技巧，所以張岱所作的「太上」、「其次」的排列，不是沒有根據的。

除了自己創作的生動語言以外，酈道元還善於吸取別人的生動語言，以豐富他自己的寫作。例如，風景秀麗的長江三峽，由於國家分裂，他無法親履其境，於是，他就採用了曾經多次遊覽此處的晉宜都太守袁山松在〈宜都山水記〉的描寫，成為全部《水經注》十分精彩的一段，是〈江水注〉中的千古文章：

自三峽七百里中，兩岸連山，略無闕處。重巖疊嶂，隱天蔽日，自非停午夜分，不見曦月。

「自非停午夜分，不見曦月」。以這樣的言語描寫兩岸高山壁立的形勢，確實沒有比這更高明的手法了。這一段另外還有幾句描寫這裡的峽峻水急：

> 至于夏水襄陵，沿泝阻絕。或王命急宣，有時朝發白帝，暮到江陵，其間千二百里，雖乘奔御風，不以疾也。

唐代著名詩人李白有一首大家熟悉的七言絕句〈早發白帝城〉：

> 朝辭白帝彩雲間，千里江陵一日還。兩岸猿聲啼不住，輕舟已過萬重山。

現在大家可以一望而知，李白的這首千古傑作，其實就是從酈道元的上述一段加工而成的。再舉一例，黃河從今山西、陝西二省界上向南奔流，在陝東華山以北，即今潼關與風陵渡之間拐一個大彎折向東，這是自然界的一種偉大壯觀。對此，酈道元引用了當地流行的古語：

> 華岳本一山擋河，河水過而曲行，河神巨靈，手蕩腳蹋，開而為兩，今掌足之迹，仍存華巖。

這當然只是個神話，但文字的氣魄宏大，讀之令人心胸開廣。所有這些，都說明酈道元在吸取他人的生動描寫方面，是如何的得心應手。

酈道元的寫作技巧，除了他自己創作的許多生動語言和儘量吸取他人的生動語言外，還有一個重要的方面，就是他能廣泛地採集各地的歌謠諺語。這類歌謠諺語，除了極少數查得到原作者以外，絕大多數都是各地世世代代流傳下來的，是經過千錘百煉的群眾語言。清劉獻廷推崇酈氏的寫作技巧：「更有餘力鋪寫景物，片言隻字，妙絕古今。」㉟這中間有不少就是他採

㉟《廣陽雜記》卷四。

集的各地歌謠諺語。

《水經注》的寫作是以河流為綱的，所以酈道元特別留意長期活動於河川中的舟人、漁夫及旅行者的歌謠諺語。例如河道曲折，這是河流的一種自然現象，在歷代詩詞歌賦和遊記中，描寫這種自然現象的章篇，真是俯拾即是。但酈道元卻與眾不同，他採集了當地的歌謠諺語，例如在〈江水注〉中，長江在今湖北境內有一段非常曲折的河道，注文說：

江水又東逕黃牛山，下有灘，名曰黃牛灘。南岸重嶺疊起，最外高崖間有石，色如人負刀牽牛，人黑牛黃，成就分明，既人迹所絕，莫得究焉。此巖既高，加以江湍紆回，雖途經信宿，猶望見此物。故行者謠曰：朝發黃牛，暮宿黃牛，三朝三暮，黃牛如故。言水路紆深，回望如一矣。

這裡，「朝發黃牛，暮宿黃牛，三朝三暮，黃牛如故」一謠，短短四句十六字，實在勝過千百字的描寫。同樣，在〈湘水注〉中，也有一段描寫湘江江道曲折的注文：

衡山東南二面臨映湘川，自長沙至此，江湘七百里中，有九向九背。故漁者歌曰：帆隨湘轉，望衡九面。

這一首湘水的漁歌，和前面江水的行者謠，確是異曲同工，這類千曲百迴的江道，被他寫得惟妙惟肖，宛如一幅圖畫。

在《水經注》一書中，酈道元自己創造的生動語言和吸取他人的生動語言以及他所引用的歌謠諺語，多得不勝枚舉。現在，我們的不少遊記選編甚至語文課本中，也常常選入此書的精彩片段，供讀者欣賞和學習，這些也都說明《水經注》一書在文學上的造詣和價值。

(5)歷史學與其他

《水經注》一書，除了對上述學科作出重要的貢獻以外，對其他不少學科，如歷史學、考古學、金石學、碑版學、文獻學等，也都能提供許多有用的資料，為有關學者研究參考。

首先是歷史學。《水經注》雖然是一部地理書，但也擁有大量歷史資料，在歷史學的研究中很有價值。可以舉一個例子，中國從漢朝起，封建帝王除了將土地分封給自己的子孫外，同時也分封一部分土地給將相大臣中的各式代表人物，這種分封的地區一般稱為侯國。侯國是非常不穩定的，由於士大夫官僚集團內部的傾軋鬥爭，受封者隨時可以得咎罷黜，因而時封時廢，變化頻仍，歷代史籍往往疏於記載。但《水經注》顯然比其他史籍記載得更為完整。清代的著名史學家錢大昕，就是根據《水經注》的記載，對歷史上的侯國作了詳細的研究。他在其所著《潛研堂答問》卷九中說：「漢初功臣侯者百四十餘人，其封邑所在，班孟堅已不能言之，酈道元注《水經》，始考得十之六七。」這裡說明，由於侯國建置的極不穩定，班固（孟堅）在撰《漢書》時就已經無法考實，但酈道元在其後四個多世紀，卻考出了十之六七，足見酈氏用功之勤，也說明了《水經注》在這方面的史料價值竟超過《漢書》。

在當時的行政區劃中，不僅是侯國，即使是相對穩定的郡、縣，《水經注》的記載，也有可以校勘正史之誤的。例如〈沔水注〉中記及的牛渚縣。在此卷的一條經文中說：「又東過牛渚縣南，又東至石城縣。」在這條經文之下，戴震在《殿本》中加案語說：「案牛渚乃山名，非縣名。」趙一清在其《水經注釋》中說得更清楚：「牛渚圻名，漢未嘗置縣也。」楊守敬在《水經注疏》中說：「《通典》，當塗縣有牛渚圻，《地理通釋》十二引《輿地志》，牛渚山北謂之采石。」這些學者的見解，主要是，第一，因為《漢書·地理志》和《續漢書·郡國志》均不載牛渚縣，所以他們說「漢未嘗置縣也」。第二，因為《通典》和《輿地志》等書都有牛渚圻或牛渚山的記載，所以他們認為《水經》的牛渚縣是牛渚圻或牛渚山之誤。

酈道元撰《水經注》，凡是經文有訛，注文都加以糾正，但在這條經文之下，注文說：「《經》所謂石城縣者，即宣城郡之石城縣也。牛渚在姑熟、烏江兩縣界中，于石城東北減五百許里，安得徑牛渚而方屆石城也，蓋《經》之誤也。」這裡，《水經注》確實糾正了《水經》的錯誤，但所糾正的只是牛渚縣的位置，並非此縣的建置。為了糾正牛渚縣的位置，注文提出了姑熟、烏江這兩個縣名，其中的姑熟縣，恰恰也是〈漢志〉和〈續漢志〉所不載的。《水經》記載的縣名，不見於兩〈漢志〉還有不少，如〈涓水〉的臨涓縣、〈禹貢山水澤地〉的金蘭縣等都是其例。這些縣名，《水經注》不僅不加糾正，有時還予以肯定。以金蘭縣為例，〈決水注〉說：「其水導源廬江金蘭縣西北東陵鄉大蘇山。」這裡，這個兩〈漢志〉所不載，其實也是《晉書·地理志》、《宋書·州郡志》、《南齊書·州郡志》所不載的金蘭縣，《水經注》不僅說出它所屬的廬江縣，並且還說出了它所轄的東陵鄉，言之鑿鑿，說明這個縣是存在的。那麼，同樣為上列五志所不載的牛渚縣和姑熟縣，我們也沒有理由否定它們的建置。

牛渚圻（磯）或牛渚山確實是存在的。牛渚圻首見於唐《通典》，但比《通典》早得多的《越絕書》卷八所記秦始皇到會稽的路程中就已經記及了牛渚：「道度牛渚，奏東安，東安，今富春，丹陽、溧陽，……道度諸暨，大越。」上述路程中的地名，一望而知，都是城邑，則牛渚作為一個城邑，先秦時就已存在。按《通鑑》晉穆帝永和十一年（西元三五五年）「鎮壽春」胡注：「南渡初，祖逖以豫州刺史治譙城，……咸康四年，毛寶以豫州刺史，治邾城；永和元年，趙胤以豫州刺史，治牛渚。」這段注文清楚說明，牛渚在四世紀中期曾經作為豫州這個僑州的州治。難道一個州治就建在一座長江邊上的牛渚圻（磯）上嗎？所以牛渚縣為兩〈漢志〉所遺漏，大概是無疑的。

在郡縣建置方面，《水經注》可以補正正史的例子實在不勝枚舉。除了上述兩〈漢志〉以外，還可以拿《晉書・地理志》為例。現在通行的《晉書》是唐太宗領銜主修的，比《水經注》晚出得多，但不少郡縣建置仍有賴於酈注的補正。例如〈江水注〉記及：「晉咸和中，庾翼為西陽太守。」但〈晉志〉卻失載西陽郡名。《水經注》記及的有建置年分的晉代縣名，如〈江水注〉的沌陽縣，〈沫水注〉的護龍縣，〈澧水注〉的澲陽縣，〈贛水注〉的豫寧縣等，它們在晉代的建置年分，酈注中確然可考，但〈晉志〉均不見這些縣名。清畢沅〈晉書地理志新補正・序〉中說：「撰《晉書》者，王隱、虞預、臧榮緒、謝靈運、干寶諸家，其王隱《晉書・地道記》及不著姓氏《晉書・地理志》與《晉地記》，見于酈道元《水經注》，類皆搜採廣博，十倍于今。」可惜唐修《晉書》竟未與「搜採廣博」的《水經注》相稽核。而酈注可以糾正史之謬，補正史之缺，無疑是此書在歷史學研究中的重要貢獻。

以上所述關於酈注在歷史學上的價值，還僅僅是郡縣建置一端，此外，在《水經注》記載中，與歷史學有關的科學技術史，特別是水利史方面，也有大量資料。《水經注》記及古代的許多建築，有些宮殿樓閣，從外觀形象到內部結構，都說得相當詳細，所以有裨於建築史的研究。

《水經注》的記載對於考古學研究也很有價值。舉個例子，〈穀水注〉所記的洛陽永寧寺九層浮圖，建築豪華出眾，但建成後不到二十年就毀於火。二十世紀七十年代，中國科學院考古研究所洛陽工作隊，曾根據《水經注》記載的資料，對洛陽城進行考古發掘，於一九七三年發表了〈漢魏洛陽城初步勘查〉㊱一文，對於永寧寺浮圖的結論是：「這與《水經注》所載永寧寺浮圖下基方十四丈面積近似。」說明酈注記載的翔實可靠。

《水經注》是中國第一部比較系統而完整的著錄古代金石碑版的著作，為金石學和碑版學的研究提供了許多資料，全書記載的各種金石碑版達三百六十種左右，內容包括河川、水利、山岳、交通、城邑、建築、經籍、人物、祠廟、陵墓等。在《水經注》以前，中國尚無專門研究金石碑版的著作，所以此書實際上就是一部從上古到北魏的金石錄，特別是此書記敘的金石碑版，以後大部分都已亡佚，所以更值得學者的珍視。

《水經注》全書指名引用的古代文獻達四百八十種左右，是此書對後世文獻學研究的重大貢獻。在《水經注》引用的古代文獻中，有很大一部分現在都早已亡佚，藉由此書而留下了吉光片羽。此書引及的古籍中，如三國魏蔣濟《三州論》，晉庾仲雍《漢水記》等，除《水經注》外，絕未見他書著錄；有的古籍如《林邑記》、《漢武帝故事》等，所引內容，除此書外絕無他書引及。所以都是價值連城的資料。多少年來，學者在考據、校勘、輯佚等許多文獻學研究中，實際上已經大量地利用了《水經注》的成果，所以此書對後世在文獻學研究方面，其價值不言而喻。

㊱ 《考古》一九七三年第四期。

六、酈學研究及其學派的形成與發展

酈學研究的核心是《水經注》，所以對於這門學問，首先要從《水經注》其書的淵源說起。這個問題當然要涉及《水經注》的成書年代，前人對此有多種說法，但其實沒有一種是可以確實證明的。全書中記及的最後一個具體年分是〈比水注〉的「延昌四年」(西元五一五年)，但〈淮水注〉中曾記及梁天監浮石山與巉石山之間堰壩潰壞之事，此事在《梁書・康絢傳》中可以查明發生於天監十五年(西元五一六年)，已比延昌四年晚了一年。〈沭水注〉中又提及「魏正光中」的話，魏正光是西元五二〇年—五二五年，距酈氏被害已不到十年。為此，如前面所述，酈道元當是在其一生的後期寫作此書的，而寫作這樣一部大書，其間必有一個積累過程，包括修改和增入新資料的過程。所以從今本上可以看到他被害前十年的材料。從今天的酈學研究來說，此書到底是哪一年脫稿的問題，既無法查實，也沒有尋根究底的必要。

酈道元被害於孝昌三年(西元五二七年)，從此直到隋一統的半個多世紀中，華北戰亂頻仍，北魏首都洛陽曾數遭兵燹，這部巨著竟能奇蹟般地度過成書後最艱危的五十多年歲月。〈隋志〉著錄此書作四十卷，顯然仍是完璧。時至隋唐，國家承平，文化發達，傳鈔必有增加，此書才開始為人們所漸知，所以隋代的《北堂書鈔》、唐初的《初學記》等類書中，都收錄了《水經注》的許多資料，但因這些類書多屬官修，酈書大概出於內庫，此書的傳鈔流播，顯然尚不普遍。此後，杜佑修《通典》，李吉甫纂《元和郡縣圖志》，也都引及酈書，但這些也都是官方著述，所以還無法證明《水經注》已經流入民間。到了唐末，陸龜蒙詩說：「山經水疏不離身。」[37]他雖然當過幾任小官，但不過是個普通文人，他既以酈書入詩，說明此書已經傳鈔到了民間。

北宋初期的《太平御覽》和《太平寰宇記》等書，都曾錄入《水經注》的大量資料，說明朝廷仍然藏有此書，而且是卷帙完整的足本。以後，隨著傳鈔的流行，私人收藏此書的顯然增加，而且受到廣泛的稱頌，所以如前所說，蘇軾寫下了「嗟我樂何深，《水經》亦屢讀」的詩句。前面說到《御覽》和《寰宇記》所引酈書都是足本，這是因為這些書上所引及的諸如涇水、（北）洛水、滹沱水等，都不見於今本，而北宋景祐年間（西元一〇三四年－一〇三八年）的《崇文總目》中，此書僅三十五卷，已缺佚五卷，則今本不見的諸水，當在這缺佚的五卷之中。而此書以後仍作四十卷，這是經過分析卷篇湊合而成的。

現在所知的此書第一種刊本是成都府學宮刊本，刊刻年代不詳，早已亡佚。由於北宋元祐二年（西元一〇八七年），此書的另一種刊本隨即問世，而且刊出年代與成都府學宮刊本相近，所以前者也是北宋後期刊本。這兩種刊本雖均已不見，但底本均出於景祐以後的缺佚之本，所以均非佳本[38]。不過由於刊本畢竟比傳鈔易於流行，刊本之出，顯然有利於《水經注》的廣泛流行，有利於學者對此書的研究。

前面已經述及從隋《北堂書鈔》到宋《太平御覽》諸書中對《水經注》文字的引錄，這類

---

[37] 〈和襲美寄懷南陽潤卿〉，《全唐詩》卷六百二十六。

[38] 〈論水經注的版本〉，《中華文史論叢》一九七九年第三輯，收入《水經注研究》，天津古籍出版社一九八五年版。

引錄，無非是按類目或分地區的鈔引酈注文字，並不屬於酈學研究。北宋以後，金禮部郎中蔡珪寫成《補正水經》三卷，這或許可說是學者研究《水經注》的嚆矢。雖然蔡書早已亡佚，但此書元至順刊本歐陽元序至今尚存[39]，此序說：「其詳于趙、代間水，此固景純之所難；若江自潯陽以北，吳淞以東，則又能使道元之無遺恨者也。」說明蔡書確實對酈書有所補正，可以列於酈學研究。

從明代起，《水經注》的研究開始盛行，由於學者們都已發現，此書殘缺甚多，於是不少人根據宋代流傳的刊本或鈔本，從事對此書的校勘和注疏，而其中成就卓著的是萬曆年間的朱謀㙔，他花了極大功夫，校勘成《水經注箋》一書。他以宋本為依據，廣徵博引，對此書作了大量的考據工作，對宋代流傳的不少訛漏進行箋證，提出了供後人繼續研究的許多問題，因而被清初顧炎武譽為「三百年來一部書」[40]，所以朱謀㙔實在是酈學考據學派的創始人。

自從朱謀㙔開創了這個學派以後，到了清代，酈學考據學派有了極大發展。學者們都看到，《水經注》自從南宋以來，輾轉傳鈔，實在已經成為一部錯訛滿帙的殘籍，不僅是字句的錯訛比比皆是，而且經文與注文互相混淆，竟至不堪卒讀。至於從景祐以來缺佚的五卷，只能通過輯佚，或可稍予彌補。當時，這個學派的著名學者如孫潛、何焯、黃儀、沈炳巽等，都潛心於搜羅宋、明以來的各種刊本和鈔本，在朱謀㙔《水經注箋》的基礎上，從事校勘。例如孫潛，由於獲得了明劉僉（大中）和趙琦美等鈔本，把此兩種佳本，精鈔過錄，至今猶存。何焯（義

---

[39] 《國朝文類》卷三十六。

[40] 引自閻若璩：《古文尚書疏證》卷六下。

門）畢生曾三次校勘此書，也都留下校本。黃儀曾精研各卷水道，繪製成圖，可惜已經不傳。沈炳巽則以九年苦功，校出《水經注集釋訂訛》一書，至今流傳。由於這些學者的辛勤耕耘，終於出現了乾隆年代酈學考據學派盛極一時的局面。在當時的許多酈學學者中，最著名的是全祖望（字謝山，西元一七〇五年－一七五五年）、趙一清（字誠夫，號東潛，西元一七〇九年－一七六四年），戴震（字東原，西元一七二三年－一七七七年），他們先後相繼，都留下了極有價值的校本。全祖望畢生校勘此書七次，留下了《五校鈔本》（今已有影印本）和《七校本》；趙一清是全祖望的好友，相互切磋，校成了名重一時的《水經注釋》；戴震由於在三人中年齒最晚，並獲得進入四庫館校勘酈書的機會，在館內獲睹包括《永樂大典》本在內的許多珍稀版本，特別是當時流傳甚稀的趙一清《水經注釋》，因得以集許多佳本之長，而以趙一清《水經注釋》作底，校出了《武英殿聚珍本》（《殿本》）。由於這三位酈學大師的精心校勘，歷來以訛傳訛的錯漏基本勘正，而經文和注文的混淆得以完全釐清，除了北宋缺佚的五卷無法復原外，《水經注》全書基本上恢復了它的原貌，而酈學考據學派許多學者多年來的辛勤耕耘，至此基本上大功告成。

在酈學研究中，除了上述考據學派外，從明代以來，還有一個以研讀和欣賞酈注精湛描寫的詞章學派。前面已經述及，此書從唐宋以來就以其生動文筆獲得學者的傳誦。明著名學者楊慎，曾把此書中的出色描寫，摘錄成編㊶。而最後由萬曆年代的鍾惺和譚元春二人創立了這個學派。鍾、譚都是當時著名的文學家和詩人，由於二人均出於竟陵（今湖北天門），其文字風格

㊶《丹鉛雜錄》卷七。

被稱為「竟陵體」，聲名不下於以袁宏道為首的「公安體」。《明史・文苑傳》說「鍾、譚之名滿天下」，可見一斑。他們認為《水經注》一書的唯一價值是山水描寫。譚元春在他的酈注校本序中說：「予之所得于酈注者，自空濛蕭瑟之外，真無一物，而獨喜善長讀萬卷書，行盡天下山水，囚捉幽異，掬弄光彩，歸于一緒。」充分表達了這個學派的治酈觀點。他們二人的研究成果，是崇禎二年（西元一六二九年）刊行的評點本，評點的內容全是對《水經注》描寫風景和其他事物佳句妙語，加以議論和品評，在歷來評論酈注詞章的學者中，提出了對此書詞章最系統和完整的見解。詞章學派的治酈觀點，曾經受到某些酈學家的非議，例如清代的劉獻廷，雖然前面也提到過他讚賞此書詞章的話，但他認為專在此書詞章上下功夫的酈學研究是不切實用的。他說：「《水經注》千年來無人能讀，縱有讀之而嘆其佳者，亦只賞其詞句，為遊記詩賦中用耳。」[42]

酈學研究中隨考據、詞章兩個學派以後形成和發展的第三個學派是地理學派。《水經注》是一部古代的地理著作，是一部具有經世致用價值的古籍，特別是在河川水利方面，它擁有豐富的資料，所以在經過有清一代的醞釀以後，終於出現了酈學研究中的地理學派，這個學派由清末酈學家楊守敬所首創，而他的門人熊會貞繼承了楊的事業，發展了這個學派。

楊守敬是晚清的著名地理學家，他於光緒二十三年（西元一八九七年）就出任湖北兩湖書院教習，主講地理一門[43]，可以說是中國高等學府中最早講授地理課程的學者。楊守敬的地理

[42] 《廣陽雜記》卷四。

[43] 吳天任：《楊惺吾先生年譜》，臺北藝文印書館一九七四年版。

學功底非常紮實，他在研究正史地理志的基礎上，悉心編繪了《歷代輿地圖》。光緒五年（西元一八七九年）就刊行了《歷代沿革險要圖》，以後在熊會貞的襄助下，從光緒三十年（西元一九〇四年）到宣統三年（西元一九一一年），陸續完成並刊行了從春秋、戰國、秦以至宋、元、明歷代地圖，楊、熊合編的《歷代輿地圖》㊹，是中國有史以來的第一部歷史地圖。在他們編繪《歷代輿地圖》的過程中，當然必須借重《水經注》，同時也研究《水經注》，光緒三十一年，他們刊行了《水經注圖》，全圖按酈注卷篇繪製，朱墨套印，共八冊，很有實用價值。同年，他們又完成師生合作的第一部酈注校本《水經注疏要刪》四十卷，次年又刊行了《水經注疏要刪補遺》四十卷，成為歷來校勘的注疏量最大的酈注版本。由於他們是從研究歷代地理沿革和編繪歷史地圖起家的，他們研究酈學，校勘酈注，當然首重地理，他們開創的這個地理學派，為酈學研究開闢了新的途徑，帶來了廣闊的研究內容和美好的前景。

在《水經注疏要刪》及《補遺》的基礎上，他們計劃校勘一部內容充實、考核詳盡的《水經注疏》，由於工作量浩繁，楊守敬於民國四年（西元一九一五年）去世，不及見此書之成，遺囑熊會貞賡續其事。而熊氏確實兢兢業業地遵楊氏遺言，繼續此書的注疏凡二十年，晨寫暝抄，不間寒暑，書凡六七校，稿經六易，在去世（西元一九三六年）以前完成了尚待繼續修改的初稿㊺。這部初稿在其編撰過程中曾錄出幾部鈔本，其中經過熊氏校核修改的一部價值最高，在抗日戰爭時期由當時的中央研究院收藏。臺北中華書局於一九七一年影印出版了這部書稿，共

㊹ 此處文字均據拙撰〈楊守敬傳〉，《水經注研究四集》。

㊺ 此處文字均據拙撰〈熊會貞與水經注疏〉，《水經注研究四集》。

十八冊，名為《楊熊合撰水經注疏》。另一部鈔本為武漢書商所有，科學出版社於一九五七年影印出版，名為《水經注疏》，以線裝形式分為三函。但此本因原稿在鈔出後未經熊氏校核，所以錯誤極多[46]。二十世紀八十年代，段熙仲對此本作了數年校勘，又經我以臺北中華書局之本作了複校，於一九八九年排印，在江蘇古籍出版社出版。這是酈學地理學派的研究成果，也是《水經注》各種版本中注疏量最大的版本。

七、結語

自從乾隆年代全、趙、戴三大家與晚清的楊守敬以來，近代的酈學研究，也是名家迭出，成果可觀。上述楊氏的門人熊會貞繼承師業，茹苦含辛二十年，於二十世紀三十年代完成《水經注疏》稿，就是近代酈學研究的重要成果。

除熊氏以外，近代酈學研究不僅著述豐富，而且方法創新，在考據、詞章、地理三個方面，都獲得發展。例如王國維[47]，他平生曾校勘過從宋本到《殿本》的九種重要的酈注版本，並且每一本都寫了校勘〈跋尾〉，多有發人深省的見解。

---

[46] 鍾鳳年對此本進行校勘，校出錯誤兩千餘處，他撰有〈水經注疏勘誤〉一文，載《古籍論叢》，福建人民出版社一九八二年版。

[47] 陳橋驛：〈王國維與水經注〉，《中華文史論叢》一九八九年第二期，收入《酈學新論——水經注研究之三》。

又如鄭德坤[48]，他於二十世紀三十年代之初就從事酈學研究，編制《水經注引得》並撰寫了不少酈學論文。五十年代以後在香港及海外賡續研究，出版了《水經注研究史料彙編》及其他酈學專著，取得很大成績。香港的另一位酈學家吳天任[49]曾襄助鄭德坤的酈學研究，整理鄭氏著作，付諸出版，並以多年積累，撰成《楊惺吾先生年譜》巨構，又編著出版《酈學研究史》，對近代大陸的酈學研究也詳敘無遺。近代酈學研究中特別值得重視的是著名學者胡適[50]，他在生命的最後二十年時間中潛心酈學研究，其成果全部收入於臺北出版的《胡適手稿》[51]之中。此外，近代酈學家在研究中作出重要貢獻的還有汪辟疆[52]、鍾鳳年[53]、段熙仲等，其中如汪辟疆，他曾撰有〈明清以來研究水經注之總成績〉長文，臺北影印本《楊熊合撰水經注疏》，即以

---

[48] 陳橋驛：〈鄭德坤與水經注〉，《中國歷史地理論叢》一九九〇年第三輯，收入《酈學新論——水經注研究之三》。

[49] 陳橋驛：〈吳天任與水經注〉，《中國歷史地理論叢》一九九二年第二輯，收入《水經注研究四集》。

[50] 參見拙撰〈胡適與水經注〉（《中華文史論叢》一九八六年第二輯）、〈評《胡適手稿》〉（《中華文史論叢》一九九一年第四十七輯）等文。

[51] 《胡適手稿》共十集三十冊，從一九六六年二月到一九七〇年六月出版完竣。

[52] 陳橋驛：〈汪辟疆與水經注〉，《史念海先生八十壽辰學術文集》，陝西師範大學出版社一九九六年版，收入《水經注研究四集》。

[53] 陳橋驛：〈鍾鳳年與水經注〉，《陝西師範大學學報》哲學社會科學版一九九二年第三期，收入《水經注研究四集》。

此文列於卷首。

另外，近代的酈學研究，特別是最近半個世紀之中，在大陸和港臺，相繼出版了許多研究成果，包括酈學論文集，影印、排印和重新校勘的各種《水經注》版本，《水經注》現代漢語譯本等等，取得了優異的成績[54]。

除了中國學者以外，近代以來，國外漢學家從事酈學研究的也不乏其人。前日本京都大學人文科學研究所所長森鹿三即是其中之一，他從事酈學研究多年，發表過不少酈學論文，並於西元一九六四年－一九七〇年間在京都大學主持《水經注疏》訂補研究班，組織翻譯了《水經注（抄）》的酈注日文譯本[55]。至今，日本的一些大學，還開設有關《水經注》的課程[56]。

我個人雖然自幼即喜愛此書，也從事過若干方面的酈學研究，但由於這門學問確實精深宏博，以我所知，實在還很膚淺。所以本文論述的幾個方面，無非是酈學領域中的一些普通常識，聊供有志於酈學研究者參考，並請方家們批評指正。

---

54 參見拙撰〈民國以來研究水經注之總成績〉，《中華文史論叢》一九九四年第五十三輯，收入《水經注研究四集》。

55 日本東京平凡社一九七四年版。

56 陳橋驛：〈近代酈學研究概況〉，《中國歷史地理論叢》第三輯，收入《水經注研究二集》。

原序

擷英

昔《大禹記》著山海，周而不備；《地理志》其所錄，簡而不周；《尚書》、《本紀》與《職方》俱略；「都賦」所述，裁不宣意；《水經》雖粗綴津緒，又闕旁通；所謂各言其志，而罕能備其宣導者矣。

解讀

這一段文字是酈道元說明他為什麼要為《水經》作《注》的原因。他舉了《大禹記》、《地理志》、《尚書》、《本紀》、《職方》五種當時他見到的地理書。《大禹記》因為有「著山海」的話，大概是《禹貢》。《地理志》在他的《注》中引及的有兩種，其中多數是《漢書・地理志》，但也引及漢桑欽《地理志》，〈序〉中或許是把這兩種都包括在內。《尚書》是中國古代的重要經書，全書分《虞書》、《夏書》、《商書》各一卷，《周書》三卷，共六卷。但除了《夏書》中的《禹貢》以外，其餘各卷記及山川地理的很少。《本紀》當指《禹本紀》，此書酈氏尚見，後來已亡佚。

司馬遷在《史記・大宛列傳・贊》中曾經批評此書：「今自張騫使大夏之後也，窮河源，惡睹《本紀》所謂崑崙者乎？」他還批評此書的荒唐內容：「《禹本紀》言，河出崑崙，崑崙高二千五百餘里，日月所相避隱為光明也。」《職方》是《周禮》中的一篇，體例內容與《禹貢》相似，也是把天下分成「九州」記敘。無非是易《禹貢》的徐、梁二州為幽、并而已。

「都賦」是從漢代流行直到六朝的一種文體，其中有不少是記敘地域或都城的。酈氏在其《注》中曾引及三十餘種，其中如〈西京賦〉、〈東京賦〉、〈南都賦〉、〈趙都賦〉以及齊都、魯都、蜀都、揚都、魏都、吳都等賦，並包括〈江賦〉、〈廬山賦〉等記敘山川的，其實都是以賦（韻文）的體裁所撰寫的早期地方志。除了卷四十〈漸江水〉所引的〈山居記〉（《宋書・謝靈運傳》作〈山居賦〉）長達四千餘言至今仍存以外，其餘多已亡佚殘缺。而且像〈山居賦〉那樣詳細記敘始寧縣（位於今紹興、嵊州、上虞三市縣之間）的自然和人文概況的絕少，大多都是重辭藻而乏實事，所以酈氏認為這類文獻是「裁不宣意」。

〈序〉中把《水經》列於最後，評語也與前列諸書不同：「粗綴津緒，又闕旁通」。意思是，此書大致寫出了河川脈絡，但缺乏與河川（包括流域）有關的其他自然和人文概況。所以他選擇《水經》作《注》，彌補此書的「粗」、「闕」。

擷英

脈其枝流之吐納，診其沿路之所纏，訪瀆搜渠，緝而綴之。

解讀

這幾句是寫他為《水經》作《注》的方法。前二句「脈其枝流之吐納，診其沿路之所纏」。在各篇《注》文中他多已盡力做到。有不少支流，他「脈」不出河流名稱，《注》文中只好用「其一川」幾字表述，例子甚多。但所謂「脈」與「診」，並不完全表述他的田野實勘之意。許多河川還是依靠他搜集和詳究各種文獻。但四句之中，「訪瀆搜渠」一句，確實說明了他對田野考察的重視。全《注》記敘經過他親身考察的例子很多。所以當今地理學者運用的這種重要研究方法，酈氏已經在〈序〉中點明，並且盡可能運用。在中國地理學史上，真是難能可貴。把這四句合起來，則最後一句「緝而綴之」的意思是，《水經注》其書，是文獻研究和田野考察的成果。

擷英

《十二經》通，尚或難言，輕流細漾，固難辨究，正可自獻逕見之心，備陳輿徒之說，其所不知，蓋闕如也。

解讀

這一段中，主要是學者對第一句尚有不同見解。段熙仲教授校注《水經注疏》，「十二經」不加書名號。則他是把這「十二經」的「經」理解為大河或主流。原句的意思他認為是：在十條大河之中，能否弄清楚兩條，還很難說。段先生是在八十高齡以後接受出版社的校注任務的。承他錯愛，幾次堅邀我覆校，最後在我一次出國講學後返國的次日，請其子弟用轎車把他的全部校稿從南京送到杭州，我才不得已接受。他是前輩，所以我在覆校過程中，除了訛誤明顯而我又持有實據的以外，盡可能尊重他的意見而不作改易，「十二經」即是其例。《莊子・天道》：「于是繙《十二經》以說」，說明在酈氏時代，《十二經》之名早已流行。至於《十二經》的具體名稱，當今我們要在唐晁公武的《郡齋讀書志》中見到，即《易》、《書》、《詩》、《周禮》、《儀禮》、《禮記》、《春秋左傳》、《公羊》、《穀梁》、《論語》、《孝經》、《爾雅》。但此《十二經》在酈氏《注》文中全有引及。所以酈意很可能是：讀通了《十二經》，也說不清河川的脈絡。這是酈氏在全〈序〉之末交代兩點：第一，《注》文中記敘小枝細流是難免存在錯誤的；第二，還有一些他不知道的河川，在《注》文中只好付之闕如了。這幾句話，可以說是他著書立說的謙遜態度。

卷一 河水

擷英

（《經》屈從其東南流，入渤海。）

釋法顯曰：度葱嶺，已入北天竺境，于此順嶺西南行十五日，其道艱阻，崖岸險絕，其山惟石，壁立千仞，臨之目眩。欲進則投足無所，下有水，名新頭河。昔人有鑿石通路施倚梯者，凡度七百梯，度已，躡懸絙過河。河兩岸，相去咸八十步，九譯所絕。漢之張騫、甘英皆不至也。

解讀

這一段是引《法顯傳》❶的文字，但酈氏已有改動和省略。「度葱嶺」三字是從法顯原文「在道一月，得度葱嶺」省略而來。原文「度嶺已，到北天竺」，酈改為「度葱嶺，已入北天竺境」。

❶ 也稱《佛國記》，還有其他不少別名，參閱拙撰《法顯與法顯傳》，載《山西師範學院學報》哲社版一九八九年第二期。

此下酈省略原文一段，自加「于此」二字。從「順嶺西南行十五日」起，到「漢之張騫、甘英皆不能至也」則是法顯原文。酈氏引書往往如此，目的是為了把原書中最關重要的寫入《注》文。明周嬰在《巵林．卷一．析酈篇》中說酈氏「皆躡法顯之行蹤」。《注》文引《法顯傳》共有八處，但酈氏所引，常刪其無關，擷其要領。這一段所引僅百餘字，其中已刪約一百三十字。所以他在引述古籍時也作過仔細考慮。此段所引，其意在表達蔥嶺之道的行路艱難。因為要「躡懸絙（索橋）」，因而也引及新頭河（印度河的古譯）的寬度為「八十步」（約一百公尺）。「張騫、甘英」二人，前者眾所熟知，後者（甘英）是東漢人，漢和帝（西元八九年—一〇五年）時奉西域都護班超命出使大秦（羅馬帝國），途中為條支（今伊朗一帶）的西海（波斯灣）所阻，不果而還。

擷英

自河以西，天竺諸國，自是以南，皆為「中國」，人民殷富。「中國」者，服食與中國同，故名之為「中國」也。

解讀

此段《注》文中指及的「中國」，是恆河中游的中印度地區，梵文作Madhyadesa，由Madhya（中間的）和Desa（國家）二詞組成，並非現今中國。雖然「服食與中國同，故名之為『中國』也」的解釋並不正確，說明酈道元雖然懂得梵語，但對此「中國」一詞，他並未查考過梵語根源。從此也可以引發我們的思考，我們古籍上的所謂中國，如《詩・大雅・生民》：「惠此中國，以綏四方」等等，不勝枚舉，其實與古代印度把當時最發達的地區即恆河中游稱為「中國」，都是一樣的道理。古籍中所稱的中國，都是指的今黃河中游一帶漢族聚居的發達地區，並不作為國名。中國成為國家的國名，實始於中華民國元年（西元一九一二年），從此成為中華民國的簡稱，才算作國名。中國或許是漢字的關係，常常使用這種簡稱，包括對西方國家，如稱美利堅合眾國為美國，稱法蘭西共和國為法國等等。

擷英

王斂舍利，用金作斗，量得八斛四斗，諸國王，天龍神王各得少許，賚還本國，以造佛寺。

解讀

這段《注》文，包括前面引支僧載《外國事》所敘「佛泥洹後」一段。實在就是為釋迦牟尼（佛陀）辦後事的一些情節。「舍利」是梵文 Sarira 的音譯，意為佛骨。按這段記敘，也包括其他某些佛教經典的記敘，佛陀火化以後，他的骨灰是被印度當時各邦國瓜分殆盡的。後來中國和有些今中南半島國家，常有到印度去「取經」（參拜和錄取佛教經典）的，但不可能取得佛陀的舍利。所以今中國和東南亞其他各國所稱其寺院佛塔中的「佛骨」都非真實。特別是像陝西法門寺所藏的那塊佛陀手指舍利（我曾親見），顯然都不是真品。各地所自詡的「佛骨」、「佛牙」，特別是像法門寺那個「佛指」，無疑都是贗品，或者是其他高僧的舍利，張冠李戴，混作佛陀的舍利以增加其寺院和佛塔的知名度而已。

擷英

阿育王起浮屠于佛泥洹處，雙樹及塔，今無復有也。

解讀

酈道元在此卷中三次提及阿育王，說明阿育王在弘揚佛教中的重要功績，也說明酈氏對天竺古國及佛教發展史的重視和了解。釋迦牟尼死後，印度佛教史上曾經有過四次佛教的結集，其中第三次結集在華氏城 (Pataliputra) 舉行，由孔雀王朝國君阿育王 (Ashoka) 支持贊助，其時在西元前二四二年（一說在西元前二五三年）。這次結集以後，阿育王派人四出傳布佛教，佛教開始走向世界。

此段中有三個梵文詞彙，酈氏都不作解釋，這正可證明他是懂得梵文的，認為這些詞彙毋需解釋。這三個詞彙是：

1. 浮屠：亦譯浮圖。梵文 Stupa，常譯窣堵波。唐釋玄應《一切經音義・卷六・寶塔》：「正言窣覩波。」唐慧琳《一切經音義・卷十三》：「窣覩波，上蘇沒反，古譯云藪斗婆，又云偷婆，或云兜波，曰塔婆，皆梵語訛轉不正也，此即如來舍利塼塔也。」

2. 泥洹：即涅槃，梵文作 Nirvāna，巴利文作 Nibbnā，又譯作泥畔。意譯作滅、滅度、安樂、解脫等。釋迦牟尼的逝世稱為涅槃或泥洹，但後來凡高僧逝世，也多用這個詞彙。

3.塔：上述慧琳《一切經音義》說Stupa為「塔婆」。但塔婆實從巴利文（古代印度的佛教經典都用梵文及巴利文兩種文字寫成）Thūpa音譯而來。中國古代的小學書如《說文解字》，無「塔」字，「塔」是「塔婆」的省譯。

必須指出的是，梵文和巴利文在漢譯時有省譯的慣例，如「塔婆」省譯為「塔」，「僧伽藍摩」省譯為「伽藍」等，但地名和人名不能省譯。中國有些地方把「阿育王」省譯為「育王」（如稱「育王寺」、「育王殿」之類）。對於地名和人名，梵文、巴利文也和英文一樣，把「阿育王」譯成「育王」，實和把「邱吉爾」譯成「吉爾」，把「羅斯福」譯成「斯福」一樣地可笑。

擷英

日暮便去半達鉢愁宿。半達，晉言白也；鉢愁，晉言山也。

解讀

半達鉢愁這個地名，現在仍可用梵文復原：Punda（白），Vasu（山）。由此可以證明酈氏確諳梵文。

擷英

羣象以鼻取水灑地，若蒼梧、會稽，象耕、鳥耘矣。

解讀

蒼梧象耕，會稽鳥耘。是中國古代流傳的一個生動神話。《文選・卷五・吳都賦》劉淵林注：「《越絕書》曰：舜葬蒼梧，象為之耕；禹葬會稽，鳥為之耘。」但今本《越絕書》除卷八有「鳥田」一語外，並無劉注文字。或是《越絕書》缺佚，或是劉注誤引。但這個神話的現象在古代是存在的。王充《論衡・書虛篇》說：

傳書言，舜葬于蒼梧，象為之耕；禹葬會稽，鳥為之田。蓋以聖德所致，天使鳥獸報佑之也。……鳥田象耕，報佑舜禹，非其實也。實者，蒼梧多象之地，會稽眾鳥所居。《禹貢》曰：彭蠡既瀦，陽鳥攸居。天地之情，鳥獸之行也。象自蹈土，鳥自食苹，土蹶草盡，若耕田狀，壤靡泥易，人隨種之。

〈偶會篇〉說：

傳曰：舜葬蒼梧，象為之耕；禹葬會稽，鳥為之田，失事之實，虛妄之言也。

王充的解釋是正確的，酈氏在《注》文也曾引及過《論衡》，說明他讀過此書。但他在「象耕鳥耘」的神話中未引《論衡》，而且在卷十三〈㶟水〉及卷四十〈漸江水〉又兩次引及這個神話。這說明王充的思想在當時的一般宗奉儒學學者中，還屬於離經叛道，並不受到重視。

擷英

渡河南下一由巡。

解讀

「由巡」，這條《經》文下，前已有「城周圓三由旬」一句。《武英殿本》在此「由巡」下作了案語：「案由巡、由旬，書內通用，近刻訛作『由延』」。「由旬」、「由巡」，酈書通用，說明酈氏通曉梵語。而《殿本》的這條案語，說明戴震不僅不通梵語，而且他校成的這部佳本，鈔自他本者多，而他自己所下的功夫不大。案「由旬」、「由巡」、「由延」，都是梵文 Yogana 的音譯，《法顯傳》即作「由延」。宋法雲的《翻譯名義集・卷三》譯此作「踰善那」。艾德爾在《中國佛教手冊》❷對此詞的解釋是："Yogana, a measure of distance, variously computed as equal to a day's march (4650 feet) or 40 or 30 or 16 li. (i.e. $33\frac{1}{2}$ or 10 or $5\frac{1}{2}$ English miles)"。丁福保在其《實用佛學辭典》中對此條的解釋，實際上是譯述了上述艾德爾的話：「自古聖王一日軍行也。舊一踰善那四十里矣，印度國俗乃三十里，聖教所載唯十六里」。戴震在四庫館校注《水經注》，明見《注》文多引《法顯傳》，明知周嬰批評酈氏「皆躡法顯之行蹤」，卻竟連《法顯傳》也未曾過目。所以《殿本》之佳，趙一清實有大功。戴書襲趙，可為定讞❸。

---

❷ Ernest. G. Eitel, *Chinese Dictionary with Vocabularies of Buddhist Terms*, Tokyo, Sanshusha, 1904。

❸ 參見拙撰《水經注戴趙相襲案概述》，《鄭州大學學報》哲社版一九八六年第一期，收入《水經注研究二集》。

擷英

諸天導引菩薩起行，離樹三十步，天授吉祥草，菩薩受之。復行十五步，五百青雀飛來，繞菩薩三帀西去。菩薩前到貝多樹下，敷吉祥草，東向而坐。

解讀

這一段文字是從《法顯傳》鈔錄的，其中兩次提及吉祥草。吉祥草至今已成為園林道路等處的綠化植物，所以有必要對此作一點說明。吉祥草本是梵語植物名稱，因法顯的翻譯而漢化。在中國又稱觀音草或松壽蘭，學名 Reineckea carnea，是百合科常綠多年生草本植物。日本森鹿三主譯的《水經注（抄）》中，在此下加了一條注釋：「吉祥草，Kuśa，按讀音寫作姑尸、短尸，譯為上茅、茆草，是生長在溼地上的一種茅草，用作坐禪的敷物」。日譯本的這條注釋，寫出了吉祥草的梵語 Kuśa，而其中「譯為上茅」的話，則出於《大唐西域記》。此書卷九摩揭陁國下上茅宮城（舊王舍城）說：「上茅宮城，摩揭陁國之正中，古先君王所都，多出勝上吉祥香茅，以故謂之上茅城也」❹。

這裡的上茅城，是梵語矩奢揭羅補羅城的意譯，矩奢揭羅補羅的梵語是 Kuśagrapura，由 Kuśa（上茅）和 grapura（宮城）二詞合成，所以 Kuśa 又譯上茅。梵語植物名稱，在唐釋玄應和慧琳的兩種《一切經音義》及宋法雲的《翻譯名義集》中，有時音譯，有時意譯，不通梵語

❹ 據季羨林等校注《大唐西域記》，中華書局一九八五年出版。

的人，往往望文生義，造成錯誤。光緒《諸暨縣志・卷十九・物產志一》「吉祥草」條下引《允都名教錄》：「邑吉祥寺舊產吉祥草，故名」。把這種按梵語意譯的植物說成因吉祥寺所產而得名，這和戴震因不查《法顯傳》而認為「由延」是訛字一樣。

擷英

（《經》又出海外，南至積石山下，有石門。）

故成公子安〈大河賦〉曰：「覽百川之宏壯，莫尚美于黃河；潛崑崙之峻極，出積石之嵯峨」。

解讀

此引〈大河賦〉為西晉文學家成公綏（西元二三一年－二七三年）字子安所作，此時，賦體文學盛行，成公綏即是著名撰賦者，名作有〈嘯賦〉、〈天地賦〉等，〈大河賦〉是其中之一。《注》文所引雖僅四句，但可以看出其辭藻的工整和富麗。此四句中有兩點值得留意，第一，在西晉時代，「黃河重源」之說眾所公認，所以酈氏沿襲此說不足為病。第二，今黃河在古代稱為「河」或「河水」，黃河只是文人在撰述中對此水水色混濁的描寫。但〈河水〉五卷之中，除卷三外，其餘四卷中均提到「黃河」一詞，而最後終於成為此河的正式名稱。至於何時以「黃河」取代「河」或「河水」，學術界說法尚不一致，但大致總在唐代以後。

卷二 河水

擷英

《經》其一源出于闐國南山，北流與葱嶺所出河合，又東注蒲昌海。）

敦煌索勱，字彥義，有才畧，刺史毛奕表行貳師將軍，將酒泉、敦煌兵千人，至樓蘭屯田。起白屋，召鄯善、焉耆、龜茲三國兵各千，橫斷注濱河，河斷之日，水奮勢激，波陵冒堤。勱厲聲曰：王尊建節，河堤不溢，王霸精誠，呼沱不流，水德神明，古今一也。勱躬禱祀，水猶未減，乃列陣被杖，鼓譟讙叫，且刺且射，大戰三日，水乃迴減，灌浸沃衍，胡人稱神。大田三年，積粟百萬，威服外國。

解讀

這一段寫索勱在注濱河攔壩的故事，寫得有聲有色。其中「列陣被杖，鼓譟讙叫，且刺且射，大戰三日」，寫得好像在戰場上作戰一樣。「水奮勢激，波陵冒堤」，當然不是「且刺且射」可以阻制的，顯然是因為河流一旦被堤壩阻斷而發生的現象。等到上游的積水「冒堤」溢流得到緩解以後，河水又得到新的平衡，「水奮勢激」的現象自然就會緩解。但在當時，索勱和他的士兵，確實是戰鼓鏗鏘，吶喊呼號，真刀真槍地和大水「大戰三日」的。我們今天除了欣賞這一段《注》文的生動感人外，另外還有兩點啟發：第一，漢代開始對西域的經營，除了軍事力量以外，非常重要的策略是屯墾，但屯墾也非易事，索勱的故事就說明了，他雖然終於得到「大田三年，積粟百萬，威服外國」的成功，但這種成功也不是輕而易舉的。「威服外國」的「外國」指的是西域各國。漢代特別是漢武帝在西域建立的功績，屯墾起了重大的作用，索勱的故事是其中一例。第二，索勱是一員武將，但他能說出「王尊建節」、「王霸精誠」的典故，說明當年的武將也是讀書的。這裡關於「王尊建節，河堤不溢」的故事，酈氏在卷五〈河水〉中有較詳記敘。《漢書》也為他立傳。而「王霸精誠，呼沱不流」的故事，見《後漢書・王霸傳》：「光武南馳至下曲陽，令霸往視滹沱河。霸還，跪曰：冰堅可度。光武前至河，河冰亦合」。

擷英

漢永平十八年，耿恭以戊己校尉，為匈奴左鹿蠡王所逼，恭以此城側澗傍水，自金蒲遷居此城（指疏勒城），匈奴又來攻之，壅絕澗水。恭于城中穿井，深一十五丈，不得水，吏士渴乏，笮馬糞汁飲之。恭乃仰天嘆曰：昔貳師拔佩刀刺山飛泉湧出，今漢德神明，豈有窮哉？整衣服，向井再拜，為吏士禱之。有頃，水泉奔出，眾稱萬歲。乃揚水以示之，虜以為神，遂即引去。

解讀

這一段寫草原沙漠地帶缺水資源的情況非常生動真實：「城中穿井，深一十五丈，不得水」，說明地下水位極低；而「吏士渴乏，笮馬糞汁飲之」，也寫盡了當時缺水的實況。至於最後一段，或許確實由於地下水的逐漸滲出而使此井有了一些積水。「水泉奔出」的話，顯然是誇大其事。中國西北缺乏水資源的情況，從歷史上觀察，實在每況愈下。十九世紀末年，瑞典人斯文哈定(Sven A. Hedin)率領一個探險隊從塔里木河上游支流葉爾羌河出發，橫越塔克拉馬干沙漠，到塔里木河的另一條支流和闐河，路程實不算長，由於出發時誤信了當地人言，少帶了所需飲水，以致最後乏渴，飲駱駝尿以解渴，並且渴死了人。事詳他的《戈壁沙漠橫渡記》。在這個地區，由於降水量微不足道，所以不論是河流渠道或其他水利設施如坎兒井之類，水源都靠的是高山雪水。時至今日，根據實測，高山的冰川（積雪）資源已經益趨匱乏，各山雪線不斷升高，成為西北地區面臨的一個嚴峻問題。

擷英

釋氏《西域記》曰：屈茨北二百里有山，夜則火光，晝日但烟，人取此山石炭，冶此山鐵，恆充三十六國用。故郭義恭《廣志》云：龜茲能鑄冶。

解讀

這段《注》引自釋氏《西域記》，此書的成書年代現在已無從查考。但《漢書．西域傳》已說：「龜茲（按即屈茨）能冶鑄」（酈又引郭義恭《廣志》，郭是晉代人，已較晚），說明龜茲國的冶鑄工業在漢代已經存在。漢武帝經營西域時，西域有三十六國，「恆充三十六國用」，說明西域在漢時存在冶鑄工業屬實。而「人取此山石炭，冶此山鐵」，說明在西漢之初，西域的冶鑄已從青銅轉為冶鐵。龜茲國（在今庫車、輪臺、拜城一帶），是當時西域的冶鐵工業中心，產品供應西域全境。這段記敘之具有價值，因為全文記敘了這種工業的原料地，燃料地和市場範圍，是一項完整的經濟地理資料。也說明了在自然環境沒有變劣以前，西域是一個發展較早而發達程度較高的地區。

擷英

（《經》又東入塞，過敦煌、酒泉、張掖郡南。）

《漢官》曰：秦用李斯議，分天下為三十六郡。凡郡，或以列國，陳、魯、齊、吳是也；或以舊邑，長沙、丹陽是也；或以山陵，太山、山陽是也；或以川原，西河、河東是也；或以所出，金城城下得金，酒泉泉味如酒，豫章樟樹生庭，雁門雁之所育是也；或以號令，禹合諸侯，大計東冶之山，因名會稽是也。

解讀

這一段記敘，引用今已亡佚的《漢官》。此書原有五卷，不知撰者，但漢應劭曾為此書作注。在此段以前，酈氏已引應劭《地理風俗記》中「酒泉，其水甘若酒味故也。張掖，言張國臂掖，以威羌狄」兩句。此書是中國有關地名學的早期文獻，記敘了秦三十六郡郡名命名的六條依據：列國、舊邑、山陵、川原、所出、號令。在此書以前，如《穀梁》、《越絕書》等，也已述及地名來源，但都是零星片段的，此書所列六條，顯得相當完整。不過其中第六條「或以號令」用「會稽」作例，是受司馬遷「會稽者，會計也」的影響。「會稽」是越語地名，《越絕書》中又譯「會夷」。秦建會稽郡，郡下隸二十餘縣，除原來的「大越」改「山陰」，「武原」改「海鹽」在《越絕書》均有明確記載外，從郡名到縣名，多保留原來的越語名稱。有的越語地名如餘杭、餘姚、上虞、諸暨、無錫、句容等，至今仍為市、縣專名，而另外若干地名，如錢塘（唐）、姑蘇、鄮等，也仍然作為派生地名而至今沿用，或在文字寫作上使用，說明古代少數民族的地名，具有很強的生命力。而酈氏對各類地名都非常重視，全書記載的各類地名達二萬左右，超過此書以前的一切地理書。其中有淵源解釋的地名達二千四百餘處。所以劉盛佳教授曾以《我國古代地名學傑作》❺為題評介《水經注》。所以酈氏在全書開端就引《漢官》此段，說明他對地名的重視。此外，對秦「分天下為三十六郡」，後世學術界尚有不同議論，可參閱王國維《秦郡考》，收入於《觀堂集林》第十二卷。

---

❺《華中師院學報》一九八三年第一期。

擷英

永元五年，貫友代聶尚為護羌校尉，攻迷唐，斬獲八百餘級，收其熟麥數萬斛，于逢留河上築城以盛麥。且作大船，于河峽作橋渡兵，迷唐遂遠依河曲。

解讀

此段需要注意其「且作大船」一語。因為上句說明貫友攻迷唐，「收其熟麥數萬斛，于逢留河上築城以盛麥」，此兩語是相關的。「且作大船」，按《後漢書・西羌傳》及《通鑑》，「船」均作「航」，但意義並無很大出入。逢留河（黃河在此別名）作城盛麥，是為了用大船（或航）運輸之用。說明當時黃河上游的河道情況，還可通航較大船舶。而卷五〈河水〉中，在《經》文「又東過平縣北，湛水從北來注之」下，還有「魏尚書僕射杜畿，以帝幸許，試樓船，覆于陶河」的記載，「樓船」當然是很大的船舶，說明當時黃河中游的河道情況也比後來好得多。

擷英

（《經》又東過隴西河關縣北，洮水從東南來流注之。）

漢高帝六年，令天下縣邑城。張晏曰：令各自築其城也。

解讀

這一段引自《漢書・高帝紀》：「六年冬十月，令天下縣邑城」。從此，中國通例對縣一級行政單位稱為縣城。規模小的縣，至今常稱城關鎮，其實「城」早已不存，此「城」字均從《漢書》沿習而來。大縣或更大的聚落稱為城市，有的稱為都城。不管實際上是否尚有城垣存在，但這個「城」字仍然沿用。《注》引《漢書》「令天下縣邑城」，成為中國的特色。施堅雅 (G. W. Skinner) 主編 *The City in Late Imperial China*❻巨著中，就專就「城」的掌故，收入 "The Morphology of Walled Capitals" 一文，描述有城垣的中國城市的特色。《說文解字・卷十三》下說：「城，所以盛民也」，這或許是城市以人口數量作標準的濫觴。所以城垣之事，顯然並不始於漢高祖六年（西元前二〇一年）。在這以前，人民在大聚落如大的村舍一類，夯土築城的事早已出現。《世本》所謂「鯀作城」的話，當然是一種傳說，並不足信。《史記・貨殖列傳》中寫了邯鄲、野王、洛陽等八處「一都會也」。〈貨殖列傳〉的「都會」，後來都可以稱為「都城」，現在都屬於「城市」。酈氏作《注》時，非常重視城邑的記敘，如卷十三〈㶟水〉的平城，卷十六〈穀水〉的洛陽，卷十〈濁漳水〉的鄴和「五都」，卷三十三〈江水〉的「三都」。全書曾引用「都賦」十餘篇以描述都邑。而在卷首就提出朝廷下詔「天下縣邑城」，這和他重視都城的觀點密切相關。

---

❻《中華帝國晚期的城市》，原版，史丹佛大學出版社一九七七年出版；中譯本，葉光庭等譯，陳橋驛校，中華書局二〇〇〇年出版。

擷英

（《經》又東過金城允吾縣北。）

漢武帝聞大宛有天馬，遣李廣利伐之，始得此馬，有角為奇。故漢武帝〈天馬之歌〉曰：天馬來兮歷無草，逕千里兮循東道。胡馬感北風之思，遂頓羈絕絆，驤首而馳，晨發京城，夕至敦煌北塞外，長鳴而去，因名其處曰候馬亭。

解讀

《水經注》全書引詩賦不少，但引歌不多。僅〈夷齊歌〉、〈麥秀歌〉、〈易水歌〉、〈扶風歌〉等，引帝王之歌更少，僅漢武帝〈天馬之歌〉及〈瓠子歌〉二首，而後者全歌錄入，表達了酈氏對漢武帝的推崇之意。〈天馬之歌〉是一種傳奇故事，而〈瓠子歌〉則是在一次水利工程的現場創作，當在〈瓠子河〉篇中擷英解讀。

擷英

湟水又東流，注于金城河，即積石之黃河也。闞駰曰：河至金城縣，謂之金城河，隨地為名也。

解讀

中國河川除江河淮濟所謂「四瀆」之類的大河以外，如酈驅所說「隨地為名」的現象甚為普遍，這也是河川地名學上一個值得研究的課題。中國的河流，有的以其發源地命名，有的以河流流經的地區命名，有的以河流流經的某個著名城邑命名，有的以沿河或流域中的著名人物命名。其中「隨地為名」是酈驅所首先提出的河川命名現象，而河川的「隨地為名」也大致在酈氏的時代即南北朝開始盛行。因為比酈驅早的東漢初人王充，尚未見及這種河川的命名現象，《論衡・書虛篇》說：「有丹徒大江，有錢塘浙江」。又說：「餘暨以南屬越，錢塘以北屬吳，錢塘之江，兩國界也。」他所說的「錢塘之江」，意謂錢塘縣的這條江，其意與「錢塘浙江」並無差別。後來的演變是，在錢塘縣境的稱為錢塘江，在富春縣境的稱為富春江，在桐廬縣境的稱為桐江，在新安郡境的稱為新安江，在蘭溪縣境的稱為蘭江，在金華縣境稱為婺江（金華古稱婺）等等。這種「隨地為名」的河川命名現象，在全國各地都很流行。

卷三　河水

擷英

（《經》又北過北地富平縣西。）

河水又北，薄骨律鎮城在河渚上，赫連果城也。桑果餘林，仍列洲上。但語出戎方，不究城名。

解讀

酈道元非常重視地名的淵源來歷，凡是他能解釋的地名，包括前述梵語地名，他都在《注》文上作出解釋。全書所列約二萬地名中，他作出淵源解釋的達二千四百多處，為當今的地名學研究提供了很有價值的資料。但凡是他不能解釋的，他絕不作以訛傳訛的強解。此處記敘的「赫連」是匈奴的一支，西元五世紀初，曾在這一帶建立大夏國，赫連勃勃自稱大夏天王。距酈氏之世不過百餘年，但「語出戎方，不究城名」。為了這個地名，他曾作過一番研究。《注》文說：「訪諸耆舊，咸言故老宿彥云，赫連之世，有駿馬死此，取馬色以為邑號，故目城為白口騮韻之謬，遂仍今稱，所未詳也」。「所未詳也」，表示他並不相信這種傳說。《水經注》全書中有關這類記敘很多，以後當擇要再作解讀。

擷英

河水又東北歷石崖山西，去北地五百里，山石之上，自然有文，盡若虎馬之狀，粲然成著，類似圖焉，故亦謂之畫石山也。

解讀

此段記敘石崖山：「自然有文，盡若虎馬之狀，粲然成著，類似圖焉」，與下面《經》文「至河目縣西」下所《注》：「是阜破石之文，悉有鹿馬之迹」，卷三十九〈洣水〉：「山上有仙人及龍馬迹」等。全書中這類記敘，為數不少。其實都是古代巖畫，是史前部落居民在巖崖上塗抹或粗糙雕刻上去的。到了今天就成為一種有價值的文物資源。〈河水〉中的石崖山和鹿蹏山，按地理位置都在今內蒙陰山。學者蓋山林已經在這一帶山區從事調查考察，於上世紀八十年代初於《內蒙古社會科學》一九八〇年第二期發表了〈舉世罕見的珍貴古代民族遺物——綿亘二一〇〇〇平方公里的陰山巖畫〉一文，他即是在《水經注》的記敘中受到啟發而獲得這種重要發現的。所以我們還可按《水經注》及其他古籍的記載，在這方面繼續調研，把古代的巖畫資源儘量發掘出來。

擷英

（《經》屈東過九原縣南。）

始皇三十三年，起自臨洮，東暨遼海，西并陰山，築長城及開南越地。晝警夜作，民勞怨苦，故楊泉《物理論》曰：秦始皇使蒙恬築長城，死者相屬，民歌曰：生男慎勿舉，生女哺用餔，不見長城下，尸骸相支拄。其冤痛如此矣。蒙恬臨死曰：夫起臨洮，屬遼東，城塹萬餘里，不能不絕地脈，此固當死也。

解讀

「萬里長城」，長期來成為大多數中國人歌頌和自豪的古代建築。其實多數人所見的從老龍頭（山海關以東海邊）、山海關、古北口直到居庸關供人們旅遊的這一段，都是明長城，梁啟超老早就指出了。從上世紀八十年代初起，我有幸多次到西安為史念海先生的研究生講課和答辯，其中有一次並作了陝北的田野考察之行，親見了韓城等處的戰國長城，無非是用泥土夯實的土垣。秦始皇建造「萬里長城」，當然是利用了這些比他早建的戰國城垣。修建這樣一條泥夯土垣，在當時的技術和物質條件下，其勞民傷財的情況，在這段《注》文中寫得非常清楚。酈道元引用了楊泉所說的民歌，對這條「民勞怨苦」的工程沒有說半句好話。我往年也對此作過議論，我認為秦始皇這個大暴君，「對於古代開拓北疆的事業來說，萬里長城開始是地理上的限制，後來成為傳統觀念的限制。對於漢族的不少有志於北荒的領袖們，這條以夯土堆疊起來的人為界

限，不僅束縛了他們的手腳，而且束縛了他們的抱負和思想，這實在是一件十分不幸的事。」❼

擷英

（《經》又南過赤城東，又南過定襄桐過縣西。）

北俗謂之。

解讀

在這條《經》文下，酈道元對《注》文中二十處以上的地名，包括山、水、城亭等，都冠以「北俗謂之」一語，也就是說，他無法解釋這些地名的淵源來歷，如同前面的「薄骨律鎮城」一樣。但這個地區，包括北魏舊都一帶即今山西省境內，都是酈道元足跡所至之地。在以下卷六〈汾水〉的《經》文「汾水出太原汾陽縣北管涔山」下《注》文所記的「侯莫干城」，酈氏也說「蓋語出戎方，傳呼失實也」。對於這不少地名，他都以「北俗」相稱。說明在十六國時代，草原民族在這個地區遷徙頻繁，時來時去，時居時遷，而留下了許多他無法解釋的地名。酈氏的所以稱「北俗」，首先當然是這些地名不是漢名，此外是這些地名的命名者都來自此區以北的族群，亦即從草原地帶進入的人，即歷史所稱「五胡亂華」的胡人。「五胡」其實是個通稱，每個族群之中，還包括不少支派，相互間甚至語言不通。所以一旦這個部族離散，地名雖然留下，但意義就無法破解。從這段記敘中，可以窺及當時族群往來的頻繁。

---

❼《酈道元評傳》，南京大學出版社一九九四年出版。

擷英

《東觀記》曰：郭伋，字細侯，為并州牧，前在州，素有恩德，老小相攜道路，行部到西河美稷，數百小兒各騎竹馬迎拜，伋問：兒曹何自遠來？曰：聞使君到，喜，故迎。伋謝而發去，諸兒復送郭外。問：使君何日還？伋計日告之。及還，先期一日，念小兒，即止野亭，須期至乃往。

解讀

《水經注》記載了歷史上的不少好官，亦即後來所稱的「循吏」。除了在水利事業上做出成績的如前述及的王尊等以外，凡是有德、有政績的，雖不涉水利，酈氏也常常寫入《注》文。這一段記及的郭伋是東漢初人，因為「素有恩德」，以致在他出行的路上，「數百小兒各騎竹馬迎拜」。小兒迎拜，對於一般官員，本來是不在話下的小事，但郭伋還是與他們談話，並應小兒們所問告訴了他們歸期。後來因歸期提早了一天，他想起以前與小兒們的談話，竟因此在野亭停了一天。一位州牧，卻把與小兒們的談話牢記在心，並且恪遵不渝。這實在是件小事，但酈氏也要記入《注》中，充分說明了他重視誠信的品德。像郭伋那樣，對小兒們尚且如此，則他對州內百姓的恩德也就可想而知了。

擷英

河水左合一水，出善無縣故城西南八十里，其水西流，歷于呂梁之山，而為呂梁洪，其山巖層岫衍，澗曲崖深，巨石崇竦，壁立千仞，河流激蕩，濤湧波襄，雷奔電泄，震天動地。

解讀

此段描述的是呂梁瀑布。酈道元描述自然風景之所以妙絕古今，手法之一是詞語多變。瀑布即是一例。對呂梁瀑布，他所使用的是一個「洪」字。全書所描述的瀑布中，最精彩的當然是卷四《河水》中的孟門瀑布一段。但此段從「其山巖層岫衍」起到「震天動地」不過三十四字，也寫得維妙維肖，生動感人，讓讀者有反覆吟誦的需求，感到是一種閱讀的享受。

擷英

（《經》又南離石縣西。）

赫連龍昇七年（西元四一三年），于是水（按奢延水）之北，黑水之南，遣將作大匠梁公叱干阿利改築大城，名曰統萬城。蒸土加功，雉堞雖久，崇墉若新。

解讀

統萬城是十六國時代的大城和名城。遺址在今陝西靖邊北白城子。《注》文指明了這個都城的設計和施工人即將作大匠的名氏，並記敘了在這個寒冷地區「蒸土加功」的艱巨施工過程。此城之建，距酈氏還不到百年，所以赫連氏雖已不存，而其城仍「雉堞雖久，崇墉若新」。但對於統萬城的城名來由，酈氏卻不置一辭，與前述許多少數民族的地名一樣。在酈書百餘年以後，唐太宗領銜主修的《晉書》卻於《赫連勃勃載記》中解釋「統萬城」的城名來源是「統一天下，君臨萬邦」。此說一出，以後的不少著名典籍如《元和郡縣志》、《資治通鑑》、《太平御覽》（卷一九二引《夏錄》），直到近年出版的《辭海》，都沿襲唐《晉書》。此城名在酈氏時代已經不解，《晉書》之說實有望文生義之嫌。我在《中國歷史地名大辭典》❽卷首〈序〉中指出，「統萬」在當時也譯「吐萬」，是赫連夏（匈奴語的一支）語的漢譯，唐初《晉書》之說不足信。中國歷史上的所謂「五胡亂華」以後，漢族文獻中對於少數民族地名望文生義、以訛傳訛者非常普遍，像「統萬城」的錯誤解釋，居然出於御修《晉書》，情況可見一斑。

擷英

（《經》又南過上郡高奴縣東。）

故言高奴縣有洧水，肥可然，水上有肥，可接取用之。《博物志》稱酒泉延

❽ 中國社會科學出版社二〇〇五年出版。

壽縣南山出泉水，大如筥，注地為溝，水有肥如肉汁，取著器中，始黃後黑，如凝膏，然極明，與膏無異，膏車及水碓缸甚佳，彼方人謂之石漆。水肥亦所在有之，非止高奴縣洧水也。

解讀

這一段所說的是當今牽動全球政治、經濟的石油。當時只是「水上有肥」而已。但是「肥可然（按同燃）」。說明人們已經知道了這種「肥」水是可燃燒的。酈道元引《博物志》把另一處酒泉的這種也能燃燒的「肥」水按當地人的稱謂叫作「石漆」，清楚地記敘了這種「石漆」的性狀和用途。《注》文記及的這兩處，至今都是規模不大的石油產地。酈氏的見聞很廣，所以才說了「水肥亦所在有之，非止高奴縣洧水也」的話。可惜他預見不到「水肥」在以後的重要性，所以雖然他知道「所在有之」，卻沒有在《注》文中加以重視，以致全書除了這兩處以外，不再見諸記敘。

卷四 河水

擷英

（《經》又南過河東北屈縣西。）

故《穆天子傳》曰：北登孟門，九河之隥。孟門，即龍門之上口也。實為河之巨阸，兼孟門津之名矣。此石經始禹鑿，河中漱廣，夾岸崇深，傾崖返捍，巨石臨危，若墜復倚。古之人有言，水非石鑿，而能入石，信哉。其中水流交衝，素氣雲浮，往來遙觀者，常若霧露沾人，窺深悸魄。其水尚崩浪萬尋，懸流千丈，渾洪贔怒，鼓若山騰，浚波頹疊，迄于下口。方知《慎子》下龍門，流浮竹，非駟馬之追也。

解讀

此段是《水經注》全書描述瀑布最引人入勝的文章，也是《注》文寫景文章中最精彩的片段之一。這裡記敘的孟門，即後來人們所稱的龍門瀑布或壺口瀑布。全文特別是從「其中水流交衝」起，到「非駟馬之追也」一段，如曾經多次探勝考察的史念海先生所說：「這完全是壺口的一幅素描，到現在還是這樣，到過壺口的人，一定會感到這話說得真切。」❾

我也有幸考察過壺口瀑布，非常同意史氏對這一段《注》文的評價：「這話說得真切。」酈氏在全書中記敘瀑布達三十二處，每處都各有特色，寫得出神入化，但無疑以此處為第一，令人百讀不厭。

擷英

（《經》又南過汾陰縣西。）

汲冢《竹書紀年》魏襄王七年，秦王來見于蒲坂關。四月，越王使公師隅來獻乘舟，始罔及舟三百，箭五百萬，犀角、象齒焉。

解讀

這一條記載也見於古、今兩本《竹書紀年》（今本列於「隱王」下，當然不足取）。按年代計算，魏襄王七年（西元前三一二年），越國已經為楚國所敗，越國的最後一位國君無彊被殺已有二十二年。當時浙江（今錢塘江）以北地，已經盡為楚有。《史記・越王句踐世家》說到當時越國的情況是：「諸族子爭立，或為王，或為君，濱于江南海上」，說明越族還在他們的發祥地今紹興及浙東其他地區活動。在這種衰亂的時勢下，尚能聚集這樣一大批物資從今紹興或浙東

❾《黃河在中游的下切》，《陝西師範大學學報》一九七七年第三期。

其他地區運送到魏都大梁，說明越族還有相當雄厚的實力。《竹書》記及的派遣公師隅北上的這位「越王」是誰，當然無法考證，但顯然是「諸族子爭立」中最具有實力的領袖人物。而越族在浙東仍然擁有相當雄厚的基礎，是一支不可小視的部族。所以在秦一統以後，秦始皇要親臨這個地區，對逞強好戰的越進行強迫遷移和驅逐。對於這方面，《越絕書》有較詳記載。

擷英

（《經》又南過蒲坂縣西。）

周處《風土記》曰，舊說舜葬上虞。又《記》云，耕于歷山。而始寧、剡二縣界上，舜所耕田，于山下多柞樹。吳、越之間，名柞為櫪，故曰歷山。余按周處此志為不近情，傳疑則可，證實非矣。安可假木異名，附山殊稱，強引大舜，即比寧壤，更為失志記之本體，差實錄之常經矣。

解讀

這一段批判周處《風土記》的錯誤，頗與王充《論衡》類似。按《風土記》，晉平西將軍周處撰，《隋書．經籍志》著錄作三卷，《舊唐書．經籍志》著錄作十卷。早已亡佚，輯本現存《說郛》等數種，所輯寥落，已經不可窺此書大概，但酈氏對此書所載舜事的批判是深刻而語言溫和的（這方面不類王充）。舜與上虞的淵源也和其與餘姚的淵源一樣，是當地長期流傳的訛說，正是由於像周處一類的推波助瀾，直到今天，堯舜仍然在餘姚、上虞等地作為一塊「歷史招牌」。

在不是正規的學術研究的場合中，我們也就將錯就錯，滿足地方上的自我「榮譽」算了。但正規的學術研究卻不能以訛傳訛。不久前中國社會科學院出版的編纂過程逾二十年的《中國歷史地名大辭典》，在其〈前言〉中就舉「餘姚」的例子：「如餘姚縣，舊的《古今地名大辭典》作：『秦置，舜支庶所封，舜姚姓，故曰餘姚』。」周處甚至引樹木為證，傳播這種謬說。其實，真正做學問的如清李慈銘，雖然沒有像《中國歷史地名大辭典》那樣，在指出了舊的《古今地名大辭典》的錯誤以後，明確寫出：「餘姚乃古越語地名」，但在其《越縵堂日記》同治八年七月十三日下明白記敘：「蓋餘姚如餘暨（按蕭山原名）、餘杭之比，皆越之方言，猶稱于越、句吳也。姚、暨、虞、剡，亦不過以方言名縣，其義無得而詳」。

酈道元相信舜確有其人，這是他崇信的儒家的史學思想，在當時（包括當今也仍有這樣的人）不足為怪。但他絕不相信此人會出現在南方上虞。所以他批評《風土記》：「此志為不近情，傳疑則可，證實非矣」。語言雖較《論衡》溫和，但其結論斷然在「證實非矣」。酈氏引書，但同時也批判所引之書，這種例子在《注》文中常見，說明了他的既博覽，又審慎，這是值得學習的做學問的方法。

擷英

（《經》又南至華陰潼關，渭水從西來注之。）

左丘明《國語》云：華岳本一山擋河，河水過而曲行，河神巨靈，手蕩腳蹋，開而為兩，今掌足之迹，仍存華巖。

解讀

這一段描寫黃河在今山、陝二省界上從北而南，在風陵渡和潼關之間折向東流的自然景觀。「手蕩腳蹋，開而為兩」，這一句話的氣勢何等磅礴驚人。酈氏引書確實花了極大功力。引書和自己寫作一樣，都可歸結於「文章本天成，妙手自得之」。不過此語作「左丘明《國語》云」，當是後人傳鈔之誤。應作「古語云」，因《國語》實無此語。引「古語」比引《國語》更為難得。

擷英

《開山圖》曰：有巨靈胡者，遍得坤元之道，能造山川，出江河，所謂巨靈贔屭，首冠靈山者也。常有好事之士，故升華岳而觀厥迹焉。自下廟歷列柏南行十一里，東回三里，至中祠，又西南出五里，至南祠，謂之北君祠，諸欲升山者，至此皆祈請焉。從此南入谷七里，又居一祠，謂之石養父母，石龕、木主存焉。又南出一里，至天井，井裁容人，穴空，迂回頓曲而上，可高六丈餘，山上又有微涓細水，流入井中，亦不甚沾人，上者皆所由陟，更無別路，欲出井望空視明，如在室窺窗也。出井東南行二里，峻坂斗上斗下，降此坂二里許，又復東上百丈崖，升降皆須扳繩挽葛而行矣。南上四里，路到石壁，緣旁稍進，逕百餘步，自此西南出六里，又至一祠，名曰胡越寺，神像有童子之容，從祠南歷夾嶺，廣裁三尺餘，兩箱懸崖數萬仞，窺不見底，祀祠有感，則雲與之平，然後敢度，猶須騎嶺抽身，漸以就進，故世謂斯嶺為搦嶺矣。度此二里，便居山頂。上方七里，靈泉二所，一名蒲池，西流注于澗；一名太上泉，東注澗下。上宮神廟近東北隅，其中塞實雜物，事難詳載。自上宮東北出四百五十步，有屈嶺，東南望巨靈手跡，惟見洪崖、赤壁而已，都無山下上觀之分均矣。

解讀

酈道元用《開山圖》的幾句話作為導言，接著寫「常有好事之士，故升華岳而觀厥跡焉」。這位「好事之士」，其實就是他自己，大篇文章，就是他的〈華岳游記〉。值得注意的是，他的攀登華岳，實在不是遊山玩水，而是一種田野考察，所以能把各重要的景點之間的距離都記錄下來。所以這一篇是中國現存最早的〈華岳游記〉。所記的是北魏時代的華山，可以與當今的華山進行對比。真是一篇價值連城的文章。

擷英

（《經》又東過陝縣北。）

戴延之云：城南倚山原，北臨黃河，懸水百餘仞，臨之者咸悚惕焉。西北帶河，水湧起方數十丈，有物居水中，父老云，銅翁仲所沒處。又云，石虎載經于此沉沒。二物并存，水所以湧，所未詳也。或云，翁仲頭髻常出，水之漲減，恆與水齊；晉軍當至，髻不復出，今惟見水異耳。嗟嗟有聲，聲聞數里。按秦始皇二十六年，長狄十二見于臨洮，長五丈餘，以為善祥，鑄金人十二以象之，各重二十四萬斤，坐之宮門之前，謂之「金狄」。皆銘其胸云：皇帝二十六年，初兼天下，以為郡縣，正法律，同度量，大人來見臨洮，身長五尺，足六尺，李斯書也。故衛恆《敘篆》曰：秦之李斯，號為工篆，諸山碑及銅人銘，皆斯書也。漢自阿房徙之未央宮前，俗謂之「翁仲」矣。地皇二年，王莽夢銅人泣，惡之，念銅人銘有初兼天下文，使尚方工鐫滅所夢銅人膺文。後董卓毀其九為錢。其在者三，魏明帝欲徙之洛陽，重不可勝，至霸水西停之。《漢晉春秋》曰：或言「金狄」泣，故留之，石虎取置鄴宮，苻堅又徙之長安，毀二為錢，其一未至而苻堅亂，百姓推置陝北河中，于是「金狄」滅。余以為鴻河巨瀆，故應不為細梗躓湍；長津碩浪，無宜以微物屯流。斯水之所以濤波者，蓋《史記》所云：魏文侯二十六年，虢山崩，壅河所致耳。

解讀

在這一段中，酈氏不厭其煩地把「長狄」始末作了細敘，這是一個長期來以訛傳訛的荒唐故事。每個重達二十四萬斤的「長狄」，在當時冶鑄技術怎能製得出來姑置不論，而如此重量的龐然大物，竟像小件物品地搬來搬去，從長安搬到鄴，又搬到洛陽。酈道元以一句信史為證，一語道破，解讀了這個千古之謎。《注》文記及的戴延之是隨軍經過這裡的：「臨之者咸悚惕焉」。這話是他的親身見聞，足見這個荒唐故事，直到南北朝之初仍在當地盛傳，而大家都深信不疑。

因為「水湧起方數十丈，有物居水中」，而且「嗟嗟有聲，聲聞數里」。一個如此重大的「金狄」沉沒在河中，河水出現這種跡象，自屬必然。所以「銅翁仲」的故事長期流傳，在那個時代，實在不足為怪。但酈道元卻不相信這種奇談怪言，而是走正道，從《史記》找到證據：「魏文侯二十六年，虢山崩，壅河所致耳。」這一段文章至今仍可讓我們吸取教訓。且不論我們在二十世紀六、七十年代曾經舉國若狂地發生過「造神運動」，直到今天，狗咬人不是新聞，人咬狗才是新聞的「新聞」，常常能夠流行一時。讀了這一段，我們應該得到啟發：酈道元精神至今仍然是值得學習的。

擷英

（《經》又東過砥柱間。）

自砥柱以下，五戶以上，其間百二十里，河中竦石傑出，勢連襄陸，蓋亦禹鑿以通河，疑此閼流也。其山雖闢，尚梗湍流，激石雲洄，澴波怒溢，合有十九灘，水流迅急，勢同三峽，破害舟船，自古所患。漢鴻嘉四年，楊焉言，從河上下，患砥柱隘，可鐫廣之。上乃令焉鐫之，裁沒水中，不能復去，而令水益湍怒，害甚平日。魏景初二年二月，帝遣都督沙丘部、監運諫議大夫寇慈，帥工五千人，歲常修治，以平河阻。晉泰始三年正月，武帝遣監運大中大夫趙國、都匠中郎將河東樂世，帥眾五千餘人，修治河灘，事見《五戶祠銘》。雖世代加工，水流湍濟，濤波尚屯，及其商舟是次，鮮不踟躕難濟，故有眾峽諸灘之言。五戶，灘名也。

解讀

元末明初文學家丁鶴年撰〈自咏〉：「長江橫潰禍非輕，坐見中流砥柱傾。」丁的此詩與歷代漢族義士不同，是憤於他們家族幾代仕元而不忘故朝之意。元王朝短促，但卻是中華民族中第一次跨過秦始皇這條作繭自縛的「萬里長城」而興建的一個大帝國。所以用「中流砥柱」譬喻這個王朝，從「五族共和」的觀點來看，也不無其理。丁鶴年用「砥柱」喻元朝大帝國，所以「砥柱」雖然只是黃河的「眾峽諸灘」之名，但其名確是長期鼎盛的。酈書記敘「砥柱」，《經》文之下，開頭就道破：「砥柱，山名也」。接著就說了歷代相傳的大禹治水時疏鑿三門的神話：「三門既決，水流疏分，指狀表目，亦謂三門矣」。所以「砥柱」和「三門」是一物二名。鄭玄《地說》對「砥柱」的另一種解釋是：「河水東流，貫砥柱，觸閼流，今世所謂砥柱者，蓋乃閼流也。」此說受到酈氏的批評，把雄偉的「砥柱」說成是淤流，當然是不得人心的。但從這些文字中，可以看到古代黃河在航運上的重要價值。全篇之中，描寫「砥柱」最精彩的無疑是「自砥柱以下，五戶以上」直到「故有眾峽諸灘之言」這一段，是《水經注》中的一篇絕佳文章。

卷五　河水

擷英

（《經》又東過滎陽縣北，蒗蕩渠出焉。）

漢明帝永平十二年，議治汳渠，上乃引樂浪人王景問水形便。景陳利害，應對敏捷，帝甚善之。乃賜《山海經》、《河渠書》、《禹貢圖》及以錢帛。後作堤，發卒數十萬，詔景與將作謁者王吳治渠，築堤防修堨，起自滎陽，東至千乘海口，千有餘里。景乃商度地勢，鑿山開澗，防遏衝要，疏決壅積，十里一水門，更相迴注，無復滲漏之患。明年渠成，帝親巡行，詔濱河郡國置河堤員吏，如西京舊制。景由是顯名，王吳及諸從事者，皆增秩一等。順帝陽嘉中，又自汴口以東，緣河積石，為堰通渠。咸曰金堤。

解讀

王景修建黃河金堤，是東漢明帝永平十二年（西元六九年）以後黃河水利史上的一件大事，其事見於《後漢書》的記載。這條黃河大堤，西起滎陽，東到黃河海口，長度超過千里。《注》文記敘此中過程，王景與將作謁者王吳修建此堤，做到「十里一水門，更相迴注，無復滲漏之患」。只花一年時間就修建完成。歷來水利史研究者對此頗存懷疑不解。如此一件巨大工程，儘管「發卒十萬」，怎能在短短一年內完成？而且所謂「十里一水門，更相迴注，無復滲漏之患」的話，從現在的工程操作技術，也無法解釋其中的奧祕。所以顯然是黃河下游原來早已有了堤防，漢武帝親臨瓠子堵決時就有記載，王景想必是把原來存在的，或已經崩塌或不固的堤防加以連接培修，又修建了一套涵閘系統。稱為「金堤」，當然是「固若金湯」之意。所以此事當然是一件重大而值得入史的水利工程，但《後漢書》和酈氏的記敘，顯然有誇大之處。

擷英

（《經》又東北過武德縣東，沁水從西北來注之。）

《續漢書》曰：延熹九年，濟陰、東郡、濟北、平原，河水清。襄楷上疏曰：《春秋》注記未有河清，而今有之。《易乾鑿度》曰：上天將降嘉應，河水先清。京房《易傳》曰：河水清，天下平，天垂異，地吐妖，民厲疫，三者并作而有河清。《春秋》，麟不當見而見，孔子書以為異。河者，諸侯之象；清者，陽明之徵，豈獨諸侯有窺京師也。明年，宮車宴駕，徵解瀆侯為漢嗣，是為靈帝。建寧四年二月，河水又清也。

解讀

卷一〈河水〉就記敘了西漢張戎（《注》文作張仲，誤）的話：「河水濁，清澄一石水，六斗泥。」西漢時的這話，其重要意義是黃河的含沙量已經有了數值概念。其實，早在《左傳・襄公八年》就有記載：「周詩有之曰：俟河之清，人壽幾何？」

黃河以善淤、善決、善徙出名，河中黃土，都從黃土高原帶來。史前沒有人為活動，黃河淤泥就堆積成了一片三十多萬平方公里的黃淮海平原，而在相同時期，長江只堆積了一片五萬平方公里的三角洲。所以黃河水一直是不清的。古籍所說的「河清」，多半是地方官奉承聖上的假話，如《注》文所引：「上天將降嘉應，河水先清。」

擷英

（《經》又東北過衛縣南，又東北過濮陽縣北，瓠子河出焉。）

（新）臺東有小城，崎嶇頹側，臺址枕河，俗謂之邸閣城。疑故關津都尉治也，所未詳矣。

解讀

這是酈書第一次出現的「邸閣」一詞。初讀此書者往往不理解「邸閣」是一種什麼建築？據《資治通鑑・卷七十二・魏紀四・明帝青龍元年》：「諸葛亮勸農講武。……運米集斜谷口，治斜谷邸閣」，說明「邸閣」即是倉庫，所以一定建在河邊，以便糧食或其他笨重物資的運輸。《水經注》記及的「邸閣」很多，卷八〈濟水〉中再作較詳解讀。可參閱該篇。

擷英

（《經》又東北過高唐縣東。）

又東北為馬常坈，坈東西八十里，南北三十里，亂河枝流而入于海。河、海之饒，茲焉為最。《地理風俗記》曰：漯水東北至千乘入海，河盛則通津委海，水耗則微涓絕流。《書》：浮于濟、漯。亦是水者也。

解讀

此段描述黃河入海處的馬常坈。此坈，東西八十里，南北三十里，則面積當在二百平方公里之譜。而「亂河枝流而入于海」一句，清楚地寫出了河口三角洲的地理面貌。也就是《禹貢》所說的：「北播為九河」。此「九」字，常然不是一個實數，而是多數的意思，也就是《注》文的「亂河枝流」。《水經注》在河流下游記及「坈」者為數不少，如落里坑、皮丘坈、曹陽坈、深坈等均是。《殿本》的「坈」，在《永樂大典》本和《水經注箋》等不少他本中均作「坑」。「坈」實在就是「坑」的別體字，清胡渭《禹貢錐指．卷三》引《水經注》「又東北為馬常坈」注：「坈乃淀泊之類」。古人缺乏自然地理學知識，但酈氏在此句中引應劭「河盛則通津委海，水耗則微涓絕流」，實在已把由大大小小的季節湖（「坈」或「坑」）構成的河口三角洲地貌說得非常清楚。

卷六

汾水　澮水　涑水　文水　原公水　洞過水　晉水　湛水

擷英

（汾水《經》汾水出太原汾陽縣北管涔山。）

按司馬彪《後漢書・郡國志》，常山南行唐縣有石臼谷，蓋資承呼沱之水，轉山東之漕，自都慮至羊腸倉，將憑汾水以漕太原，用實秦晉。苦役連年，轉運所經，凡三百八十九隘，死者無算。拜鄧訓為謁者，監護水功。訓隱括知其難立，具言肅宗，肅宗從之，全活數千人。和熹鄧后之立，叔父陔以為訓積善所致也。

解讀

在中國歷史，開鑿運河是為後世立下了一種功績，都為後世所稱讚。隋煬帝是個壞皇帝，但至今仍把他開鑿通濟渠、永濟渠的事作為一種功績。但歷史上也有諫止開鑿運河的，也可算作一種功績，而且這種功績，在傳說上可以得到立竿見影的報應：「和熹鄧后之立，叔父陔以為訓積善所致也」。這當然是一種附會，但鄧訓不顧個人得失，毅然諫止這條勞民傷財的運河開鑿，「全活數千人」，確實是一種功績。而肅宗（按指東漢明帝）能夠採納他的進諫，在這件事上，也可算得上是位明君。中國在一九五八年的所謂「大躍進」中，「鼓足幹勁，力爭上游，多快好省地建設社會主義」。這期間，像「都慮至羊腸倉」一類的事實在不少。可惜當時沒有像鄧訓那樣的諫臣，也沒有像肅宗那樣的聖上。回憶那個年代，以浙江省為例，在四明山上，用「土洋結合」的訓條建成了一個水庫，稱為「四明湖」。在一次地理系的野外實習中，我曾帶領四年級學生去到那裡。旁觀的老百姓（當然是「貧下中農」，「地富」是不能接近我們的）有人說：什麼「四明湖」，實在是「送命湖」。後來才知道，因為「鼓足幹勁」，所以晝夜連作，而那個時代也正是糧食匱乏的吃不飽時代，所以其間因過度勞動加上身心空乏而死了不少人，所以民間有「送命湖」之說。其實這不過是一個省內的一件小事。而一九七五年河南省的大雨，淮河沿岸，土洋結合的板橋水庫，加上它以下的同樣是土洋結合的石漫灘水庫，數億立方公分的洪水，「送命」了不知多少蒼生。楊炳章在其所著的《從北大到哈佛》中有一段話：

> 現在已眾所周知，一九六〇年標誌著「三年災害」的開始。在這三年中，不下三千萬人，其中大多數是農民或人民公社社員，因受飢餓而死。三千萬人，這是一個令人驚心動魄的數字！這實際上比中國二十世紀內所有國內外戰爭中死亡的人數還要多些。

讀了楊炳章的文章，聯繫到浙江省的所謂「送命湖」。再對照酈道元筆下的鄧訓和肅宗，令人不勝唏噓。

擷英

（《經》又南過平陶縣東，文水從西來流注之。）

（綿）水出介休縣之綿山，北流逕石桐寺西，即介之推之祠也。昔子推逃晉文公之賞，而隱于綿山之上也。晉文公求之不得，乃封綿為介子推田。曰：以志吾過，且旌善人。因名斯山為介山。

解讀

春秋時代，介子推曾隨晉公子重耳（後為晉文公）長期流亡。但在回國渡河時，見到拍馬屁的狐偃向重耳請功。他實在看不慣這種無恥小人，就不告而別，逃入綿山之中，不再與文公相見。文公遍覓不得，就環山設限，作為介之推的封邑。所以後來稱此山為「介山」。晉文公能說出「以志吾過，且旌善人」的話，說明他畢竟是一位明君。

擷英

（《經》又西過皮氏縣南。）

汾水又西逕耿鄉城北，故殷都也。帝祖乙自相徙此。為河所毀。故《書》敘曰：祖乙圮于耿。

解讀

商是一個游牧部落，逐水草而居。耿的今址歷來有兩種說法，一說在今河北邢臺一帶，一說在今河南溫縣、平皋一帶。「為河所毀」，顯然是黃河的一次氾濫改道。中國史學界議論黃河的氾濫改道，常採用《漢書・溝洫志》記載的西漢人王橫所引用的《周譜》：「周定王五年，河徙」。實際上，黃河在沒有堤防的氾濫漫流和有了堤防後的決溢改道，是很頻繁的事。商部落一個酋長祖乙時代，比周定王要早得多，就已經有「為河所毀」的紀錄了。這個部落由於必須逐水草而居，所以常常要接近黃河，卻又常常受到黃河氾濫的災害。部落最後遷到殷，逐漸強大，出現了甲骨文，是中國有文字之始，也可以認為中國從史前傳說時期進入了歷史時期。

擷英

（澮水《經》澮水出河東絳縣東澮交東高山。）

《史記》稱，智伯率韓、魏引水灌晉陽，不沒者三版。智氏曰：吾始不知水可以亡人國，今乃知之。汾水可以浸安邑，絳水可以浸平陽。

解讀

人類是依靠水、火二者而發展壯大起來的。但是人們也常說：「水火不留情」。因為人們也常常遭水、火這二者的禍害。戰爭主要是火的禍害，所以有「戰火」這個詞彙。《水經注》全書中記及的戰爭，始於秦莊公元年（西元前八二一年），終於梁武帝天監四年（西元五〇五年）。在這一千三百多年中，戰火紛紛，共有八百五十七次。酈道元在《水經．穀水注》中記敘了北魏首都洛陽的興盛繁華，但不過幾十年，楊衒之在其《洛陽伽藍記》中，這座都城就被戰火燒成一片廢墟。但從歷史上的事實來看，水的禍害甚至超過火。前一條所記商部落的耿「為河所毀」即是其例。而在歷代戰爭中，以水代兵的事例不勝枚舉，「可以亡人國」之言絕非誇張。從現代來看，一九七五年以河南駐馬店為中心的一場大雨，由於板橋水庫和石漫灘水庫的相繼塌壩，全毀者六縣，受災者三十餘縣，京漢鐵路的路軌，竟被洪水沖得像欄干般地豎立起來，傷亡不計其數。司馬遷在《史記．河渠書》中說：「水之為利害也」，令人深思。

擷英

（涑水《經》涑水出河東聞喜縣東山黍葭谷。）

司馬彪曰：洮水出聞喜縣，故王莽以縣為洮亭也。

解讀

此段記敘了王莽改地名的事，把聞喜縣改作洮亭。不僅僅專名（「聞喜」作「洮」），而且改了通名（「縣」作「亭」）。王莽是個玩弄權術的偽君子。此人的德行不必再議，而這種亂改地名的怪癖，其實也出於他的變態心理。中國歷史上曾經有過兩個大改地名的時代，最近一次大改，就是臭名昭著的所謂「文化大革命」時代，而最早一次就是這個卑鄙小人王莽當政的時代。酈道元因為在其《注》文中常引《漢書・地理志》，所以多把王莽改易的地名也寫入《注》中。按《漢書・地理志》統計，當時有郡國一百三十，經他改名的達七十五，占百分之七十三。縣、道、侯國有一千五百八十七，經他改名的達七百三十，占百分之四十六。但由於他的改名，並非一次改定，而是如《漢書・王莽傳》所記：「歲復變更，一郡至五易名，而復還其故」。所以他改易的地名，實際上遠遠超過上述統計數字。以上世紀六十年代的中國地名為例：河北省、北京市、密雲縣、東方紅公社，這裡的河北、北京、密雲、東方紅都是專名，而省、市、縣、公社都是通名。王莽改易地名，不僅改專名，而且改通名。按《漢書・王莽傳》，他改原來的「縣」為「亭」的，達三百六十處之多，也就是這條《注》文中的改聞喜縣為洮亭之例。

我於上世紀八十年代起，經常應邀出國講學，也接受外國學者到我的研究室研究進修。我所接觸的，多半都是漢學家，他們傾注於漢學研究，許多人已經著書立說，其中有成就卓著聲名甚高的。他們都感到近這些年來，我們的地名改易，包括專名和通名的改易，在他們的研究工作中造成了不少困難，常常為此浪費時間。也有的告訴我，從當前世界各國的情況觀察，凡是民主自由，繁榮富強的國家，如英國的郡縣鎮，美國的州縣鎮，日本的縣市町，都是長期穩定的，中國為什麼老是改來改去改個不停呢？改地名改不出生產力，這樣頻繁地改，有什麼好處，是什麼目的呢？我自己曾於「文革」結束後擔任由十幾位委員（我是唯一的學者，其餘都是省的廳局級領導）組成的省地名委員會委員。此中情況我其實也只是看到一個現象，因為一切都依上級頒發的我們統稱為「紅頭文件」⑩辦事。我只好以「我不知道」一語作答。實際上，

⑩ 指各級政府機關下發的帶有大紅字標題及紅色印章的規範性文件。

為政者對地名的如此這般作法，到底有什麼好處，是什麼目的，我確實莫名其妙。

擷英

（晉水《經》晉水出晉陽縣西懸甕山。）

《呂氏春秋》曰：叔虞與成王居，王援桐葉為珪，以授之曰：吾以此封汝。虞以告周公，周公請曰：天子封虞乎？王曰：余戲耳。公曰：天子無戲言。時唐滅，乃封之于唐。

解讀

「天子無戲言」，酈氏在卷三十一〈滍水〉又把這件掌故重述了一次。說明他對萬乘之君的要求正像周公一樣。但其實周公的思想也值得議論。由於他的緣故，成王只好封虞於唐，而並不考慮虞是否承擔得起這個位置的責任？上世紀流傳過不少這類笑話：一位出訪墨西哥的一品大員，竟把墨西哥說成「黑西哥」；一位一品女大員，以為寫《本草綱目》的李時珍是當代人，問她的左右：「他死時我送了花圈沒有？」這些男女大員能坐上這個位置，當然都是個別人的意志和命令，雖然至高無上，但從歷史評價，這種至高無上的意志和命令，倒是真真的「戲言」。酈書兩敘「天子無戲言」，都用周成王的故事，說明在先秦做皇帝比以後要難。也或許是這些先秦故事都是後來的儒家加工製作出來的。天子是獨裁者，獨裁者也是人，說幾句笑話並不是什麼了不起的事。傳說中的周公實在有些小題大做。只要看看後來的皇帝，劉邦對於韓信，趙匡胤對於趙普，施的都是陰謀，何止戲言而已。中國歷史上，從古到今，凡是存心陰險的開國之君，都要在坐定江山以後大誅元勳，而且都是通過一種實際上是「莫須有」的罪名誅殺的，其實就是陰謀，後來又有把「陰謀」美化為「陽謀」的，真是一大發明。陰謀、陽謀，反正都是殺人，實在也不必計較。所以酈氏欣賞的「天子無戲言」的掌故，或許是並不存在的先秦傳說而已。

卷七、卷八 濟水

擷英

（卷七《經》與河合流，又東過成皋縣北，又東北過滎陽縣北，又東至礫溪南，東出過滎澤北。）

漢破曹咎，羽還廣武，為高壇，置太公其上，曰：漢不下，吾烹之。高祖不聽，將害之。項伯曰：為天下者不顧家，但益怨耳。羽從之，今名其壇為項羽堆。

解讀

此段是酈氏從《史記・項羽本紀》中鈔錄的，但文字已經作了改動。重點在「為天下者不顧家」一句。歷來多把這話作為公而忘私的正面語言，和儒家的所謂「治國平天下」、「繼絕世，舉廢國」等相關。但中國是個封建社會，辛亥革命以後，也仍然是「後封建社會」。在這樣的社會裡，天子是最上一人，打平江山，當上天子，天下就是他的，為了達到這個目的，他還要顧什麼家？所以在不同性質的社會裡，對同一句話都有必要作不同的思考。「為天下者不顧家」，只要看看古今歷史，就值得深思。

擷英

（《經》又東過封丘縣北。）

北濟也。

解讀

濟水在古代是「四瀆」之一的大河。《禹貢》說：「導沇水，東流為濟，入于河，溢為滎。」《漢書．地理志．河東郡垣縣》下說：「《禹貢》，王屋山在東北，沇水所出，東至武德入河。」所以《水經》繼承《禹貢》和《漢書．地理志》的傳統說法：「濟水出河東垣縣東王屋山，為沇水。」一條河流從黃河以北發源南流，注入黃河以後，又可以復出黃河南流。入黃河以前的這條，《注》文就稱其為「北濟也」。復出南流以後，在《經》文「又東過冤朐縣南，又東過定陶縣南」下，《注》就稱其為「南濟也」。入黃者和出黃者，都是濟水，這當然是一種附會。近人地質學家翁文灝在其《錐指集．中國地理學中幾個錯誤的原則》一文中指出：「夫濟水既入于河而混于河水矣，又豈能復出？即使入地下，而其地皆沖積層，水入其中，百流皆合，濟水又何能獨存？」其實酈道元在作《注》時已經看到了這種錯誤，但他又不便像翁文灝那樣公然指出經書之誤，所以他把黃河以北的濟水，即所謂沇水稱為「北濟」，又把黃河以南這條「溢為滎」的河流稱為「南濟」。酈氏在形式上尊重了經書，但實際上作為兩條河流，與翁文灝在一千多年後所指出的一樣。

擷英

（卷八《經》其一水東南流，其一水從縣東北流，入鉅野澤。）

濮水又東逕濮陽縣故城南，昔師延為紂作靡靡之樂，武王伐紂，師延東走，自投濮水而死矣。

解讀

這一段事關「武王伐紂」的話，在卷九〈清水〉中又重敘一次，說明酈道元對昏君、暴君的深痛惡疾。我在拙著《酈道元評傳》曾經批評過「正史」：

清乾隆編纂《四庫全書》，詔定二十四史為「正史」。「正史」在我國是權威的史書，但其實「正史」存在許多缺陷。例如，「正史」從《漢書》立《酷吏》、《佞幸》二傳以後，《後漢書》、《魏書》、《北齊書》、《北史》、《隋書》、兩《唐書》、《金史》等，均立《酷吏傳》；而《宋書》、《南齊書》、《北齊書》、《南史》、《北史》、《宋史》、《金史》、《明史》等均立《佞幸傳》。讀「正史」和用「正史」的人，已經習以為常，卻並不追究，既立《酷吏傳》和《佞幸傳》，為什麼不立《暴君紀》和《昏君紀》？在我國歷史上，酷吏和佞幸當然很多，但暴君和昏君何嘗會少？而且暴君和昏君給人民造成的災難，又豈是酷吏和佞幸可比，這實在是「正史」的極不公正之處。

酈氏如能看到我這一段拙文，必然要說：「吾道不孤」。不過對於師延，他是紂的樂官，說他的作品是「靡靡之樂」。這種事雖然只是史前傳說，但對於「靡靡之樂」這個詞彙，還值得研究。因為「樂」畢竟不是繪畫，不是色情表演，更不比今天的諸如電視、網路。所以他雖然「抱琴而死」，但不能列為佞幸。而且，「靡靡」的問題，還得與時代相聯繫。記得我念小學低年級時，適逢九一八、一二八的日軍侵略事件，接著是湯玉麟丟熱河省和長城諸口之戰。日本侵略軍步步進逼，正是國難當頭之時，我們在音樂課唱的歌，當然是清一色的同仇敵愾之聲。羅家倫的歌，在當年是振奮人心的。時隔近八十年，我至今還能背能唱：

中華男兒血，應當灑在邊疆上，飛機我不怕，重砲我不慌，我有熱血能抵擋。砲衣褪下，刺刀擦亮，衝鋒的號響，衝！衝過山海關，雪我國恥在瀋陽。中華男兒義勇本無雙，為國流血國不亡。抵抗，抵抗，抵抗！沙場凝碧血，盡放寶石光，照在民族史冊上，燦爛輝煌。

在那個時代，社會上流行的一些如〈毛毛雨〉、〈桃花江〉等，比比今天，實在夠不上「靡靡」，但音樂老師都稱之為「靡靡之音」，同學中即使偶然哼一句，都要受到斥責。當然，同學們都喜歡唱羅家倫的歌，而且也都很敬佩他。溯昔撫今，不勝感慨。

擷英

（《經》又北過須昌縣西。）

馬頰水又東北流逕魚山南，山即吾山也。漢武帝《瓠子歌》所謂吾山平者也。

解讀

漢武帝〈瓠子歌〉，是帝王親臨水災現場領導堵決的先例。卷二十四〈瓠子河〉有此歌全文，可參閱該篇。

擷英

（《經》又東北過盧縣北。）

濟水又逕什城北，城際水湄，故邸閣也。

解讀

這是酈書第二次出現「邸閣」一詞。第一次出現於卷五〈河水〉，解讀已略述其義。此後在卷九〈淇水〉，卷十〈濁漳水〉，卷二十二〈洧水〉，卷三十一〈淯水〉，卷三十八〈湘水〉，卷三十九〈贛水〉各篇，相繼出現這詞彙。卷二十二〈洧水〉在《經》文「又東南過長社縣北」下注：「洧水又東入汶倉城內，俗以是水為汶水，故有汶倉之名。非也，蓋洧水之邸閣耳。」此處《水經注疏》有熊會貞疏：「〈河水〉五，〈淇水〉，〈濁漳水〉，〈贛水〉篇，并言邸閣。此以洧水邸閣釋汶倉，是邸閣即倉之殊目矣。」按《通鑑釋文辯誤・卷三・明帝青龍元年》下，胡三省有解釋：「邸，至也，言所歸至也。閣，庋置也。邸閣，謂轉輸之歸至而庋置之也。」所以古人建邸閣以儲藏糧食和其他物資。邸閣就是倉庫，以下就不再解釋了。

擷英

苻堅時，沙門竺僧朗，嘗從隱士張巨和游，巨和常穴居，而朗居琨瑞山，大起殿舍，連樓疊閣，雖素飾不同，并以靜外致稱，即此谷也，水亦謂之琨瑞水也。

解讀

「大起殿舍，連樓疊閣」，隱士穴居而和尚則有如此大的排場。佛教傳入華夏以後，為我們留下了不少文化遺跡。寺廟佛塔，現在都因旅遊業的發展而產生了商品價值。而其實，這種外來宗教傳入以後，負面影響也是不小的。楊衒之在《洛陽伽藍記》中就認為佛法無靈，徒然浪費。而僧侶假借特權，損人利己。楊在《記》中寫下了「侵漁百姓」、「不恤庶眾」等貶語。這條《注》文中，張巨和與竺僧朗的不同境遇，就是一個具體的例子。楊衒之生長在這個帝王崇信佛教，為這種宗教大事鋪張的時代，但卻尖銳地指出其中的弊端。酈道元雖然不像楊衒之那樣，但他在《注》文中除了如實記敘寺廟浮圖等以外，並沒有說過推崇佛教的話。這裡，他把「穴居」和「大起殿舍，連樓疊閣」輕輕寫出，或許也表達了他的感慨。

擷英

（《經》又東南過徐縣北。）

偃王治國，仁義著聞。欲舟行上國，乃通溝陳、蔡之間。

解讀

徐偃王是一位傳奇人物，據傳是東夷的國君，按時代大概與西周的穆王相當，約在西元前十一世紀。有關他的傳說很多，但《注》文在此只記及一句：「欲舟行上國，乃通溝陳、蔡之間。」這是中國古代文獻中有關開鑿運河的最早記載，比《越絕書》的「山陰故水道」和《穀梁傳》的邗溝都要早。陳、蔡之間是一個水網地帶，即所謂鴻水系，疏鑿運河是比較容易的。所以在中國運河史中，這是一項具有價值的資料。

卷九 清水 沁水 淇水 蕩水 洹水

擷英

（清水《經》清水出河內修武縣之北黑山。）

黑山在縣北白鹿山東，清水所出也。上承諸陂散泉，積以成川，南流西南屈，瀑布乘巖，懸河注壑二十餘丈，雷赴之聲，震動山谷，左右石壁層深，獸跡不交，隍中散水霧合，視不見底。南峰北嶺，多結禪棲之士，東巖西谷，又是剎靈之圖，竹柏之懷，與神心妙遠，仁智之性，共山水效深，更為勝處也。其水歷澗飛流，清泠洞觀，謂之清水矣。

解讀

這一段描寫清水發源處的景觀，是一篇引人入勝的絕妙文章。許多河流的上游，多是若干流澗匯聚而成的，酈氏以「諸陂散泉」四字概括，就是高人一著。接著又寫了上游的瀑布，這也是河川在山區發源時的常有現象，但從「瀑布乘巖」起，一共八句，寫得出神入化，最後以

「歷澗飛流，清泠洞觀」八字表述「清水」川名，酈氏寫景，確實不同凡響。

擷英

（沁水《經》又南出山，過沁水縣北。）

水西有孔山，山上石穴洞開，穴內石上，有車轍、牛跡。《耆舊傳》云：自然成著，非人功所就也。

解讀

此處所寫孔山，據其所引《耆舊傳》：「自然成著，非人功所就」，從現在的觀點考慮，可能是化石。

卷十　濁漳水　清漳水

擷英

（濁漳水《經》潞縣北。）

石隥西陛，陟踵修上五里餘，嶀路十斷四五丈，中以木為偏橋，劣得通行，亦言故有偏橋之名矣。

解讀

「嶀路十斷四五丈，中以木為偏橋，劣得通行」，這種情況，與卷二十七〈沔水〉記敘的「千梁無柱」相類。酈氏書雖然重在河川，但對於陸道交通，他也很重視，特別是那種「行路難」的地段，全書記敘很多。這些地段，現在多成坦道，人們無法想像當時情況。實在應在當地創建當時情況的交通博物館，以示對歷史的回顧，並留紀念。

擷英

（《經》又東出山，過鄴縣西。）

魏武又以郡國之舊，引漳流自城西東入，逕銅雀臺下，伏流入城東注，謂之長明溝也。渠水又南逕止車門下，魏武封于鄴為北宮，宮有文昌殿。溝水南北夾道，枝流引灌，所在通溉，東出石竇堰下，注之隍水。故魏武《登臺賦》曰：引長明，灌街里。謂此渠也。石氏于文昌殿故處，造東、西太武二殿于濟北穀城之山，採文石為基，一基下五百武值宿衛。屈柱趺瓦，悉鑄銅為之，金漆圖飾焉。又徙長安、洛陽銅人，置諸宮前，以華國也。城之西北有三臺，皆因城為之基，巍然崇舉，其高若山，建安十五年魏武所起，平坦略盡。《春秋古地》云：葵丘，地名，今鄴西三臺是也。謂臺已平，或更有見，意所未詳。中曰銅雀臺，高十丈，有屋百一間，臺成，命諸子登之，并使為賦。陳思王下筆成章，美捷當時。亦魏武望奉常王叔治之處也。昔嚴才與其屬攻掖門，脩聞變，車馬未至，便將官屬步至宮門，太祖在銅雀臺望見之曰：彼來者必王叔治也。相國鍾繇曰：舊京城有變，九卿各居其府，卿何來也？脩曰：食其祿，焉避其難，居府雖舊，非赴難之義。時人以為美談矣。石虎更增二丈，立一屋，連棟接榱，彌覆其上，盤回隔之，名曰命子窟。又于屋上起五層樓，高十五丈，去地二十七丈，又作銅雀于樓巔，舒翼若飛。南則金虎臺，高八丈，有屋百九間。北曰冰井臺，亦高八丈。有屋百四十五間，上有冰室，室有數井，井深十五丈，藏冰及石墨焉。石墨可書，又燃之難盡，亦謂之石炭。又有粟窖及鹽窖，以備不虞。今窖上猶有石銘存焉。左思《魏都賦》曰：三臺列峙而崢嶸者也。城有七門，南曰鳳陽門，中曰中陽門，次曰廣陽門，東曰建春門，北曰廣德門，次曰廄門，西曰金明門，一曰白門。鳳陽門三臺洞開，高三十五丈，石氏作層觀架其上，置銅鳳，頭高一丈六尺。東城上，石氏立東明觀，觀上加金博山，謂之鏘天。北城上有齊斗樓，超出群榭，孤高特立。其城東西七里，南北五里，飾表以磚，百步一樓，凡諸宮殿，門臺、隅雉，皆加觀榭。層甍反宇，飛檐拂雲，圖以丹青，色以輕素。當其全盛之時，去鄴六、七十里，遠望苕亭，巍若仙居。

解讀

這一段詳敘三國時代鄴都的城市布局和城內建築，包括著名一時的三臺。《注》文所引晉陸翽《鄴中記》，今雖尚有輯本殘存，但輯本寥寥，均輯自唐宋類書，酈書所敘，竟未輯入。故這段記敘，顯然較輯本《鄴中記》為優。鄴在當時是全國五都之一，「當其全盛之時，去鄴六、七十里，遠望苕亭，巍若仙居」（此條即《鄴中記》輯本所無）。像這類古都，不知當地是否有按《水經注》及《鄴中記》等所記，製作一座模型，流傳後世，具有深遠意義。

擷英

漳水又北逕祭陌西，戰國之世，俗巫為河伯取婦，祭于此陌。魏文侯時，西門豹為鄴令，約諸三老曰：為河伯娶婦，幸來告知，吾欲送女。皆曰：諾。至時，三老、廷掾賦斂百姓，取錢百萬，巫覡行里中，有好女者，祝當為河伯婦，以錢三萬聘女，沐浴脂粉如嫁狀。豹往會之，三老、巫、掾與民咸集赴觀。巫嫗年七十，從十女弟子。豹呼婦視之，以為非妙，令巫嫗入報河伯，投巫于河中。有頃曰：何久也，又令三弟子及三老入白，并投于河。豹磬折曰：三老不來，奈何？復欲使廷掾、豪長趣之，皆叩頭流血，乞不為河伯取婦。淫祀雖斷，地留祭陌之稱焉。

解讀

此段所敘，其原文載《史記・卷一二六・滑稽列傳》。太史公在傳末說：「子產治鄭，民不能欺；子賤治單父，民不忍欺；西門豹治鄴，民不敢欺。三子之才能，誰最賢哉？辯治者當能別之。」「三不欺」於是流傳。太史公尚說不清這「三不欺」中哪一種最重要。他說「辯治者當能別之」。其實這個「辯」字應當改為「被」字。因為「三不欺」的受「欺」者，都是老百姓，古今皆然。

擷英

（《經》又東過列人縣南。）

《長沙耆舊傳》稱：桓楷為趙郡太守，嘗有遺囊粟于路者，行人掛囊粟于樹，莫敢取之，即于是處也。

解讀

此事出《三國志・魏書》。桓楷，應作桓階。這又是酈道元表彰好官的例子。

擷英

（《經》又東北過曲周縣東，又東北過鉅鹿縣東。）

又逕曲周縣故城東，《地理志》曰：漢武帝建元四年置，王莽更名直周。

解讀

王莽大改地名，前面已有議及。此人的變態心理，常常反映在他改易地名時的「反潮流」思想之中。此處改曲周為直周即是其例。在他所改的地名，這種反其道而行之的例子是很多的，現在稱為「逆反心理」，是一種常見的心理現象。但為人上者卻「逆反」不得，從古到今，這禍祟我們已經看得多了，也受得多了。

卷十一　易水　滱水

擷英

（易水《經》東過范陽縣南，又東過容城縣南。）

濡水又東南逕樊于期館西是其授首于荊軻處也。闞駰稱，太子丹遣荊軻刺秦王，與賓客知謀者，祖道于易水上。《燕丹子》稱，荊軻入秦，太子與知謀者，皆素衣冠送之于易水之上，荊軻起為壽，歌曰：風蕭蕭兮易水寒，壯士一去兮不復還。高漸離擊筑，宋如意和之，為壯聲，士髮皆衝冠；為哀聲，士皆流涕。

解讀

此一段說樊于期授首。應與同《經》之末「風蕭蕭兮易水寒，壯士一去兮不復還」一句共同研讀。這是一句千古流傳的壯士出行既悲涼淒切又慷慨激昂的詩句。其所以能千古流傳，扣人心絃，正是因為荊軻此舉是一件實際上得到歷史肯定的豪壯事業。因為秦始皇的暴虐殘酷，是後世善良人民所同聲討伐的。當然也有稱讚他的。但他的「萬世一系」的欲望，只不過「二世而終。殷鑒不遠，在夏后之世」。暴君暴政，歷史畢竟是公正的。

擷英

（燕王仙）臺有三峰，甚為崇峻，騰雲冠峰，高霞翼嶺，岫壑沖深，含煙罩霧。

解讀

這一段對燕王仙臺的描寫，從「騰雲冠峰」起到「含煙罩霧」，不過四句，實在是別出心裁。「妙手自得之」是歷來譬喻妙手高作的語言。酈氏的「妙手」更與眾不同，他能以不同的語言，為不同的山水寫出不同的絕妙好詞。稱他是寫景「太上」，實不為過。

擷英

（滱水《經》又東過博陵縣南。）

博水又東南逕穀梁亭南，又東逕陽城縣，散為澤渚。渚水瀦漲，方廣數里，匪值蒲筍是豐，實亦偏饒菱藕。至若孌婉丱童，及弱年崽子，或單舟採菱，或疊舸折芰，長歌陽春，愛深綠水，掇拾者不言疲，謠詠者自流響，于時行旅過矚，亦有慰于羈望矣。世謂之為陽城淀也。

解讀

這一段描寫一處面積很小的陽城淀。孩子們結夥在這個小小池沼中採菱折芰，一面勞動，一面嬉笑歌唱，在鄉間，這是一種常見的場景。是「行旅」皆有「過矚」的平凡事情，但酈氏卻把這種平凡的常見小事，寫得栩栩如生，躍然紙上，是一篇百讀不厭的好文章。

擷英

博水又東北，徐水注之，水西出廣昌縣東南大嶺下，世謂之廣昌嶺，嶺高四十餘里，二十里中委折五回，方得達其上嶺，故嶺有五回之名。下望層山，盛若蟻蛭，實兼孤山之稱，亦峻崠也。

解讀

這一段描寫山道曲折的廣昌嶺。在嶺巔「下望層山，盛若蟻蛭」。說明此嶺是群山中的最高峰，「下望層山」兩句，寫得生動簡潔。從這一段還應該注意的是，《水經注》以里程記敘山的高程。所以全書凡言山高，都是從山腳到山頂的里程，與今日的相對高程和絕對高程並不相同，讀者務宜明白。廣昌嶺之所以高達四十餘里，這是因為「二十里中委折五回」，亦即山路迂曲之故。「四十餘里」是把「委折五回」的里程都計算在內的數字。

卷十二 聖水 巨馬水

擷英

（巨馬水《經》巨馬水出代郡廣昌縣淶山。）

淶水又北逕小黌東，又東逕大黌南，蓋霍原隱居教授處也。徐廣云：原隱居廣陽山，教授數千人，為王浚所害，雖千古世懸，猶表二黌之稱。既無碑頌，竟不知定誰居也。

解讀

酈道元出身於世代書香門第。他從小如何從師求學，雖然不見於《注》文，但他重視教書育人的事跡，在《北史》本傳中有明確記載：「後試守魯陽郡，道元表立黌序，崇勸學校。詔曰：魯陽本以蠻人，不立大學，今可聽之，以成良守文翁之化。」

在一個蠻夷地區，他知道「崇勸學校」是一種化夷為夏的重要手段。正是因為他的這種重視教育的思想，所以在《注》文中對那些立黌施教的前賢，總是表揚致敬的。在全書之中，不要說儒學宗師孔子，其他如鄭玄、劉熹等，都有崇高的讚譽。

擷英

（《經》又東南過容城縣北。）

巨馬水又東，酈亭溝水注之。水上承督亢溝水于逎縣東，東南流，歷紫淵東。余六世祖樂浪府君，自涿之先賢鄉爰宅其陰，西帶巨川，東翼茲水，枝流津通，纏絡墟圃，匪直田漁之贍可懷，信為遊神之勝處也。其水東南流，又名之為酈亭溝。

解讀

這是全書中唯一記敘他自己家鄉的文字。從其所記可以看出，當時的巨馬水，支流眾多，流域環境優美。他是在這樣一種「枝流津通，纏絡墟圃」的自然環境中生長起來的。讀竟全書，可知他以後隨父到東齊，成年後又浮遊宦海，沒有再去過家鄉。一九九五年初，涿州市舉行紀念酈道元的學術討論會。該市派專人到杭州接我偕夫人北上，並請我出面邀請若干知名學者和酈學家參與，我在就近處，邀請了楊向奎先生夫婦和辛德勇教授，在涿州過了一個盛況空前的元宵節。我在會上向市長贈送了幾種有關酈學的拙著，並去酈道元村奠基。由於一千多年來的自然環境變遷，今拒馬河已經水量甚小，《注》文中的酈亭溝水影跡全無。但其處定名為酈道元村，意義仍然深遠。館基寬大，設計也高敞可觀。可惜我們夫婦返杭後，隨即應邀赴北美訪問講學。一去八九個月，酈道元館於這年秋季建成。我們從北美返國已是這年年底，不曾參與開光典禮為憾。

擷英

（巨馬水）又東，督亢溝水注之，水上承淶水于淶谷，引之則長津委注，遏之則微川輟流，水德含和，變通在我。

解讀

酈道元在《水經注》全書中記敘了許多水利掌故，也說了不少人與水之間相互關係的話。但這篇《注》文中提及的「水德含和，變通在我」一語，無疑是全書中的菁華，也是酈氏為《水經》作《注》的根本思想。前面已經列舉了他所表彰的索勱、王尊等的治水故事，這類故事之中，其實都傾注了他的水利思想。他在《注》文中記敘了許多水利工程，歌頌了興修水利的有功人物。所有這些水利工程和主持興修者，在他看來，都是順乎人與水關係中所謂「水德含和，變通在我」的觀點。其實就是「人定勝天」。我在拙著《酈學札記》中，特以「水德含和，變通在我」為題寫了一篇，讀者可以參閱。

卷十三 㶟水

擷英

（《經》㶟水出雁門陰館縣，東北過代郡桑乾縣南。）

桑乾枝水又東流，長津委浪，通結兩湖，東湖西浦，淵潭相接，水至清深，晨梟夕雁，泛濫其上，黛甲素鱗，潛躍其下，俯仰池潭，意深魚鳥，所寡唯良木耳。

解讀

這一段描寫桑乾河上游，景色躍然紙上，文章朗朗上口。閉目凝神，當年桑乾河的優美自然景觀，如在眼前，真是妙手神筆，又何況這個地區是他親眼目擊，更令人有栩栩如生之感。但他並不放過黃土高原在植被上的特點：「所寡唯良木耳」。寫得好，又要寫得真。《水經注》文字的特點之一是，文雖絢麗，但並不虛構，是值得信賴的古籍。

擷英

按《燕書》，建興十年，慕容垂自河西還，軍敗于參合，死者六萬人。十一年，垂眾北至參合，見積骸如山，設祭弔之禮，死者父兄皆號泣，六軍哀慟，垂慚憤嘔血，因而寢疾焉。輿過平城北四十里，疾篤，築燕昌城而還，即此城也。北俗謂之老公城。羊水又東注于如渾水，亂流逕方山南，嶺上有文明太皇太后陵，陵之東北有高祖陵。二陵之南有永固堂，堂之四周隅，雉列榭階欄檻及扉戶、梁壁、椽瓦，悉文石也。檐前四柱，採洛陽之八風谷黑石為之，雕鏤隱起，以金銀間雲矩，有若錦焉。堂之內外，四側結兩石趺，張青石屏風，以文石為緣，并隱起忠孝之容，題刻貞順之名。廟前鐫石為碑獸，碑石至佳，左右列柏，四周迷禽暗日。院外西側，有思遠靈圖，圖之西有齋堂，南門表二石闕，闕下斬山纍結御路，下望靈泉宮池，皎若圓鏡矣。

解讀

這一段記敘北魏舊都平城外圍的皇陵和其他北魏王朝的皇室建築。所有這些，都是酈氏在北魏遷都前所親見。一個塞外游牧民族，初入中原（尚在中原的邊疆）時的這番光景，說明了這個塞北草原民族定鼎中原已經有了基礎。酈氏在這一段前引了《燕書》，從時代和地點，當是慕容鮮卑和拓跋鮮卑交替之時。以後歷史學者所謂「五胡亂華」一語，其間過程是相當複雜的。

「五胡亂華」是民族交替融合的過程，也是許多草原民族漢化的過程。鮮卑族入居中原，並改「拓跋」之姓為「元」，建立了洛陽這樣一個都城，尊孔崇儒，在這段《注》文記敘的平城故事中已可見及端倪。但《燕書》所記慕容垂的參合之敗，「死者六萬人」，「積骸如山」。草原民族進入中原，其間是經過多次血腥苦戰的。

擷英

其水又南屈，逕平城縣故城南。《史記》曰：高帝先至平城。《史記音義》曰：在雁門，即此縣矣。王莽之平順也。魏天興二年，遷都于此。太和十六年，破安昌諸殿，造太極殿東、西堂及朝堂，夾建象魏，乾元、中陽，端門東、西二掖門，雲龍、神虎、中華諸門，皆飾以觀閣。東堂東接太和殿，殿之東階下有一碑，太和中立，石是洛陽八風谷之緇石也。太和殿之東北，接紫宮寺，南接承賢門，門南即皇信堂，堂之四周，圖古聖、忠臣、烈士之容，刊題其側，是辨章郎彭城張僧達、樂安蔣少游筆。堂南對白臺，臺甚高廣，臺基四周列壁，閣道自內而升，國之圖籙祕籍，悉積其下。臺西即朱明閣，直侍之官，出入所由也。其水夾御路，南流逕蓬臺西，魏神瑞三年，又建白樓，樓甚高竦，加觀榭于其上，表裡飾以石粉，皜曜建素，赭白綺分，故世謂之白樓也。後置大鼓于其上，晨昏伐以千椎，為城裡諸門啟閉之候，謂之戒晨鼓也。又南逕皇舅寺西，是太師昌黎王馮晉國所造，有五層浮圖，其神圖像皆合青石為之，假以金、銀、火齊，眾彩之上，煒煒有精光。又南逕永寧七級浮圖西，其製甚妙，工在寡雙。又南，遠出郊郭，弱柳蔭街，絲楊被浦，公私引裂，用周園溉，長塘曲池，所在布護，故不可得而論也。一水南逕白登山西，服虔曰：白登，臺名也，去平城七里。如淳曰：平城旁之高城若丘陵矣。今平城東十七里有臺，即白登臺也。臺南對岡阜，即白登山也。故《漢書》稱上遂至平城，上白登者也。為匈奴所圍處，孫暢之《述畫》曰：漢高祖被圍七日，陳平使能畫作美女，送與冒頓，閼氏恐冒頓勝漢，其寵必衰，說冒頓解圍于此矣。其水又逕寧先宮東，獻文帝之為太上皇，所居故宮矣。宮之東次下有兩石柱，是石虎鄴城東門石橋柱也。按柱勒趙建武中造，以其石作工妙，徙之于此。余為尚書祠部，與宜都王穆羆同拜北郊，親所經見，柱側悉鏤雲矩，上作蟠螭，甚有形勢，信為工巧，去子丹碑則遠矣。其水又南逕平城縣故城東，司州代尹治皇都洛陽，以為恆州。水左有大道壇廟，始光二年，少室道士寇謙之所議建也。兼諸嶽廟碑，亦多所署立，其廟階三成，四周欄檻上階之上，以木為圓基，令互相枝梧，以版砌其上，欄陛承阿上圓，制如明堂，而專室四戶，室內有神坐，坐右列玉磬，皇輿親降，受籙靈壇，號曰天師，宣揚道式，暫重當時。壇之東北，舊有靜輪宮，魏神麢四年造，抑亦柏梁之流也。臺榭高廣，超出雲間，欲令上延霄客，下絕囂浮。太平真君十一年，又毀之。物不停固，白登亦繼褫矣。水右有三層浮圖，真容鷲架，悉結石也。裝製麗質，亦盡美善也。東郭外，太和中閹人宕昌公鉗耳慶時，立祇洹舍于東皋，椽瓦梁棟，臺壁櫺陛，尊容聖像，及床坐軒帳，悉青石也。圖制可觀，所恨惟列壁合石，疎而不密。庭中有祇洹碑，碑題大篆，非佳耳。然京邑帝里，佛法豐盛，神圖妙塔，桀跱相望，法輪東轉，茲為上矣。其水自北苑南出，歷京城內，河干兩湄，太和十年纍石結岸，夾塘之上，雜樹交蔭，郭南結兩石橋，横水為梁。又南逕藉田及藥圃西、明堂東，明堂上圓下方，四周十二堂九室，而不為重隅也。室外柱內，綺井之下，施機輪，飾縹碧，仰象天狀，畫北道之宿焉，蓋天也。每月隨斗所建之辰，轉應天道，此之異古也。加靈臺于其上，下則引水為辟雍，水側結石為塘，事準古制，是太和中所經建也。

解讀

此一篇文字甚長，但自來除《水經注》外別無所有。全篇除引《史記》、《漢書》說明平城之古事外，其餘均酈氏所親見，作為北魏舊都平城，記敘得如此詳盡，實古都研究之至寶。篇中，天興是拓跋珪年號，其二年為西元三三九年，當時尚在東晉、十六國時期，南北朝的形勢尚未形成。南朝始於宋武帝劉裕永初元年（西元四二〇年），其時已在北魏明元帝拓跋嗣泰常五年。北魏在平城已建都二十年了。此一時期，當然是酈氏所未曾經歷，但實跡俱在，酈氏仍所見及。《注》文敘及的平城大事建設在太和十六年（西元四九二年），其時酈道元已經入仕，都是他所親見。如今平城（在今山西大同附近）早已夷毀，遺跡無存，賴此篇得以勾劃其全盛時之都城概貌。故全錄以供研究。

擷英

（延）水側有桑林，故時人亦謂是水為藂桑河。斯乃北土寡桑，至此見之，因以名焉。

解讀

這一段既實敘「水側有桑林」，卻又說了「斯乃北土寡桑」。這說明，到了南北朝時代，由於氣候的變遷，中國北方的氣候已經變得較為寒冷，因而引起了桑樹種植的銳減和蠶桑業的式微。與絲綢之路的興盛時期已經不能相比。而另一條從今四川成都南下經緬甸的南方的絲綢之路獲得繁榮發展。江南太湖流域的蠶桑業也開始興起，因而出現了以寧波及泉州諸港出口絲綢的所謂「海上絲綢之路」。

卷十四

濕餘水　沽河　鮑丘水　濡水　大遼水　小遼水　涓水

擷英

（濕餘水《經》濕餘水出上谷居庸關東。）

關在沮陽城東南六十里居庸界，故關名矣。更始使者入上谷，耿況迎之于居庸關，即是關也。其水導源關山，南流歷故關下，溪之東岸有石室三層，其戶牖扇扉，悉石也，蓋故關之候臺矣。南則絕谷，壘石為關垣，崇墉峻壁，非輕功可舉，山岫層深，側道褊狹，林鄣邃險，路才容軌，曉禽暮獸，寒鳴相和，羇官游子，聆之者莫不傷思矣。其水歷山南逕軍都縣界，又謂之軍都關。《續漢書》曰：尚書盧植隱上谷軍都山是也。其水南流出關，謂之下口，水流潛伏十許里也。

解讀

《經》文只提出居庸關，《注》文不僅說明居庸關的地名來源，從「溪之東岸有石室三層」

起到「聆之者莫不傷思矣」一段，描寫當年長城之建築及其城垣風貌，文筆生動，是歷來寫長城的絕妙文章。

擷英

（沽河《經》南過漁陽狐奴縣北，西南與濕餘水合，為潞河。）

漁陽太守張堪，于縣開稻田，教民種植，百姓得以殷富。童謠歌曰：桑無附枝，麥秀兩岐，張君為政，樂不可支。視事八年，匈奴不敢犯塞。

解讀

這一段又是酈氏記敘的一位好官。張堪，字君游，東漢初南陽郡宛縣人，《後漢書》有傳。酈氏書中對人物的褒貶，很少用自己的語言表達，此處用的是一首童謠，實在勝於用自己的語言。最後兩句其實是《後漢書》本傳中的話：「視事八年，匈奴不敢犯塞」，說明邊疆的事，同樣存在「夫人必自侮，而後人侮之」的情況。地方能殷實安泰，或許是比建造一條長城能起更有效的作用。此外，在後漢的童謠中有「桑無附枝，麥秀兩岐」的話，說明在後漢時代，「桑」和「麥」在北方尚並列為兩種重要的農作物。所以前述卷十三〈㶟水〉中「北土寡桑」的話，可以說明是南北朝的現象。

擷英

（鮑丘水《經》又南過潞縣西。）

（潞河）又東北逕劉靖碑北，其詞云：魏使持節都督河北道諸軍事征北將軍建城鄉侯沛國劉靖，字文恭，登梁山以觀源流，相瀔水以度形勢，嘉武安之通渠，羨秦民之殷富，乃使帳下丁鴻，督軍士千人，以嘉平二年，立遏于水，導高梁河，造戾陵遏，開車箱渠。其遏表云：高梁河水者，出自并州，潞河之別源也。長岸峻固，直截中流，積石籠以為主遏，高一丈，東西長三十丈，南北廣七十餘步。依北岸立水門，門廣四丈，立水十丈。山水暴發，則乘遏東下，平流守常，則自門北入，灌田歲二千頃。凡所封地，百餘萬畝。至景元三年辛酉，詔書以民食轉廣，陸廢不贍，遣謁者樊晨更製水門，限田千頃，刻地四千三百一十六頃，出給郡縣，改定田五千九百三十頃。水流乘車箱渠，自薊西北逕昌平，東盡漁陽潞縣，凡所潤含，四五百里，所灌田萬有餘頃。高下孔齊，原隰底平，疏之斯溉，決之斯散，導渠口以為濤門，灑滮池以為甘澤，施加于當時，敷被于後世。

解讀

酈氏在其《注》文中引及的碑碣甚多，其中有不少是他借碑碣以記敘故事的手段。這一段文字，即是他利用「劉靖碑」記敘劉靖興修水利的紀錄：「造戾陵遏，開車箱渠。」由於碑文非常完整，所以他全錄碑文。劉靖，三國魏沛國相（今安徽濉溪附近）人，事跡見《三國志·魏書·劉馥傳》。

擷英

（《經》又南至雍奴縣北，屈東入于海。）

（觀雞）水東有觀雞寺，寺內起大堂，甚高廣，可容千僧，下悉結石為之，上加塗塈，基內疏通，枝經脈散，基側室外，四出爨火，炎勢內流，一堂盡溫。蓋以此土寒嚴，霜氣肅猛，出家沙門，率皆貧薄，施主慮闕道業，故崇斯構，是以志道者多栖托焉。

解讀

酈書記敘的寺廟不少，但觀雞寺是個特例。因為酈氏特地記敘了在此寒冷地區，寺內在寒季中防寒的特殊結構。其中有一句頗可玩味：「出家沙門，率皆貧薄。」這說明，削髮為僧也是當時貧苦人求生的一途，這是在研究佛教史中，值得考慮的一個社會問題。

擷英

（濡水《經》濡水從塞外來，東南過遼西令支縣北。）

東南歷石挺下，挺在層巒之上，孤石雲舉，臨崖危峻，可高百餘仞，牧守所經，命選練之士，彎張弧矢，無能居其崇標者。

解讀

「石挺」是酈氏記敘而至今仍然為世人所見的一處奇特景致。今名「磬錘峰」，一般人則稱之為「棒錘」。按當今實測，從臺基到頂峰，高五九・四二公尺，「棒錘」本身高三八・二九公尺，體積為六五〇八・六八立方公尺。估計重量為一六二〇〇〇噸。《注》文說：「彎張弧矢，無能居其崇標者。」以如此高度，絕非古時弓矢可及，酈言是實。

擷英

（《經》又東南過海陽縣西，南入于海。）

又按《管子》，齊桓公二十年，征孤竹，未至卑耳之溪十里，闟然止，瞠然視，援弓將射，引而未發，謂左右曰：見前乎？左右對曰：不見。公曰：寡人見長尺而人物具焉。冠，右祛衣，走馬前，豈有人若此乎？管仲對曰：臣聞豈山之神有偷兒，長尺人物具，霸王之君興，則豈山之神見，且走馬前。走，導也；祛衣，示前有水；右祛衣，示從右方涉也。至卑耳之溪，有贊水者，從左方涉，其深及冠，右方涉，其深至膝，已涉大濟，桓公拜曰：仲父之聖至此，寡人之抵罪也久矣。今自孤竹南出，則巨海矣，而滄海之中，山望多矣，然卑耳之川若贊溪者，亦不知所在也。昔在漢世，海水波襄，吞食地廣，當同碣石，苞淪洪波也。

解讀

對於這段《注》文中引《管子》的所謂「贊水」，酈道元說：「然卑耳之川若贊溪者，亦不知所在也」。是他第一個把「贊水」作為一條河流。宋程大昌在《禹貢論・卷上・十四・碣石條》云：「酈道元之在元魏記敘驪城濡水，謂齊桓征孤竹固嘗至卑耳，涉贊水。」清胡渭在《禹貢錐指・卷十一上》云：「碣石舊是灤河之東可知矣，贊水卑耳之溪淪于海中者，當在樂亭縣西南也。」《水經注釋・濡水注》之注文「然卑耳之川若贊溪者，亦不知所在也」下，趙一清按云：「按《齊語》云，桓公懸車束馬于太行辟耳之溪拘夏，韋昭曰：『拘夏，辟耳山之溪也。』豈亦贊溪之別名乎？」

《水經注》中的「贊水」究竟是不是一條河流，或者說是不是一個地名，直到清末孫詒讓才把事實說清。孫在其所著《札迻》卷三中，先引述上列〈濡水注〉的原文，然後評論云：

案上引《管子》，齊桓公至卑耳之溪，有贊水者，從左方涉，其深及冠；右方涉，其深至膝。文見《小問》篇。房注云：贊水，謂贊引渡水者。是彼水即指卑耳溪水，贊者，謂導贊知津之人，詔桓公從右方涉耳，非卑耳之旁，別有溪名贊者也，酈氏殆誤會其旨。

從孫詒讓的考證可見，對於這個「贊水」，唐房玄齡已經有注，但許多學者都因〈濡水注〉中「然卑耳之川若贊溪者，亦不知所在也」一語的先入之見，竟不再去讀《管子》房注。從程大昌起，一直沿襲到趙一清。趙一清校注的《水經注釋》是清代名本，但酈氏這一段寫明引自《管子》，趙氏在校勘中竟不與《管子》核對，卻自引《齊語》，把贊水作為辟耳之溪的異名。

酈文已經引人誤入歧路，而趙釋更使人愈誤愈深。當然，我們絕不會以這種千慮一失的事而貶損趙氏校勘《水經注》的「數十年考訂苦心」（王先謙《合校水經注・例略》對趙書評語），但我們自己的讀書和校書中應以此引為鑑戒。「贊水」之誤，首先誤於酈道元本人。《水經注》如此一部巨著，當然更屬瑕不掩瑜。

擷英

（大遼水《經》又東南過房縣西。）

《博物志》曰：魏武于馬上逢獅子，使格之，殺傷甚眾。王乃自率常從健兒數百人擊之，獅子吼呼奮越，左右咸驚，王忽見一物從林中出如貍，超上王車軛上，獅子將至，此獸便跳上獅子頭上，獅子即伏不敢起，于是遂殺之，得獅子而還。

解讀

在這段《注》文中，曹操當年到達的地方柳城，在今遼寧朝陽以南，位於今大淩河沿岸。在動物地理學上，獅子 (Panthera Leo) 是「舊熱帶界」的動物。所謂「舊熱帶界」，所指包括阿拉伯半島南部以及非洲的撒哈拉沙漠以南地區。在毗鄰「舊熱帶界」的「東洋界」，歷來都很少看到有關獅子的記載，何況〈大遼水注〉記載的地區，已在遠離「舊熱帶界」的「古北界」，在距今不過一千八百年的歷史時期，竟出現獅子的蹤跡，這是無法理解的。《注》文之中，關於「王忽見一物從林中出如貍」幾句，當然是《博物志》所添加的「神奇」。但獅子的記載不假，所以需要研究。動物地理學區劃中的「古北界」，歷史時期是東北虎 (P. t. amurensis) 出沒的地方，曹操和他的官兵，大多去自華北，平時看到的只有華南虎 (P. t. amoyensis)。《水經注》記載的華南虎活動的範圍是很廣闊的，北起鮑丘水、灅水，南到溫水、葉榆河，許多地方都提到此物。只見過體軀較小的華南虎的人，突然見到一隻碩大斑斕的東北虎，倉卒之間，大家把牠誤作一種在傳說中聽到過或圖畫中看到過的獅子，這就是《博物志》所謂「魏武於馬上逢獅子」的故事。用現在的動物地理學理論分析，其事大概就是如此。

擷英

（浿水《經》浿水出樂浪鏤方縣，東南過臨浿縣，東入于海。）

許慎云：浿水出鏤方，東入海。

解讀

浿水是《水經注》記載的當時的域外河流。中國古籍記及浿水的不少，但所記互不相同，浿水是當今朝鮮何水，歷來也有互不相同的見解。《水經》說：「浿水出樂浪鏤方縣，東南過臨浿縣，東入于海」，肯定是錯誤的。《注》文引許慎《說文解字・卷十一》上：「浿水出樂浪鏤方，東入海」，同樣也是錯誤的。中國大陸的主要河流，都是西東流向而東入於海。但朝鮮與此相反，主要的大河都東西流向而西入於海。《水經》作者按中國情況想當然地看待朝鮮河流。當然，比《水經》更早的《說文解字》就已經錯了。酈道元雖然開首就引用了《說文》中「東入海」的話，但是他還是駁斥了《水經》的錯誤。為了辨明事實，他特地訪問了當時朝鮮到北魏聘問的使節：「余訪蕃使，言城在浿水之陽」。從這一句話中，可以斷定，此浿水即今大同江。可參閱拙撰《水經・浿水篇箋校——兼考中國籍記載的朝鮮河流》⓫。

⓫ 載《韓國研究》，杭州大學出版社一九九五年出版。又收入於《水經注研究四集》，杭州出版社二〇〇三年出版。

卷十五　洛水　伊水　瀍水　澗水

擷英

（洛水《經》東北過盧幾縣南。）

洛水又東逕黃亭南，又東合黃亭溪水，水出鵜鶘山，山有二峰，峻極於天，高崖雲舉，亢石無階，猿徒喪其捷巧，鼯族謝其輕工。及其長霄冒嶺，層霞冠峰，方乃就辨優劣耳，故有大、小鵜鶘之名矣。

解讀

這裡的「水出鵜鶘山」一段，從「鵜鶘」一詞探究，此山顯有兩峰並峙。在酈氏的妙筆之下，「猿徒喪其捷巧，鼯族謝其輕工」，以善於攀懸的動物作為其描寫的譬喻，真是別出心裁。更有甚者，「鵜」、「鶘」雙峰並峙，而孰高孰低，《注》文也作出了交代：「長霄冒嶺，層霞冠峰。」在這種景色下，酈氏以「大、小鵜鶘」，說清了這兩座峰巒的高低：又神，又美，又全。酈道元描寫自然風景，真是無瑕可摘。

擷英

義熙中，劉公西入長安，舟師所居，次于洛陽。命參軍戴延之與府舍人虞道元即舟溯流，窮覽洛川，欲知水軍可至之處。延之居此而返，竟不達其源也。

解讀

此段記義熙（東晉安帝年號）中事，乃戴延之隨劉武王北征長安的故事。《注》文雖不著所引書名，但實即《從征記》中之文。劉武王命戴、虞二人「窮覽洛川」，其目的是為了「欲知水軍可至之處」。而二人只到達檀山塢，「竟不達其源也」。酈氏筆下顯然有惋惜之意，這是因為酈氏從事河川研究而有此感慨，但戴、虞二人只是按劉武王之命行事，並無尋河川發源的需求。酈氏在《注》文中特為寫下「不達其源」的話，屬於一位做學問者的情不自禁。

擷英

（《經》又東過洛陽縣南，伊水從西來注之。）

《長沙耆舊傳》云：祝良，字召卿，為洛陽令，歲時亢旱，天子祈雨不得，良乃曝身階庭，告誡引罪，自晨至中，紫雲水起，甘雨登降，人為歌曰：天久不雨，烝人失所，天王自出，祝令特苦，精符感應，滂沱下雨。

解讀

在《水經注》全書中，祈雨而得雨的故事不少，其實多是為了表彰為民盡心的好官。在這一段中，酈氏引「人為歌曰」幾句，說明老百姓都為這位好官而感動。百姓歌頌的詩歌故事，是酈氏悉心搜集的材料，《注》文絕不放過，表達了酈氏疾惡揚善的心情。

擷英

（《經》又東過偃師縣南。）

洛水又東逕百谷塢北，戴延之《西征記》曰：塢在川南，因高為塢，高十餘丈，劉武王西入長安，舟師所保也。……戴延之《從劉武王西征記》曰：有此尸，尸今猶在。

解讀

此段文字未引全文，中間作了省略，主要是為了酈氏在《注》文中引書常有同書異名的現象。在酈氏是出於書寫方便，但後人讀酈，卻會因此造成一定困難甚至誤解。此段文字中的戴延之《西征記》即是其例。酈書中引及《西征記》甚多，〈河水四〉、〈渭水三〉、〈泒水〉、〈泗水〉等篇中均有引及；〈河水五〉在書名上加「戴氏」；〈濟水二〉、〈洛水〉、〈穀水〉等篇中，均署「戴延之」。此外，在卷二十四〈汶水〉及〈洙水〉、〈淄水〉等篇中，又引不署姓氏的《從征記》一書。查隋唐諸史，《隋書・經籍志》著錄戴延之《西征記》二卷，又戴祚《西征記》一卷。兩〈唐志〉均著錄戴祚《西征記》二卷，無戴延之書。對於《從征記》，則隋唐三志俱不著錄。遍查《水經注》全書，僅在此〈洛水〉篇中在引及戴延之《西征記》後，又引戴延之《從劉武王西征記》。由此可知，酈氏前所引的《西征記》和《從征記》，都是《從劉武王西征記》一書的略稱。《注》文引及此書多達十餘次，而寫清此書全名的僅此一處。明黃省曾刻本《水經注》卷首列有酈氏引書目錄，把戴延之《西征記》與不著撰人姓氏的《從征記》並列為二書，即由黃氏誤解所致。又酈氏對此書撰人屢云戴延之，從「延之」二字揣摩，很可能就是戴祚之字。所以《隋書・經籍志》所著錄的戴祚和戴延之兩種《西征記》，其實應是同書。

擷英

（伊水《經》又東北過伊闕中。）

（伊）闕左壁有石銘云：黃初四年六月二十四日辛巳，大出水，舉高四丈五尺，齊此已下。蓋記水之漲減也。右壁又有石銘云：元康五年，河南府君循大禹之軌，部督郵辛曜、新城令王琨，部監作掾董猗、李褒，斬岸開石，平通伊闕。石文尚存也。

解讀

酈氏為《水經》作《注》，凡是有關水文與水利工程的掌故，無不廣泛搜集，詳實記敘。此段文字記敘伊闕石銘，前一條黃初四年是重要的水文資料；後一條元康五年，是水利工程資料。都有存史價值。最後「石文尚存也」一語，說明酈氏曾親見伊闕左右二壁石銘，伊闕離魏都洛陽甚近，所記是其目擊可以無疑。

卷十六 穀水 甘水 漆水 瀍水 沮水

擷英

（穀水《經》穀水出弘農黽池縣南墦冢林穀陽谷。）

穀水又東逕缺門山，山阜之不接者里餘，故得是名矣。二壁爭高，斗聳相亂，西瞻雙阜，右望如砥。穀水自門而東，廣陽川水注之。水出廣陽北山，東南流注于穀，南望微山，雲峰相亂。

解讀

這一段寫缺門山風景，可以與前面鵜鶘山作點比較，鵜鶘山是兩座山峰，但缺門山其實也是「山阜之不接者里餘」的兩座山峰，「西瞻雙阜，右望如砥」，筆法與鵜鶘山各有其妙。稍後又記廣陽北山，「南望微山，雲峰相亂」。《注》文記敘的山岳很多，但酈氏文章能表述各不相同的風姿，絕非千篇一律，讓人久讀不厭。有人說《水經注》是一部文學佳作，實在也有道理。

擷英

（白超）壘在缺門東十五里，壘側舊有塢，故冶官所在。魏、晉之日，引穀水為水冶，以經國用，遺迹尚存。

解讀

這一段記敘的「水冶」，是古代利用水力於冶金工業的裝置。元王禎《農書・卷十九》說水冶又稱水排，後漢杜詩始作。案《後漢書・杜詩傳注》：「冶鑄者為排以吹炭，令激水以鼓之者也。」所以這是一種利用水力的鼓風設施。因為對於冶金工業，鼓風（送氧）是非常重要的關鍵。《三國志・魏書・韓暨傳》說：「舊時冶，作馬排，每一熟石用馬百匹；更作人排，又費功力；暨乃因長流為水排，計其利益，三倍于前。」〈杜詩傳〉和〈韓暨傳〉都提及作水冶之事，而王禎只言杜詩，當因杜詩早於韓暨之故。這一段《注》文記敘的水冶，位於今河南西部的穀水之上，酈氏尚見遺跡，並說明是魏晉之物，說明當時在冶金工業中利用水力鼓風，已經很普遍了。《水經注》在〈江水〉篇中也記及於此，參見該篇解讀。

擷英

考尋茲說，當承緣生《述征》謬志耳。緣生從戍行旅，征途訊訪，既非舊土，故無所究，今川瀾北注，澄映泥濘，何得言枯涸也。皆為疏僻矣。

解讀

這一段議及郭緣生的《述征記》一書。《武英殿本》中戴震在此有一條案語：「上所引無枯淛之語，當有脫文。」戴氏案語是不錯的，上文確有訛脫，當係輾轉傳鈔之故，現在已無法查補。但既然《注》文對郭緣生提出批評，說明《述征記》中必有「枯淛」之言。酈氏批評郭緣生致誤的原因是「從戍行旅」，並非地理考察。「既非舊土，故無所究」，說明酈氏雖然指出《述征記》的錯誤，但對郭緣生並無苛責之意。說明酈書糾前人之謬甚多，但語言還是寬容的。

擷英

（《經》又東過河南縣北，東南入于洛。）

《注》（文從略。）

解讀

這條《經》文之下，《注》文長達七千餘言，是全書第一長《注》。小水大《注》，全因此水經過北魏當代首都洛陽。「東過河南縣北」，《水經》成於三國，「河南縣」在三國魏境，隸司州，河南府，位於今洛陽附近。穀水與當年洛陽的關係，實在十分密切。洛陽的護城河以及城內諸水，都是利用以洛水為水源的穀水。全篇對首都洛陽的詳細記敘，不僅是一篇北魏洛陽的城市地理。楊守敬《水經注圖》中的洛陽圖幅即據此篇繪製。汪士鐸《水經注圖》⑫也據此而繪。

⑫今有陳橋驛注釋本，山東畫報出版社二〇〇三年出版。

《水經注》全書記敘的城市中，後來繪製城市圖的，另無別城能夠繪得如此詳盡，都是由於這一篇《注》文之所得。

擷英

《河南十二縣境簿》曰：河南縣城東十五里有千金堨。《洛陽記》曰：千金堨舊堰穀水，魏時更修此堰，謂之千金堨。積石為堨而開溝渠五所，謂之五龍渠。渠上立堨，堨之東首，立一石人，石人腹上刻勒云：太和五年二月八日庚戌造築此堨，更開溝渠此水衡渠上其水（此句《水經注疏》作：更開溝渠，此水衡渠，止其水），助其堅也。（此下記敘千金堨及五龍渠尚有三百五十餘字，從略。）

解讀

這一段記敘魏都洛陽境內的水利工程千金堨及五龍渠，文在同條《經》文下之七千餘言之中，是當年洛水流域內與首都關係密切的一項水利工程。酈氏對此工程的沿革與當時現狀，均作了年、月、日的記敘，並提出以後繼續修造的建議。對於水利，酈氏確已盡心竭慮了。

擷英

穀水又東，左會金谷水，水出太白原，東南流歷金谷，謂之金谷水，東南流逕晉衛尉卿石崇之故居，石季倫《金谷詩集敘》曰：余以元康七年，從太僕出為征虜將軍，有別廬在河南界金谷澗中，有清泉茂樹，眾果、竹、柏、藥草備具。

解讀

《金谷詩集敘》寫的其實就是石崇（字季倫）的窮奢極欲的「金谷園」。石崇曾為官荊州刺史，他利用搜刮商旅等穢行，積資巨萬。《晉書・石崇傳》說：「崇有別館，在河陽之金谷。……財產豐積，室宇宏麗，後房百數，皆曳紈繡，珥金翠，絲竹盡當時之選，庖膳窮水陸之珍。」石崇又與當時另一豪家王愷鬥富，竭盡奢華，其事也見《晉書》本傳。酈氏雖未及見此唐修《晉書》，但石崇之事，當時尚存的幾種《晉書》中必有流傳。酈氏《注》中只輕輕勾上幾筆，或許是因為這條《經》文下要記敘的內容甚多，也或許是他不願在這類人物上多費口舌。

擷英

穀水又東，枝分南入華林園，歷疏圃南，圃中有古玉井，井悉以珉玉為之，以緇石為口，工作精密，猶不變古，燦焉如新。又逕瑤華宮南，歷景陽山北，山有都亭，堂上結方湖，湖中起御坐石也。御坐前建蓬萊山，曲池接筵，飛沼拂席，南面射侯，夾席武峙，背山堂上，則石路崎嶇，巖嶂峻險，雲臺風觀，纓巒帶阜，游觀者升降阿閣，出入虹陛，望之狀鳧沒鸞舉矣。其中引水飛皋，傾瀾瀑布，或枉渚聲溜，潺潺不斷，竹柏蔭于層石，繡薄叢于泉側，微飆暫拂，則芳溢于六空，實為神居矣。

解讀

華林園是酈氏在此條《經》文下重點記敘的洛陽園林。《注》文中對金谷園未提其名，對芳林園雖然記上幾句，但由於此是前代園林，當時已經敗落，所以華林園是他重點記敘的對象。《注》文對此園林的布局、結構和景致，記得十分生動細膩，藉此可見古代著名園林的精美和當時造園藝術的發展水平。從《注》文既有「御坐石」又有「游觀者」的記敘來看，則華林園當是具有公園性質的園林。歷來學者對此一段文章研究者不少。例如「望之狀鳧沒鸞舉矣」一句，胡適曾作過大量考證，與不少學者辨證討論，事見《胡適手稿》第六集下冊。

擷英

京相璠與裴司空彥季（案當是季彥之誤）脩《晉輿地圖》，作《春秋地名》。

解讀

此處所說的《晉輿地圖》，當然就是《禹貢地域圖》。此事，《晉書・裴秀傳》記之甚詳，裴秀為此圖所撰〈序言〉，全文收錄於其本傳之中，所以在學術界長期來造成一種印象，認為此圖是裴秀的作品。這篇〈序言〉中，提出了著名的「六體」，即分率、準望、道里、高下、方邪、迂直，一直被視為中國最早的地圖學理論，裴秀就此成為中國古代地圖繪製的奠基人。我曾於一九六六年四月號《中國建設》(*China Reconstruct*) 用英文寫過一篇〈中國古代的地圖繪製〉(*Map*

Making in Ancient China)的文章，也把裴秀作為此圖的作者。不過也在該文上提及了京相璠。我說：「對於地圖的編製的計劃和執行，以及把製圖的實踐上升為理論，裴秀有一些能人作為助手，其中最著名的是京相璠。」後來劉盛佳教授在《自然科學史研究》一九八七年第一期發表了〈晉代傑出的地圖學家——京相璠〉一文，認為《水經注》中「京相璠與裴司空彥季脩《晉輿地圖》，作《春秋地名》」一句中，這個「與」字應作「給予」解。若「與」字作「同」字解，則京、裴地位懸殊，京怎能位列在前？且《春秋地名》一書，在《隋書・經籍志》著錄中只稱京相璠而無裴秀。文中又舉了古籍中的不少例子，說明「與」應作「給予」解的理由。此文理由充足，故《禹貢地域圖》及「六體」理論，應該是京相璠的作品。

擷英

（沮水《經》沮水出北地直路縣，東過馮翊祋祤縣北，東入于洛。）

沮水東注鄭渠。昔韓欲令秦無東伐，使水工鄭國間秦鑿涇引水，謂之鄭渠。渠首上承涇水于中山西邸瓠口，所謂瓠中也。《爾雅》以為周焦穫矣。為渠并北山，東注洛三百餘里，欲以溉田。中作而覺，秦欲殺鄭國，鄭國曰：始臣為間，然渠亦秦之利。卒使就渠，渠成而用注填閼之水，溉澤鹵之地四萬餘頃，皆畝一鍾。關中沃野，無復凶年，秦以富強，卒并諸侯，命曰鄭渠。

解讀

鄭國渠的故事出於《史記・河渠書》，鑿渠過程是否可信，當作別論。但此渠對關中農業確實起過很大作用，「關中沃野，無復凶年」，此話或非虛言。其渠曾長期存在，直到唐時才趨湮廢。但鄭國渠的開鑿，對於以後在關中（即涇渭平原）引涇、渭、北洛諸水通過渠道發展灌溉農業方面確實起了倡導作用。在《水經注》的〈渭水〉篇中曾記及蒙蘢渠和成林渠，卷十九〈渭水〉並記及成國故渠，直至近代李儀祉經營的涇渭渠，都秉承這種傳統。

卷十七 渭水

擷英

（《經》又東過冀縣北。）

瓦亭水又西南流，歷僵人峽，路側巖上有死人僵尸鑿穴，故岫壑取名焉。釋鞍就穴直上，可百餘仞，石路逶迤，劣通單步，僵尸倚窟，枯骨尚全，唯無膚髮而已。訪其川居之士，云其鄉中父老作童兒時，已聞其長舊傳，此當是數百年骸矣。

解讀

酈氏寫此一段，目的並非以僵屍故事在《注》文中故弄玄虛。其實是為了記敘一條攀登艱險的道路。「石路逶迤，劣通單步」，才是他實際要寫的文章。全部《注》文中，酈氏曾用了許多語言和掌故，描述這類「蜀道」，如以下的「左擔道」之類。「僵尸鑿穴」，無非為他記敘這條險道作一個襯托，以吸引讀者的注意而已。

擷英

川水西得白楊泉，又西得蒲谷水，又西得蒲谷西川，又西得龍尾溪水，與蒲谷水合，俱出南山，飛清北入川水。

解讀

這一段首句「川水西得白楊泉」，此「川水」指略陽川水。而《注》文中的白楊泉、蒲谷水、蒲谷西川、龍尾溪水四水，都是略陽川水的支流，而都以瀑布的形式，注入略陽川水。這是因為，多數瀑布的形成，在自然地理學上研究，主要是因河流的溯源侵蝕。在河流溯源侵蝕的過程中，由於遇到堅硬的巖層而造成落差，因而就發生瀑布現象。這種堅硬的巖層，在地貌學上稱為「造瀑層」(Fall Maker)。有時，在造瀑層漫長延伸的情況下，通過造瀑層的若干河流，在同一區位上均發生瀑布，形成一條瀑布線。略陽川水的這四條支流，都在一個造瀑層上，所以都成為瀑布，注入略陽川水。《水經注》記敘瀑布，全書明確可考的達三十二處，但酈氏使用的文字卻豐富多彩，用「瀑布」這個詞彙的，不過七、八處。而此外多用為「頹波」、「飛波」、「懸澗」、「懸流」等等，不勝枚舉。而用「飛清」一詞的達八、九處。「飛清」是酈氏一家獨用的詞彙，也是許多文人學士所欣賞的詞彙。

擷英

（《經》又東過陳倉縣西。）

魏明帝遣將軍太原郝昭築陳倉城，成。諸葛亮圍之。亮使昭鄉人靳祥說之，不下，亮以數萬攻昭千餘人，以雲梯、衝車、地道逼射昭；昭以火射連石拒之，亮不利而還。

解讀

這一段《注》文記敘了諸葛亮進攻陳倉城失利的史實。《注》文說「魏明帝遣將軍太原郝昭築陳倉城」。其實，當時魏國的軍事是由司馬懿主持的。所以這一段所記敘的史實，實在就是蜀、魏之間多次戰爭中，蜀軍的一次敗績。從兩國軍事領導人來說，也就是諸葛亮敗於司馬懿。後來羅貫中寫章回小說《三國演義》，也說了不少諸葛亮與司馬懿打仗的故事，以後又有人把這類羅貫中所寫的移植到京劇一類的戲劇上，例如《空城計》等等。在羅貫中的筆下，諸葛亮總是比司馬懿強，作為小說，讓人們消遣；作為戲劇，讓觀眾逗樂。但作為史實，卻是胡說八道。《水經注》記敘了此二人的幾次戰場較量，諸葛亮實在沒有打過勝仗。以這一段所敘陳倉城之戰為例，諸葛亮以數十倍兵力進攻此城，而且心理戰與陣地戰並舉，花了極大代價。但郝昭拒絕同鄉遊說，憑險固守，挫敗了諸葛亮的一切進攻。司馬懿雖然並不在這條《注》文中露面，但他的治軍嚴明，守備有方，仍然於此可見。

擷英

汧水又東會一水，水發南山西側，俗以此山為吳山，三峰霞舉，疊秀雲天，崩巒傾返，山頂相捍，望之恆有落勢。

解讀

以前列舉過的酈氏對山岳的描寫，如鵜鶘山等，都是雙峰夾峙的，亦即以兩座山峰並列的山岳，這一段描述的吳山，則是一座「三峰霞舉」，即是由三座山峰三足而峙的名山。酈氏雖然也描寫了三座山峰的高峻：「三峰霞舉，疊秀雲天」，但是他最後以「山頂相捍，望之恆有落勢」一語作結，真是別出心裁，為古今一切寫風景文章者所傾倒。

擷英

青龍二年，諸葛亮出斜谷，司馬懿屯渭南，雍州刺史郭淮策亮必爭北原而屯，遂先據之。亮至，果不得上。

解讀

這一段短短幾句，不像前面陳倉城那樣戰火連天，但其實同樣是諸葛亮對司馬懿作戰的一次敗績。這裡，兩軍雖未交戰，但司馬懿的見識比諸葛亮棋高一著，捷足先占。所以仍然是司馬懿勝而諸葛亮敗。

卷十八 渭水

渭水是黃河的一條支流，但今本《水經注》分為三卷，以卷數言，竟與長江並列。清《武英殿本》卷首〈校上案語〉說：「《水經注》四十卷，後魏酈道元撰。……《崇文總目》稱其中已佚五卷，故《元和郡縣志》、《太平寰宇記》所引滹沱水、涇水、洛水，皆不見于今書。然今書仍作四十卷，疑後人分析以足原數也。」故渭水分為三卷，而其卷十八僅有《經》文二條，分析之跡甚明。此卷恐原為卷十七之文，但畢竟無確據，故仍按體例作擷英、解讀。

擷英

（《經》又東過武功縣北。）

劉曜之世，是山崩，長安人劉終于崩……。

解讀

明代各本此處到「劉終于崩」止。朱謀𫍯《水經注箋》說：「此下文理不屬，蓋脫簡也。」

趙一清《水經注箋刊誤》說：「按孫潛用柳僉本校補四百二十字，真稀世之寶也。」今《殿本》從下句「所得白玉」起，已經補上所缺到「余謂崔駰及《皇覽》，謬志也」。戴震在此作了案語：「案『所得白玉』至此句『謬』字止，共四百三十七字，近刻脫落，據原本補。」趙一清說「補四百二十字」，而《殿本》說「共四百三十七字」。這是柳僉本與戴震所據本稍有不同之故。

擷英

渭水又東，溫泉水注之，水出太一山，其水沸湧如湯，杜彥達曰：可治百病，世清則疾愈，世濁則無驗。

解讀

此句，孫潛校本作「世亂則無驗」。全祖望《七校水經注》、趙一清《水經注釋》均從孫本，改「濁」為「亂」。此外各本均作「世清」、「世濁」，與《殿本》同。但溫泉療疾與「世清」、「世濁」、「世亂」實無關係。按康熙《隴州志・卷一・方輿・溫泉》引《水經注》作：「然水清則愈，濁則無驗」，較今各本為勝。

卷十九　渭水

擷英

（《經》又東，豐水從南來注之。）

池水北逕鄗京東、秦阿房宮西，《史記》曰：秦始皇三十五年，以咸陽人多，先王之宮小，乃作朝宮于渭南，亦曰阿城也。始皇先作前殿阿房，可坐萬人，下可建五丈旗，周馳為閣道，自殿直抵南山。表山巔為闕，為複道自阿房度渭，屬之咸陽，象天極，閣道絕漢抵營室也。《關中記》曰：阿房殿在長安西南二十里，殿東西千步，南北三百步，庭中受十萬人。

解讀

阿房宮是中國歷史上第一座著名宮殿，唐杜牧曾撰〈阿房宮賦〉，但內容多誇大，如「一日之內，一宮之間而氣候不齊」之類，不過是文人想像虛構而已。酈氏雖亦引古書，但可信度較大，如「可坐萬人」，此言其大；「下可建五丈旗」，此言其高。按秦代的建築技術與能力，當以酈書記敘為接近事實。

擷英

陂水北出，逕漢武帝建章宮東，于鳳闕南，東注泬水。泬水又北逕鳳闕東，《三輔黃圖》曰：建章宮，漢武帝造，周二十餘里，千門萬戶。其鳳闕，高七丈五尺，俗言貞女樓，非也。《漢武帝故事》云：闕高二十丈。《關中記》曰：建章宮圓闕，臨北道，有金鳳在闕上，高丈餘，故號鳳闕也。故繁欽〈建章鳳闕賦〉曰：秦漢規模，廓然毀泯，惟建章鳳闕，巋然獨存，雖非象魏之制，亦一代之巨觀也。

解讀

這一段《注》文記敘漢武帝的建章宮。這裡引錄的幾句以下，還有有關此宮的文字。建章宮是酈書繼秦阿房宮以後重點記敘的一座古代帝皇宮殿。漢代的建築技術當然超過秦代，所以在記敘此宮時，還有較多文字記及此宮的一處標幟性建築——鳳闕，而且說法各有不同。但《注》文所敘建章宮的規模，最關重要而能說明其宏偉規模的，其實就是今已亡佚的班固《漢武帝故事》中的「周二十餘里，千門萬戶」一句。此宮的占地範圍和屋宇巨大，盡在此一句之中了。《漢武帝故事》一書，古籍中唯酈書獨引，所以值得寶貴。

擷英

（《經》東過長安縣北。）

渭水又東逕長安城北，漢惠帝元年築，六年成，即咸陽也。秦離宮無城，故城之。王莽更名常安。十二門：東出北頭第一門，本名宣平門，王莽更名春王門正月亭，一曰東都門，其郭門亦曰東都門，即逄萌掛冠處也。第二門，本名清明門，一曰凱門，王莽更名宣德門布恩亭。內有藉田倉，亦曰藉田門。（此下尚有一千六百餘字，從略。）

解讀

這是《水經注》全書中的長《注》之一，內容主要是記敘漢都長安，是全書除了卷十六〈穀水〉篇中記敘北魏首都洛陽以外，《注》文描述城市的最長文章。雖然在酈氏時代，漢長安已經夷毀，但作為當今歷史城市研究，其價值仍然不菲。全《注》首先詳敘十二門，以後則記敘城內宮殿樓閣、園苑碑碣、人物掌故等等，甚為詳盡。可惜在酈氏時此城已經不存，無法寫出北魏時概況及夷毀過程，估計酈氏對此也不甚了了。抑或酈氏諱言此中掌故，不得而知。

擷英

（《經》又東過霸陵縣北，霸水從縣西北流注之。）

《漢武帝故事》曰：帝崩後見形，謂陵令薛平曰：吾雖失勢，猶為汝君，奈何令吏卒上吾陵磨刀劍乎？自今以後，可禁之。平頓首謝，因不見。推問陵傍，果有方石，可以為礪，吏卒常盜磨刀劍。霍光欲斬之。張安世曰：神道茫昧，不宜為法。乃止。

解讀

《水經注》全書中「神道茫昧」句凡二見，均在卷十九〈渭水〉中。《經》文「又東，豐水從南來注之」下引《春秋後傳》的一個虛幻故事後，酈氏說：「神道茫昧，理難辨測」。此處則是引張安世語，說明酈氏實不信鬼神荒誕之事。《注》文中凡記及此類掌故，都是為了其他目的。他常利用這類神鬼傳說褒貶人物，明眼人一讀就領會其意。

擷英

池水西北流，逕始皇冢北。秦始皇大興厚葬，營建冢壙于麗戎之山，一名藍田。其陰多金，其陽多玉。始皇貪其美名，因而葬焉。斬山鑿石，下錮三泉。以銅為椁，旁行周迴三十餘里，上畫天文星宿之象，下以水銀為四瀆、百川、五嶽、九州，具地理之勢。宮觀百官，奇器珍寶，充滿其中。令匠作機弩，有所穿近，輒射之。以人魚膏為燈燭，取其不滅者久之。後宮無子者，皆使殉葬甚眾。墳高五丈，周迴五里餘，作者七十萬人，積年方成。而周章百萬之師，已至其下，乃使章邯領作者以禦難，弗能禁。項羽入關，發之，以三十萬人三十日運物不能窮。關東盜賊，銷椁取銅，牧人尋羊燒之，火延九十日不能滅。

解讀

以七十萬奴隸的積年苦役，換取了這大暴君的陵墓，只要看看今天尚存的兵馬俑，這種厚葬的制度就值得萬世詛咒的了。在同條《經》文下，還有一處罪惡滔天的漢成帝昌陵。《注》文說：「漢成帝建始二年，造延陵為初陵，以為非吉，于霸曲亭南更營之。鴻嘉元年，于新豐戲鄉為昌陵縣，以奉初陵。永始元年，詔以昌陵卑下，客土疏惡，不可為萬歲居，其罷陵作，令吏民反，故徙將作大匠解萬年敦煌。」《關中記》曰：「昌陵在霸城東二十里，取土東山，與粟同價，所費巨萬，積年無成。」「取土東山，與粟同價」，說盡了厚葬制度的罪大惡極。幸虧當年古代埃及的木乃伊 (Mummy) 製作技術尚未傳入，直到王朝制度終結，帝王還沒有作為木乃伊保藏起來的，對老百姓來說，還算是幸運的呢。

擷英

(《經》東入於河。)

杜預曰：水之隈曲曰汭。王肅云：汭，入也。呂忱云：汭者，水相入也。水會，即船司空所在矣。《地理志》曰：渭水東至船司空入河。服虔曰，縣名，都官。《三輔黃圖》有船庫官，後改為縣。王莽之船利者也。

解讀

從這一段《注》文中可以說明，黃河支流在古代都有航行之利，並且是能夠航行大型船舶的。渭水就是如此，在「水會」，也就是河面較寬之處設置「船庫官」，甚至可以在這裡建置成縣。王莽改縣名為「船利」，也就說明了當時航行條件很好。黃河的其他支流也多如此。例如卷十六〈穀水〉篇中的「旅人橋」。《注》文引〈朱超石與兄書〉：「橋去洛陽宮六七里，悉用大石，下圓以通水，可受大舫過也」。文字清楚地記敘了一座用大石建成的石拱橋，「可受大舫過也」。這些河流，後來都是受自然和人為的雙重干擾而每況愈下的。

卷二十　漾水　丹水

擷英

（漾水《經》漾水出隴西氐道縣嶓冢山，東至武都沮縣為漢水。）

常璩《華陽國志》曰：漢水有二源，東源出武都氐道縣漾山為漾水，《禹貢》導漾東流為漢是也；西源出隴西西縣嶓冢山，會白水逕葭萌入漢，始源曰沔。

解讀

《禹貢》有「嶓冢導漾，東流為漢」的話，這實在是《禹貢》的錯誤，因為此說把漾水作為漢水的上源。《水經》繼承了《禹貢》的錯誤，即《經》文：「漾水出隴西氐道縣嶓冢山，東至武都沮縣為漢水」。其實，東至武都沮縣的不是漢水，而是西漢水。西漢水和漢水是兩條完全不同的河流，但古人誤以為西漢水就是漢水的上源，所以才出現這樣的錯誤。這種錯誤同樣也為《水經注》所傳襲，即上錄酈氏引《華陽國志》的一段。酈道元引《華陽國志》與《禹貢》作《注》，認為西漢水就是漢水的西源。東西兩源匯合，稱為沔水，沔水就是漢水的古稱。《注》

文說「會白水逕葭萌入漢」，白水即今白龍江，所以「會白水」是不錯的，但「逕葭萌入漢」卻全是附會。葭萌是南朝益州之地，酈氏足跡所未至，所以他無法糾正古人的這種錯誤。現在可以肯定的是，《水經》和《水經注》所稱的漾水，就是今西漢水，是四川境內長江支流嘉陵江的上流，源出甘肅禮縣秦嶺，經陝西略陽附近注入嘉陵江。全長二百四十餘公里，流域面積約一萬平方公里。

擷英

西漢水又西南得峽石水口，水出苑亭西草黑谷，三溪西南至峽石口，合為一瀆。

解讀

上列這段《注》文錄於《武英殿本》，所敘是西漢水的支流峽石水，此水發源於苑亭以西的草黑谷，上源包括三條溪水，到峽石口合而為一。但令人不解的是，既然上源有三條溪水，在發源後流了一段相當長的距離，才在峽石口匯合為一。那就有一個問題，這三條溪水，難道都發源在同一個「草黑谷」之中嗎？《永樂大典》本《水經注》在這條《注》文中與《殿本》有一字之異：「西漢水又西南得峽石水口，水出苑亭、白草、黑谷三溪，西南至峽石水口，合為一瀆。」《殿本》作「西」，《永樂大典》本作「白」，一字之異，句讀也隨之而異，文義就能自圓其說。胡適治酈極重版本，確實也有道理。

擷英

漢水又東南逕瞿堆西，又屈逕瞿堆南，絕壁峭峙，孤險雲高，望之形若覆唾壺，高二十餘里，羊腸蟠道三十六回。《開山圖》謂之仇夷，所謂積石嵯峨，嶔岑隱阿者也。上有平田百頃，煮土成鹽，因以百頃為號，山上豐水縣，所謂清泉湧沸，潤氣上流者也。

解讀

這一段描述瞿堆，亦即《開山圖》所稱的仇夷。《注》文中的「高二十餘里」是從山下計算的里程，並非實際高度。「羊腸蟠道三十六回」，即是此「二十餘里」的來由。此地為武都郡，在今甘肅西和縣一帶，已非黃土高原。在地史發展中屬於一種稱為夷平面的地貌形態。《注》文用「絕壁峭峙，孤險雲高」描寫瞿堆這座山體，已經是絕妙文章。而對於其上「有平田百頃」的這個夷平面，《注》文以「望之形若覆唾壺」相比，真是維妙維肖。除了酈氏外，實在沒有別人寫得出來的。

擷英

《續漢書》曰：虞詡為武都太守，下辨東三十餘里有峽，峽中白水生大石，障塞水流，春夏輒濆溢，敗壞城郭。詡使燒石，以醯灌之，石皆碎裂，因鐫去焉，遂無泛溢之害。

解讀

這一段記敘武都郡守虞詡整治西漢水上流河道的方法，《注》文不過短短幾句，但實際上「詡使燒石，以醯灌之」，在礁石參錯的山區河道中，這是一種十分艱難的工程。虞詡之所以進行這種艱難的工程，實在是為了讓灘險水急的河流可以通航。同條《經》文下，另有一段《注》文說：

虞詡為郡，漕穀布在沮，從沮縣至下辨，山道險絕，水中多石，舟車不通，驢馬負運，僦五致一。詡乃于沮受僦直，約自致之，即將吏民按行，皆燒石櫼木，開漕船道，水運通利，歲省萬計，以其僦廩與吏士，年四十餘萬也。

虞詡的工程是為了使「驢馬負運」的困難運輸，改變為「水運通利」。這實在是一種了不起的成就。酈氏在《注》文上沒有額外表彰虞詡的話。但敘明事實，「歲省萬計」，這就是最大的表彰。

按虞詡，字升卿，東漢陳國武平（今河南柘城東南）人，曾官至尚書令。

卷二十一　汝水

擷英

（《經》汝水出河南梁縣勉鄉西天息山。）

余以永平中蒙除魯陽太守，會上臺下列《山川圖》，以方誌參差，遂令尋其源流，此等既非學徒，難以取悉，既在逕見，不容不述。今汝水西出魯陽縣之大盂山蒙柏谷，巖嶂深高，山岫邃密，石徑崎嶇，人迹裁交，西即盧氏界也。

解讀

這一段記敘酈氏在魯陽太守任上，親自查勘汝水的發源地的經過。《注》文中有「既在逕見」一語，就是他親自查勘的證據。「上臺下列《山川圖》」所指，當然不是《汝水圖》，而是一種區域較大的地圖，要有關地區的地方官查核。北魏的這種《山川圖》，《注》文沒有明敘，在中國地圖學史上，倒是一項值得研究的問題。此圖發到各有關地區核實，地方長官顯然不可能都像酈道元一樣，親自查勘，到蒙柏谷這樣「巖嶂深高，山岫邃密，石徑崎嶇，人迹裁交」的荒僻深山「訪瀆搜渠」，而是派幾個皂隸或其他人員「等因奉此」一番交差了事。像酈氏那樣地具有深厚探索自然的志趣和素養，當然是極少數。這從「方誌參差」一語中就可看出。這是現存古籍中第一次出現的「方誌」之名（卷二二〈渠水〉又出現「方志」一次）。說明當時各地已有方志的修纂，而「方誌參差」也說明了方志對各地山川的記述並不是完全經過實勘的。這段《注》文在「西即盧氏界也」以下還有文字記敘汝水從源頭流出以後的概況，也詳實細致。所以酈氏親勘汝源一段，可以說明《水經注》其書的價值。此外，《注》文中透露的《山川圖》和「方誌」，也都是古籍中所首見，都有研究意義。

擷英

（《經》又東南過定陵縣北。）

更始元年，王莽徵天下能為兵法者，選練武衛，招募猛士，旌旗輜重，千里不絕，又驅諸獷獸虎、豹、犀、象之屬以助威武，自秦漢，出師之盛，未嘗有也。世祖以數千兵徼之陽關，諸將見尋、邑兵盛，反走入昆陽。世祖乃使成國上公王鳳、廷尉大將軍王常留守，夜與十三騎出城南門，收兵于郾。尋、邑圍城數十重，雲車十餘丈，瞰臨城中，積弩亂發，矢下如雨。城中人負戶而汲，王鳳請降，不許，世祖帥營部俱進，頻破之，乘勝以敢死三千人，徑衝尋、邑兵，敗其中堅于是水之上，遂殺王尋。城中亦鼓譟而出，中外合勢，震呼動天地。會大雷風，屋瓦皆飛，莽兵大潰。

解讀

這一段記敘王莽地皇四年（西元二三年）的昆陽之戰。材料主要來自《漢書・王莽傳》，但經過酈氏加工，突出其戰役過程，使讀者如身臨其境。也可以閉目凝神，描摹當時的拼死場景。酈氏行文，簡而又真，是其特技。昆陽之戰是漢光武帝擊潰王莽主力之戰，此戰結束，王莽從此敗亡，故酈氏著意記敘。昆陽在今河南葉縣，以位於昆水之陽而得名。

擷英

（《經》南入于淮。）

所謂汝口，側水有汝口戍，淮、汝之交會也。

解讀

汝水即今汝河，《水經注》以此水單獨成卷，因為汝水在古代是單獨入淮的淮水一級支流。當時，汝水從汝口入淮，《注》文雖短短幾句，已經說明清楚。由於古今河道播遷，《水經注》記敘的汝水與今汝河流路已不一致。今汝河是潁河的支流之一，分南北兩支，北汝河在河南商水附近注入潁河，南汝河在河南新蔡附近注入洪河，已退居為淮河的二級支流了。

卷二十二 潁水 洧水 潩水 澮水 渠沙水

擷英

（潁水《經》又東南過潁陽縣西，又東南過潁陰縣西南。）

《魏書・國志》曰：文帝以漢獻帝延康元年，行至曲蠡，登壇受禪于是地，改元黃初。其年，以潁陰之繁陽亭為繁昌縣。城內有三臺，時人謂之繁昌臺。壇前有二碑，昔魏文帝受禪于此。自壇而降曰：舜、禹之事，吾知之矣。

解讀

曹氏篡劉，「自壇而降曰：『舜、禹之事，吾知之矣』」，後來司馬氏篡曹，《三國演義》所謂「再受禪，依樣葫蘆」，現代話稱為「不流血的政變」。中國因為有儒家編造的君王禪讓故事，以後的野心家如曹氏和司馬氏就都加以利用。儒家的禪讓故事當然始於春秋，因為西周和列國都是世襲之制，儒家們為此託古而編造堯、舜、禹的禪讓美德。按照他們的思路，禹傳位於啟的這種家天下局面，實在也非禹的旨意。《孟子・萬章上》：

禹薦益于天。七年，禹崩。三年之喪畢，益避禹之子于箕山之陰。朝覲訟獄者，不之益而之啟，曰：吾君之子也；謳歌者，不謳歌益而謳歌啟，曰：「吾君之子也。」……舜、禹、益，相去久遠，其子賢不肖，皆天也，非人之所能為也。

太史公在《史記．夏本紀》中亦云禹：「以天下授益，三年之喪畢，益讓帝禹之子啟，而辟居箕山之陽，禹子啟賢，天下屬意焉。」所以禹並不想行家天下之事，原來也是效法堯舜，要禪位於益的。啟接帝位，實為老百姓的擁戴。儒家們的著述，由於當時還沒有一個通一口徑的領導機構，所以除了根本上一致外，其他文字常有牴牾之處。例如孟子說益躲啟在箕山的北面，而太史公卻說他躲在南面。益或許是躲避過啟的。因為到晉朝才在地下發掘出來的《竹書紀年》並不與儒家有過瓜葛，而明明白白地記下了事實：「益干啟政，啟殺之。」儒家們渲染的禪讓，原來如此。應該承認儒學在華夏文化中確起了長遠和重要的作用，他們的觀點學說是附合中國國情的。當然，如上所說的如「山陰」、「山陽」一類的沒有通一口徑的差錯是不少的，最顯著的莫過於對禹治水故事中的公而忘私的記敘。孟子說他八年於外，三過其家不入。而太史公則說他十三年於外。前蘇聯和其他社會主義國在經濟建設中都採用所謂「五年計畫」，孟子與司馬遷對禹的這種公而忘私精神的記敘，差距正也是一個「五年計畫」呢。

再說「禪讓」，古今中外，沒有哪一個封建帝皇和現代獨裁者，不想在自己歸天後讓兒子當接班人的。劉備只有一個蠢兒子阿斗，卻仍然不忘在白帝城「託孤」。除非是沒有兒子或雖有兒子而痴呆到連阿斗也不如。在現代獨裁制度的地方，慈父傳嫡的現成例子還照樣存在。而且知父莫如子，其所作所為也仍照慈父之樣，彎作強幹，置老百姓生活於不顧。中國儒家們提出「禪讓」理想，其實也說明了儒學的偉大。

擷英

（洧水《經》洧水出河南密縣西南馬領山。）

（洧水）東南流，逕漢弘農太守張伯雅墓，塋域四周，壘石為垣，隅阿相降，列于綏水之陰。庚門表二石闕，夾對石獸于闕下。冢前有石廟，列植三碑，碑云：德字伯雅，河南密人也。碑側樹兩石人，有數石柱及諸石獸矣。舊引綏水南入塋域，而為池沼。沼在丑地，皆蟾蜍吐水，石隍承溜。池之南，又建石樓、石廟，前又翼列諸獸，但物謝時淪，凋毀殆盡，夫富而非義，比之浮雲，況復此乎？王孫、士安，斯為達矣。

解讀

從墓碑上看，僅知張伯雅其名叫德，是個名不見經傳的小人物，為官也不過州郡，卻造得起如此規模的大墳墓。《注》文把這座墳墓記敘得如此詳細，顯然是有用意的，是為了更有力地揭露這個為官不仁而死求大排場的匹夫。「富而非義，比之浮雲，況復此乎？」說盡了古往今來的無恥厚葬者的遺臭後世，而他所表揚的王孫、士安，前者見《後漢書・楊王孫傳》，後者見《晉書・皇甫謐傳》，都是薄葬的倡導者，所以酈氏稱讚他們：「斯為達矣」。

擷英

（《經》東南過其縣南。）

今（密）縣城東門南側，有漢密令卓茂祠。茂字子康，南陽宛人，溫仁寬雅，恭而有禮。人有認其馬者，茂與之曰：若非公馬，幸至丞相府歸我。遂挽車而去，後馬主得馬，謝而還之。任漢黃門郎，遷密令，舉善而教，口無惡言，教化大行，道不拾遺，蝗不入境。百姓為之立祠，享祀不輟矣。

解讀

卓茂是後漢初大臣，光武帝曾授以太傅，封褒德侯。從《注》文記及的「認馬」一事中，可以看出，他一點沒有官氣。就憑這一點，古今多少為官者都是很難做到的。酈道元撰《水經注》，從來是好官必記，從存史、資治、教化的價值評論，《水經注》比不少正史在這方面都更有意義。

擷英

（《經》又東南過長社縣北。）

其瀆中濊泉南注，東轉為淵，綠水平潭，清潔澄深，俯視游魚，類若乘空矣，所謂淵無潛鱗也。

解讀

《水經注》描寫水色清澈的文字不少，其中最引人入勝的除了這一段以外，卷三十七〈夷水〉及〈澧水〉兩篇中也都有類似的文章。柳宗元的《永州八記》中曾摹仿了酈氏的筆法，所以明末人張岱有「太上酈道元，其次柳子厚」的評論。

擷英

（渠水《經》渠出滎陽北河，東南過中牟縣之北。）

歷中牟縣之圃田澤，北與陽武分水。澤多麻黃草，故《述征記》曰：踐縣境便睹斯卉，窮則知逾界。

解讀

麻黃草（Ephedra Sinica），為麻黃科小灌木，枝叢生，葉呈鱗片形，在節上對生成鞘狀，可入藥。《注》文引《述征記》的話，符合現代植物學原理，說明麻黃草是當地植物群落中的建群植物。所以「窮則知逾界」。

擷英

（圃田）澤在中牟縣西，西限長城，東極官渡，北佩渠水，東西四十許里，南北二十許里，中有沙岡，上下二十四浦，津流逕通，淵潭相接，各有名焉：有大漸、小漸、大灰、小灰、義魯、練秋、大白楊、小白楊、散赫、禺中、羊圈、大鵠、小鵠、龍澤、蜜羅、大哀、小哀、大長、小長、大縮、小縮、伯丘、大蓋、牛眼等。浦水盛則北注，渠溢則南播。

解讀

《注》文記敘的圃田澤，是自然地理學中湖泊沼澤化的典型例子。任何湖泊，假使沒有人為因素，其自然發展的過程都是從形成、淤淺而最後湮廢消失，這種自然過程在自然地理學上稱為「沼澤化」。中國古代原來有許多大小不同的湖泊，《禹貢》、《職方》、《爾雅》三書中記載的著名大湖就有十九處之多，以後都循沼澤化的規律湮廢。以《禹貢》所記為例，在十處大湖之中，至今尚部分存在的只有彭蠡（今鄱陽湖）、震澤（今太湖）、雲夢（今洞庭湖）等處，而面積都已縮小，今非昔比了。《注》文記敘的圃田澤，原是《職方》所記的十一處大湖之一，但到了北魏時代，已經逐漸湮廢，分裂成為二十多處小湖，以後這些小湖也都先後湮廢，這個「東西四十許里，南北二十許里」的圃田澤，就完全消失，成為一個歷史地名了。湖泊是積儲淡水資源的重要自然地理事物，所以必須保護，抑制其沼澤化的進程。至於這半個世紀來的人為墾殖，圍湖面為耕地，這是一種自上到下的極端無知的行為，是官民素質低劣的一個方面，實在令人憂慮。

擷英

漢和帝時，右扶風魯恭，字仲康，以太尉掾遷中牟令，政專德化，不任刑罰，吏民敬信，蝗不入境。河南尹袁安疑不實，使部掾肥親按行之，恭隨親行阡陌，坐桑樹下，雉止其旁。有小兒，親曰：兒何不擊雉？曰：將雛。親起曰：蟲不入境，一異；化及鳥獸，二異；豎子懷仁，三異。久留非優賢，請還。是年，嘉禾生縣庭，安美其治，以狀上之，徵博士侍中。車駕每出，恭常陪乘，上顧問民政，無所隱諱，故能遺愛，自古祠享來今矣。

解讀

這一段《注》文是從「中牟宰魯恭祠」寫起的（文從略），酈氏的主旨在表揚一位好官，如前面一樣，凡是好官循吏，為民造福的，他都是記敘無遺。而這一段之異於其他之處，是上級懷疑道路傳說，從當今來說，一個政績平平，甚至劣跡昭彰的貪官汙吏，以各種手段美化自己成為一位模範幹部的比比皆是。所以河南尹袁安的懷疑，雖在古代，也不為過。而派親到縣中查訪考核，並無設宴接風之類，而是由魯恭陪同到民間實訪。不過三件一般的現象，查訪者就肯定了魯恭為政的優異。所以這段《注》文，雖然主角是魯恭，但酈氏筆下實際上也表彰了這位查訪考核者親。此二人都是值得存史的好官。

這裡有一件事值得議論一下。中國古籍中在表彰一位地方循吏時，其政績中往往有「蝗不入境」一條。古代的蟲災之中，蝗災是一種波及面很大的災害，蝗蟲食禾，往往是鋪天蓋地而來，怎能避開吏治清明的縣邑呢？所以「蝗不入境」的話，有時常常成為一種地方官為政清明的套語。但另外也可以考慮的是，這也可能是地方官治蝗有方的結果。又，蝗蟲的滋生往往與乾旱相隨。所以蝗災常與旱災同時發生。地方官若能重視地方水利，也就能減少蝗災發生的機率。所以「蝗不入境」也不一定是地方吏治清明的套語。

擷英

（《經》又東至浚儀縣。）

（渠水）又東逕大梁城南，本《春秋》之陽武高陽鄉也，于戰國為大梁。……

（此下尚有一千三百餘字，從略。）

解讀

這一段記敘大梁城，《注》文長達一千四百言，是《水經注》全書中的長《注》之一。大梁城在歷史上經過多次播遷，但實則今河南開封，是中國歷史上的大古都之一。所以酈氏仍然著意用長文記敘。在今日研究古都歷史地理中，此篇仍是很有價值的資料。

卷二十三　陰溝水　汳水　獲水

擷英

（汳水《經》汳水出陰溝于浚儀縣北。）

汳水又東逕梁國睢陽縣故城北，而東歷襄鄉塢南。《續述征記》曰：西去夏侯塢二十里，東一里，即襄鄉浮圖也。汳水逕其南，漢熹平中某君所立。

解讀

這一段記及的「襄鄉浮圖」，有可能是一種小型的佛塔，所以值得研究。假使屬實，則是中國現存的最早建塔紀錄。塔是一種外來的建築形式，所以唐釋玄應《一切經音義・卷六》說：「『塔』字，諸書所無」；慧琳《音義・卷二十七》也說：「古書無『塔』字」，「塔」字是梵文Stupa的漢譯。慧琳《音義・卷十三》說：「窣覩波，上蘇沒反，古譯云藪斗婆，又云偷婆，或曰兜婆，曰塔婆，皆梵語訛轉不正也，此即如來舍利塼塔也」；但《大唐西域記・卷一》說：「窣堵波，所謂浮圖也」，所以「襄鄉浮圖」可能是塔。熹平是漢靈帝年號，為時在西元一七二年至一七八年。不過因為「浮圖」（「浮屠」）一詞，在中國古籍中有時也作寺廟之意，所以「襄鄉浮圖」究竟是塔抑是寺廟，《注》文並未詳釋，尚不能肯定。若此「浮圖」是塔，那就是中國現存古籍中所見的最早建塔紀錄。

擷英

（獲水《經》又東至彭城縣北，東入于泗。）

獲水自淨淨溝東逕阿育王寺北，或言楚王英所造，非所詳也。蓋遵育王之遺法，因以名焉。

解讀

阿育王是梵文 Ashoka 的漢譯，他是古代印度孔雀王朝之君，釋迦牟尼死後，他在印度華氏城舉行佛教大結集（時間一說在西元二三六年，又一說在西元二五三年），在佛教史上是一位大人物。既然其名為 Ashoka，漢譯阿育王，所以不能去「阿」而簡稱「育王」。此處或是酈氏偶失，也或是後傳鈔之訛。但現時也常有以「阿育王」簡稱為「育王」的，顯然不諳梵語的錯誤。梵語與巴利語可以省譯或簡譯，但不及人名。

卷二十四　睢水　瓠子河　汶水

擷英

（睢水《經》東過睢陽縣南。）

余按《漢書・梁孝王傳》稱：王以功親為大國，築東苑方三百里，廣睢陽城七十里，大治宮室，為複道，自宮連屬于平臺三十餘里，複道自宮東出楊之門。

……（此下尚有一千四百餘字，從略。）

解讀

這一段記敘睢陽城，全文約二千言，是《水經注》中的長《注》之一。睢陽即今河南商丘，是西周和春秋時代的宋國都城，以後一直是著名都城，到北宋時被定為南京，金破東京擄徽、欽而去，趙構（宋高宗）於建炎元年（西元一一二七年）在此即位，所以稱為南宋。酈氏以長《注》記敘此城，說明在北魏時，睢陽仍是一座規模宏大的都城，所以到北宋還能以此城為南京。所以這一篇在歷史城市地理研究中很有價值。

擷英

（瓠子河《經》瓠子河出東郡濮陽縣北河。）

元光三年，河水南泆，漂害民居。元封二年，上使汲仁、郭昌發卒數萬人，塞瓠子決河。于是上自萬里沙還，臨決河，沉白馬玉璧，令群臣將軍以下皆負薪填決河。上悼功之不成，乃作歌曰：瓠子決兮將奈何？浩浩洋洋慮殫為河，殫為河兮地不寧，功無已時兮吾山平，吾山平兮鉅野溢，魚沸鬱兮柏冬日。正道弛兮離常流，蛟龍騁兮放遠游，歸舊川兮神哉沛，不封禪兮安知外，皇謂河公兮何不仁，泛濫不止兮愁吾人，嚙桑浮兮淮泗滿，久不還兮水維緩。一曰：河湯湯兮激潺湲，北渡回兮迅流難，搴長茭兮湛美玉，河公許兮薪不屬，薪不屬兮衛人罪，燒蕭條兮噫乎何以禦水，隤竹林兮楗石菑，宣防塞兮萬福來。于是卒塞瓠子口，築宮于其上，名曰宣房宮，故亦謂瓠子堰為宣房堰，而水亦以瓠子受名焉。

解讀

這一段記敘西漢元光三年（西元前一三二年）黃河決口之災。河水決於瓠子，東南注入鉅野澤，並且殃及淮、泗。漢武帝親臨水災現場堵決，工程艱巨，他命令從臣凡位於將軍以下的，都參加堵決勞動，他則因有感而作〈瓠子歌〉。最後終於在宣房堵決成功，所以稱此堰為宣房堰，並在此築宣房宮。酈道元非常重視漢武帝的親臨現場，所以《注》文中全錄了他的〈瓠子歌〉。

司馬遷也是在現場參加堵決勞動的官員，對此極有感觸。所以在其後來撰寫的《史記》一百三十篇中，加上了《河渠書》專篇。他在篇末說：「甚哉，水之為利害也，余從負薪塞宣房，悲〈瓠子詩〉而作《河渠書》」。說明以後諸正史中的《河渠書》體例，是因司馬遷自己參加瓠子的堵決而創立的。《水經注》重視此事，原因也在於此。

《水經注》卷二十四、卷二十六各有〈汶水〉，是兩條不同的河流。

擷英

（《經》汶水出泰山萊蕪縣原山，西南過其縣南。）

《從征記》曰：汶水出（萊蕪）縣西南流，又言自入萊蕪谷，夾路連山百數里，水隍多行石澗中，出藥草，饒松柏，林藿綿濛，崖壁相望，或傾岑阻徑，或回巖絕谷，清風鳴條，山壑俱響，凌高降深，兼惴慄之懼，危溪斷徑，過懸度之艱。

解讀

這一段描寫發源處的自然景觀。「夾路連山百數里」，寫得維妙維肖，有聲有色。是一篇絕妙文章。前面已指出《水經注》中有同名異水的汶水兩條。而即在此同一條汶水中，《經》「屈從縣西南流」下又有稱為「牟汶」的。趙一清曾有〈五汶考〉一篇，附於《水經注釋》中，可以參閱。

擷英

(《經》屈從縣西南流。)

《馬第伯書》云：光武封泰山，第伯從登山，去平地二十里，南向極望，無不睹其為高也，如視浮雲；其峻也，石壁窅窱，如無道徑。遙望其人，或為白石，或雪，久之，白者移過乃知是人。仰視巖石松樹，鬱鬱蒼蒼，如在雲中，俯視溪谷，碌碌不可見丈尺。直上七里天門，仰視天門，如從穴中視天矣。

解讀

這一段描寫東嶽泰山，當然是一篇好文章。而特別值得重視的是，酈道元引用了《馬第伯書》。上世紀八十年代，天津教育出版社出版一套《古文選粹對譯叢書》，其中包括歷代遊記選粹，分朝代選譯，我為此叢書撰寫卷首〈總序〉，有一段提及《馬第伯書》：

先秦以後，遊記的數量和種類增加，除了那種內容虛構的遊記仍然存在外，由旅遊者按自己旅遊見聞寫作的第一手遊記和其他學者按他人旅遊的記錄或別的資料編寫而成的第二手遊記紛紛出現。這中間，馬第伯所寫的〈封禪儀記〉即是很著名的第一手遊記中的一篇。馬第伯隨侍漢光武帝封禪泰山，於建武三十二年(西元五六年)正月二十八日從洛陽宮出發，二月九日抵魯，十一日從奉高縣登山，生動而詳細地記載了泰山的風景。

這一段酈引〈封禪儀記〉中的一小段。這是中國最早的第一手遊記之一。其生動真實，自不待言。東嶽名山，古人記敘甚多，而酈道元得此書而引之，其引書的慎重，確實令人欽佩。

卷二十五 泗水 沂水 洙水

擷英

（泗水《經》泗水出魯卞縣北山。）

《地理志》曰：出濟陰乘氏縣。又云：出卞縣北。《經》言北山，皆為非矣。《山海經》曰：泗水出魯東北。余昔因公事，沿歷徐、沇，路逕洙、泗，因令尋其源流。水出卞縣故城東南桃墟西北。

解讀

泗水是古代今山東境內的一條著名河流，它是淮河下游最長的支流。後來山東境內開鑿運河，泗水是運河的重要水源。今魯南、蘇北的所謂「南四湖」（南陽湖、獨山湖、昭陽湖、微山湖），即是因為金章宗昌明五年（西元一一九四年），黃河在陽武決口，奪泗注淮入海，泗水的流路受阻而形成的，現在成為這個地區的重要水源。但對於泗水的源頭，酈道元所見的幾種文獻，說法都不相同。《漢書・地理志》說它發源於乘氏縣（今山東菏澤附近），《水經》說它發源於卞縣（今山東泗水一帶）北山，《山海經》說它發源於魯（今山東曲阜）東北。酈道元在舟車勞頓的旅程之中，仍然不辭辛勞的進行野外地理考察工作，實地查勘了泗水的上源，以他親眼所見的事實，糾正了各種文獻中長期訛傳而相互牴牾的說法。「訪瀆搜渠，緝而綴之」，他在序中的話，其實就是他的田野工作的體會。

擷英

（《經》西南過魯縣北。）

夫子教于洙、泗之間，今于城北二水之中，即夫子領徒之所也。……《說題辭》曰：孔子卒，以所受黃玉葬魯城北，即子貢廬墓處也。譙周云：孔子死後，魯人就冢次而居者，百有餘家，命曰孔里。《孔叢》曰：夫子墓塋方一里，在魯城北六里泗水上，諸孔氏封五十餘所，人名昭穆，不可復識，有銘碑三所，獸碣具存。《皇覽》曰：弟子各以四方奇木來植，故多諸異樹，不生棘木、刺草，今則無復遺條矣。

解讀

這段《注》文長達一千九百言，以泗水為脈絡，因「夫子教于洙、泗之間」而詳敘孔宅、孔廟、孔子墓塋、孔里，引及儒家著作十餘種，酈氏家族世代尊孔崇儒，〈泗水〉篇中以孔子故里為記敘重點，這是理所當然。以這段《注》文與今日曲阜作比較研究，則河川的變遷，宅廟墓塋等的布局差異，對儒學和孔子研究者，不失為一個很有價值的課題。

擷英

永平中，鍾離意為魯相，到官，出私錢萬三千文，付戶曹孔訢，治夫子車，身入廟，拭几席，劍履。男子張伯除堂下草，土中得玉璧七枚，伯懷其一，以六枚白意。意令主簿安置几前。孔子寢堂床首有懸甕，意召孔訢問：何等甕也？對曰：夫子甕也，背有丹書，人勿敢發也。意曰：夫子聖人，所以遺甕，欲以懸示後賢耳。發之，中得素書。文曰：後世修吾書，董仲舒；護吾車、拭吾履、發吾笥，會稽鍾離意；璧有七，張伯藏其一。意即召問伯，果服焉。

解讀

從寢堂懸甕到草中埋璧，當然都是鍾離意事前的布置，助手就是戶曹孔訢。鍾離意當然也是尊孔崇儒的，難得而獲為魯相的機遇，竟想趁此抬高自己。以萬三千文私錢的代價，試圖與董仲舒齊名，實在是過於高攀了。張伯藏璧之事，或許也是事前的安排，其意也是為了讓孔子的「素書」傳得更神乎其神。酈道元在《注》文中幾次說過「神道茫昧」的話，而在此居然把鍾離意的故事寫入《注》文，顯然也是因為他的尊孔崇儒觀念所致。

擷英

（《經》又東過沛縣東。）

泗水又南逕宋大夫桓魋冢西，山枕泗水，西上盡石，鑿而為冢，今人謂之石郭者也。郭有二重，石作工巧。夫子以為不如死之速朽也。

解讀

桓魋是春秋宋國大司馬，孔子去曹適宋，桓魋因憎惡孔子，曾揚言要殺孔子。孔子於是改裝繞道過宋。《注》文所引孔子語，出於《禮記・檀弓上》。酈道元寫這一段，仍是他鞭撻厚葬之意。

擷英

（《經》又東南過彭城縣東北。）

泗水西有龍華寺，是沙門釋法顯遠出西域，浮海東還，持《龍華圖》，首創此制，法流中夏，自法顯始也。

解讀

卷十六〈穀水〉在《經》文「又東過河南縣北，東南入于洛」下，《注》文記敘了白馬寺：穀水又東南逕白馬寺東，昔漢明帝夢見大人，金色，項佩白光。以問群臣，或對曰：「西方有神名曰佛，形如陛下所夢，得無是乎？」于是發使天竺，寫致經像，始以榆欓盛經，白馬負圖，表之中夏。故以白馬為寺名。此榆欓後移在城內愍懷太子浮圖中，近世復遷此寺，然金光流照，法輪東轉，創自此矣。

但此處又說：「法流中夏，自法顯始也」。兩說似乎矛盾。不過佛教傳入中國，其實不僅早於法顯，而且早於漢明帝。《史記．秦始皇本紀》所記秦始皇三十三年下有「禁不得祠」之語。此「不得」實為梵語 Buddha 的音譯，在中國古籍中，尚有步他、復豆、勃陀、佛陀等多種譯法。所以佛教其實在秦時已經傳入，而是為秦始皇所禁制的。否則，〈穀水〉篇中「西方有神名曰佛，形如陛下所夢，得無是乎」的話從何而來？

擷英

（《經》又東南過呂縣南。）

泗水之上有石梁焉，故曰呂梁也。昔宋景公以弓工之弓彎弧東射，矢集彭城之東，飲羽于石梁，即斯梁也。懸濤漰渀，實為泗險，孔子所謂魚鼈不能游。又云，懸水三十仞，流沫九十里，今則不能也。蓋惟嶽之喻，未便極天，明矣。

解讀

這一段記敘呂梁山下的瀑布呂梁洪。在古代，這是一處落差較大的瀑布。但從自然地理學研究，河流都有一種溯源侵蝕的現象，這種現象可以造成瀑布的退縮，終至成為急灘而消失。據史念海先生的研究，著名的孟門瀑布（壺口瀑布）現在的位置已較《水經注》時代北移了五千公尺，壺口的位置平均每年北移超過三公尺。卷四十〈漸江水〉篇中的蘇姥布瀑布，《注》文記載「水懸百餘丈」，但到了明朝末葉，據天啟《衢州府志・卷一》所載，已經成為一個急灘。呂梁瀑布的變遷過程也是這樣，酈氏時代，實際上已較古代縮小。到了明嘉靖二十三年（西元一五四四年），因為已經成為一個灘險，鑿平已經不難，所以管河主事陳洪範為了便利交通而將其鑿平，從此就不復存在。這段《注》文中所引孔子的話，見《列子・說符》。

擷英

（沂水《經》沂水出泰山蓋縣艾山。）

沂水又南逕爆山西，山有二峰，相去一里，雙巒齊秀，圓峙若一。

解讀

《水經注》描寫有兩座山峰毗連的山岳，前面如鵜鶘山等已有幾處，酈氏都是按實際形態作出不同的生動記敘。對於爆山的這兩座山峰，在自然界其實是常見的，即二峰十分相似。酈氏用了「雙巒齊秀，圓峙若一」描寫這種常見的山巒景色，說明對於描寫自然風景，他確實名不虛傳。

擷英

（《經》又東過襄賁縣東，屈從縣南西流，又屈南過郯縣西。）

《竹書紀年》晉烈公四年，越子朱句滅郯，以郯子鴣歸。

解讀

越王句踐在滅吳後北遷瑯琊之事，《越絕書》與《吳越春秋》等均有記載。但近年已有學者提出懷疑，認為並無北遷之事。酈氏從《竹書紀年》引此一條，對句踐北遷增加了論據。此處《殿本》所作「末句」，按各本及其他古籍當作「朱句」。

卷二十六　沭水　巨洋水　淄水　汶水　濰水　膠水

擷英

（沭水《經》又東南過莒縣東。）

《列女傳》曰：齊人杞梁殖襲莒戰死，其妻將赴之，道逢齊莊公，公將吊之，杞梁妻曰：如殖死有罪，君何辱命焉；如殖無罪，有先人之敝廬在，下妾不敢與郊吊。公旋車吊諸室，妻乃哭于城下，七日而城崩。故《琴操》云：殖死，妻援琴作歌曰：樂莫樂兮新相知，悲莫悲兮生別離。哀感皇天，城為之墮，即是城也。

解讀

這一段所引《列女傳》杞梁殖妻哭城而城崩的故事，很可能是從唐代開始在民間流行的孟姜女哭長城的故事的原版。傳說中的孟姜女之夫萬（范）喜良，「喜良」與「杞梁」諧音，因而有這種移花接木的傳說，而且在民間流行廣泛，持續長久，並有許多添枝加葉的內容。《琴操》

中的歌詞，也改成孟姜女的哭詞，內容通俗，有裨於到處演唱。這說明秦始皇築長城之事，如卷三〈河水〉引楊泉〈物理論〉民歌，在民間是長期受到譴責的。

擷英

（巨洋水《經》又北過臨朐縣東。）

巨洋水自朱虛北入臨朐縣，熏冶泉水注之，水出西溪，飛泉側瀨于窮坎之下。泉溪之上，源麓之側有一祠，目之為冶泉祠。……水色澄明而清泠特異，淵無潛石，淺鏤沙文，中有古壇，參差相對，後人微加功飾，以為嬉游之處，南北邃岸凌空，疏木交合。先公以太和中作鎮海岱，余總角之年，侍節東州，至若炎夏火流，閒居倦想，提琴命友，嬉娛永日，桂筍尋波，輕林委浪，琴歌既洽，歡情亦暢，是焉棲寄，實可憑衿。小東有一湖，佳饒鮮筍，匪直芳齊芍藥，實亦潔并飛鱗，其水東北流入巨洋，謂之熏冶泉。

解讀

卷十二〈巨馬水〉篇中，酈氏記敘了他的家鄉。但《注》文所敘只是當地的自然風景，並未涉及他個人在這個地方的活動和對這種美景的享受，文章雖好，但記敘是靜態的。這說明他在家鄉時還是一個幼兒，以後除了回憶以外就別無可記。但他隨父在臨朐時已經是一個少年，所以《注》文不僅有對當地自然風景的描寫，也有他在這種優美的自然環境中的活動：「提琴命友，嬉娛永日」，「琴歌既洽，歡情亦暢」。所以雖然是一處不大的熏冶泉和一個小小的池沼，在他的筆下，卻寫得栩栩如生，是一種動態的記敘。是全書中回憶他幼時的好文章。這段《注》文中有「余總角之年，侍節東州」一語，以後的不少學者，都以「總角」一詞推算酈道元的年齡，甚至《水經注》的成書年代。這其實是很不得已的方法，由此作出的推論也是不正確的。因為「總角」一詞，並無數量概念。此詞在古籍中最早見於《詩經》和《禮記》。《詩・衛風・氓》：「總角之宴，言笑晏晏」；《詩・齊風・甫田》：「婉兮孌兮，總角丱兮」，《鄭箋》作「收髮結之」；《禮記・內則》：「男女未冠笄者，雞初鳴，咸盥漱、櫛、縰、拂髦、總角、衿纓」，《鄭箋》：「總角，聚兩髦也」。所以後來的酈學家用「總角」推算酈氏其人其書的年代，實在是不得已而為之。不過從《注》文中的「提琴命友」等字句可知，酈氏在當時已屆少年時代。

擷英

（淄水《經》又東過利縣東。）

淄水自縣東北流，逕東安平城北，又東逕巨淀縣故城南……孔子曰：淄澠之水合，易牙嚐而知之，謂斯水矣。

解讀

這一篇《注》文長達三千言，是《水經注》中的長《注》之一。其所以要作這樣的長《注》，因為文中記及齊城和稷下。齊城是從西周以至春秋、戰國的齊國國都，即臨淄城。齊是當時大國，齊城是當時名城。稷下是齊城南首門稷門附近地區，是齊城的文化中心。戰國時百家爭鳴，這裡是各學派的薈萃之地，「稷下」一名長期來代表中國的傳統學術和文化，這一篇長《注》，其意就在於此。

擷英

余生長東齊，極游其下，于中闊絕，乃積綿載，後因王事，復出海岱，郭金、紫惠，同石井賦詩言意，彌日嬉娛，尤慰羈心，但恨此水時有通塞耳。

解讀

在同一卷中，〈巨洋水〉和〈淄水〉兩篇中都記及東齊，說明他對這個少年時代居住過的地方的鄉土之情。這一段所敘，他已身為北魏命官，是因公事來到這裡的，與〈巨洋水〉篇中少年時代已經不同，那時是「提琴命友」，這次則是「賦詩」了。郭金、紫惠當是他少年時代的「提琴」朋友，現在則是相互「賦詩」了。從最後一句「但恨此水時有通塞耳」，說明他已經注意河川水利之事，可能已在為《水經》作《注》了。

擷英

（膠水《經》膠水出黔陬縣膠山，北過其縣西。）

《齊記》曰：膠水出五弩山，蓋膠山之殊名也。……《地理志》，琅琊有柜縣，柜艾水出焉，東入海，即斯水也。

解讀

這一段《注》文引及幾種古籍，由於地理位置偏僻，地形複雜，所以提了膠水和其他幾種名稱，實際上沒有把膠水說清楚。這個地區河川較多，除了膠水以外，其他大川還有沽河。元朝南糧北運主要依靠海運，為了希望在海運中避開山東半島東端的成山角之險，曾於至正年間（西元一二八〇年—一二八五年）利用膠水和沽河開鑿所謂膠萊運河（由膠州、萊州二地得名），但終因地形複雜，中間又有分水嶺之阻，以致工程半途而廢，不獲成功。

卷二十七　沔水

擷英

（《經》沔水出武都沮縣東狼谷中。）

亮薨，百姓野祭，步兵校尉習隆，中書郎向充共表云：臣聞周人思召伯之德，甘棠為之不伐，越王懷范蠡之功，鑄金以存其像。亮德軌遐邇，勛蓋來世，王室之不壞，實賴斯人，而使百姓巷祭，戎夷野祀，非所以存德念功，追述在昔者也。

解讀

這一段是諸葛亮死後步兵校尉習隆和中書郎向充的表文，除此處所錄者外，下面還有一大段。孔明的這兩位部下在當時上此表是理所當然的。但酈氏將此表錄入《注》中，說明直到南北朝，以漢為正統的意識，特別是像酈氏這樣的崇儒家族中，仍然還根深蒂固。

擷英

諸葛亮〈與兄瑾書〉云：前趙子龍退軍，燒壞赤崖以北閣道，緣谷百餘里，其閣梁一頭入山腹，其一頭立柱于水中，今水大而急，不得安柱，此其窮極，不可強也。又云：頃大水暴出，赤崖以南橋閣悉壞，時趙子龍與鄧伯苗，一戍赤崖屯田，一戍赤崖口，但得緣崖與伯苗相聞而已。後諸葛亮死于五丈原，魏延先退而焚之，謂是道也。自後按舊修路者，悉無復水中柱，逕涉者浮梁振動，無不摇心眩目也。

解讀

這段《注》文錄於諸葛亮〈與兄瑾書〉。此上還有一段是：「(褒)水西北出衙嶺山，東南逕大石門，歷故棧道下谷，俗謂千梁無柱也。」所以《注》文所記敘的，就是棧道。棧道是古代溝通陝、川、甘各省群山間的沿山險路，又稱閣道或複道。「棧」字從「木」，說明這種道路依靠木柱而建。是在沿山的巖壁上鑿石穿梁而修成的道路。其中著名的如金牛道(又稱石牛道)，從今陝西勉縣向西南伸展，翻越七盤嶺入蜀，經朝天驛到劍門關，是古代從漢中入蜀的要道。諸葛亮與其兄所述的，即是此道的一段，即所謂「千梁無柱」。這是因為棧道闢在懸崖峭壁上，與山坡或山下溪澗河流的距離甚為懸殊，所以無法立柱支撐。在這種情況下，插入巖石中的木梁，必須盡可能地深插於巖石之中，以增加其牢固程度，工程量的巨大，可以想見。直到唐代，李白仍有〈蜀道難〉之詩：「難於上青天」。或許可以說明，這種「千梁無柱」的棧道建築，到唐代仍然存在。

擷英

（《經》又東過成固縣南，又東過魏興安陽縣南，涔水出自旱山北注之。）

漢水又東合蘧蒢溪口，水北出就谷，在長安西南，其水南流逕巴溪戍西，又南逕陽都坂東，坂自上及下，盤折十九曲，西連寒泉嶺。《漢中記》曰：自西城涉黃金峭、寒泉嶺、陽都坂，峻崿百重，絕壁萬尋，既造其峰，謂已逾崧、岱，復瞻前嶺，又倍過之。言陟羊腸，超煙雲之際，顧看向塗，杳然有不測之險。山豐野牛、野羊，騰巖越嶺，馳走若飛，觸突樹木，十圍皆倒，山殫艮阻，地窮坎勢矣。

解讀

這一段《注》文記敘的地區即今秦嶺，是一篇描寫山重水複的絕佳文章。所據《漢中記》一書，未見任何著錄，亦不知撰者和撰寫年代，除《水經注》外，《輿地紀勝》卷一百八十三、卷一百九十尚有引及，說明宋時還有傳本。估計作者一定親歷過這個地區，否則憑道聽途說決不能寫出這般文章。酈氏在〈漾水〉篇中已經引及，而此處所引一段，更是神妙之筆。如此文章能留在酈氏書中，也是作者之幸。

擷英

（《經》又東過西城縣南。）

漢水右對月谷口，山有坂月川，于中黃壤沃衍，而桑麻列植，佳饒水田。故孟達《與諸葛亮書》，善其川土沃美也。

解讀

此句孫星衍校本刪「山」字，改作「有月坂，有月川」，此改也不無道理。案《諸葛忠武侯集》附錄卷一收入〈孟達與諸葛丞相書〉及〈又與諸葛亮書〉各一，但均無此《注》文中語，故此《注》可補其缺。

卷二十八 沔水

擷英

（《經》又東過堵陽縣，堵水出自上粉縣，北流注之。）

魏文帝合房陵、上庸、西城，立以為新城郡，以孟達為太守，治房陵故縣。有粉水，縣居其上，故曰上粉縣也。

解讀

上粉縣，正史無記。但《注》文記之甚明，以粉水而名縣，縣名淵源亦不謬。正史失記縣名不少，《水經注》往往可補正史之缺。

擷英

（《經》又東北流，又屈東南，過武當縣東北。）

沔水又東逕龍巢山下，山在沔水中，高十五丈，廣圓一里二百三十步，山形峻峭，其上秀林茂木，隆冬不凋。

解讀

《水經注》有不少植物地理資料，包括植物分布的區界。此處《注》文「其上秀林茂木，隆冬不凋」，說明沔水到了武當山地區，植物群落已經出現了常綠植物林。

擷英

（《經》又東過穀城東，又南過陰縣之西。）

（陰）縣令濟南劉熹，字德怡，魏時宰縣，雅好博古，教學立碑，載生徒百有餘人，不終業而夭者，因葬其地，號曰生墳。

解讀

一位區區縣令，生徒也不過百餘人，但酈氏仍以之入《注》，他的尊師重教觀念，處處可見。

擷英

（《經》又東北過山都縣東北。）

沔水又東偏淺，冬月可涉渡，謂之交湖，兵戎之交，多自此濟。

解讀

《水經注》是一部多學科都有參考價值的古籍，各取所需，從中擷取各自所需要的資料。這幾句是有關歷史上沔水河床情況的例子，對研究沔水河床變遷者是很有用的資料。

擷英

沔水又東逕隆中，歷孔明舊宅北，亮語劉禪云：先帝三顧臣于草廬之中，咨臣以當世之事，即此宅也。

解讀

〈前出師表〉：「先帝不以臣卑鄙，猥自枉屈，三顧臣於草廬之中。」《注》文所引實即此文中語。當時，諸葛亮年僅二十七，而劉、關、張俱已四十以上之人。難怪後來羅貫中寫《三國演義》，要添枝加葉，插上關、張二人對劉備「猥自枉屈」的許多不理解、不耐煩故事。劉備如此三顧茅廬，而對方無非是一位年輕人。選賢與能，不能不佩服此人在這方面的識力。與北魏、東吳相比，西蜀是實力最弱的一方，劉備的三顧茅廬，或許是他能鼎立於二強之中的關鍵。

擷英

（《經》又東過襄陽縣北。）

山下潭中有杜元凱碑，元凱好尚後名，作兩碑并述己功，一碑沉之峴山水中，一碑下之于此潭，曰：百年以後，何知不深谷為陵也。

解讀

古今許多人都有好名的欲望，這一段記敘杜預（元凱）好名的獨特事例，刊碑而又沉碑，用心良苦。不過杜預實在是應該留名而實際上也是名垂後世的。他是晉朝的開國功臣，文治武功甚著，而這其實並非他名垂後世的原因，他之所以為後世人所推崇，主要是因為他在歷史學研究上的貢獻。因為他寫過《春秋左氏經傳集解》、《春秋釋例》、《春秋長例》等專著，這些專著，從他的研究經歷可以證明，都是他自己的著作，不是什麼祕書或寫作班子作槍手的東西。其中特別是《集解》，是歷來解釋《左傳》的權威著作，直到今天，出版界還在重印，所以他是以做學問而傳名的。不像現在的有些人物，也一心希望留名後世。於是，由祕書或寫作班子作槍手的所謂「文集」、「論集」、「選集」之類，一代代地相繼出籠。另外是到處題字，造成環境汙染中的一種特殊的「摩崖汙染」。杜預的刊碑沉碑，對這些人是一種教訓。杜預的《集解》，對他們是一種啟示。可惜這些人大多不學無術，滿腦袋只有「經典教條」，真真做學問的事，他們永遠做不到。

擷英

（《經》又東過中廬縣東，維水自房陵縣維山東流注之。）

（疎）水中有物，如三四歲小兒，鱗甲如鯪鯉，射之不可入，七八月中，好在磧上自曝，膝頭似虎，掌爪常沒水中，出膝頭，小兒不知，欲取弄戲，便殺人。或曰，人有生得者，摘其皋厭，可小小使，名為水虎者也。

解讀

這段文字所記敘的地區在今漢水襄陽與宜城之間的河段中，疎口當在今小河鎮附近，地區範圍是明確的。《注》文著重於「水虎」一物，所記從「如三四歲小兒」到「掌爪常沒水中，出膝頭」一段，記載的分明是「揚子鱷」(Alligator Sinensis)，也就是在中國古書上稱為「鼉」，俗語稱為「豬婆龍」的動物。按照上述地區範圍來說，也是符合事實的。但後來地區範圍逐漸縮小，以安徽省長江沿岸為多。這是全世界唯中國獨有的珍稀動物，是當前國家公布的一類保護動物。今浙江長興，有這種動物的自然保護區，並有人工養殖場。揚子鱷是食肉爬行類動物，但卻並不是猛獸，平日只以魚、蛙、鼠等小動物為食物。《注》文所說的「小兒不知，欲取弄戲，便殺人」，這可能是小兒溺水的誤會，因為此物的形狀生得可怕，所以才造成「殺人」的誤會。揚子鱷與卷三十七〈淯水〉篇中的「鱷」都是爬行綱鱷目的動物，但〈淯水〉篇中所記的是馬來鱷 (Crocodilus Porosus)，那是一種兇猛的爬蟲類動物。唐韓愈在那裡做官，曾寫過一篇〈祭鱷魚文〉，說到這種動物「據處食民畜、熊、豕、鹿、獐，以肥其身」，這是與揚子鱷完全不同的。《注》文中「可小小使」一語很難解釋。《水經注箋》作「可以小使」，但同樣難解，當是傳鈔中造成的訛誤。

擷英

（《經》又東過荊城東。）

揚水又東北流，東得赤湖水口，湖周五十里，城下陂池，皆來會同。湖東北有大暑臺，高六丈餘，縱廣八尺，一名清暑臺，秀宇層明，通望周博，遊者登之，以暢遠情。

解讀

《水經注》記敘古代建築的臺不少，其中最著名的當然是卷十〈濁漳水〉篇中的鄴西三臺。但此外記及的臺，雖不如三臺的詳細，但往往也是寥寥幾筆，就寫出了臺的特色。例如卷十三〈㶟水〉篇中的白臺，《注》文只說了三句：「臺甚高廣，臺基四周列壁，閣道自內而升」。因為此臺是「國之圖籙祕籍，悉積其下」，具有特殊性質，所以要「四周列壁，閣道自內而升」。說明此臺是北魏的一個朝廷文獻庫房，不作遊覽觀賞之用。而此篇所記的大暑臺，文字亦不過「秀宇層明，通望周博」。說明此臺的視野甚廣，所以「游者登之，以暢遠情」。酈氏善於用簡短的語言，把事物和盤托出，這種寫作技巧，古來實不多見。

擷英

（《經》又南至江夏沙羨縣北，南入于江。）

庚仲雍曰：夏口亦曰沔口矣。《尚書・禹貢》云：漢水南至大別入江。……案《地說》言，漢水東行觸大別之阪，南與江合。

解讀

《經》文明明寫清，漢（沔）水到江夏沙羨縣注入大江。《注》文又列舉了幾種古籍，說明《經》文所敘不訛。既然「南入于江」，〈沔水〉一篇到此實已終結，以下應該是〈江水〉篇的內容了。但〈沔水〉卻還有一篇，記敘的其實是大江內容。而〈江水〉僅有三卷。所以全祖望認為〈江水〉在第三篇（卷三五）以下，必還有續篇，戴震也認為「自宋時已缺逸矣」。所以《水經注》在北宋初亡佚的五卷，決不僅僅是〈校上案語〉中所列舉的如〈滹沱水〉、〈涇水〉等數水而已。從沔水和江水的錯亂顛倒中，說明要讓這部殘籍回歸原貌已非可能。而退一步說，清初幾位悉心校勘的酈學大師，也應該值得稱道了。

卷二十九 沔水 潛水 湍水 均水 粉水 白水 比水

擷英

（沔水《經》沔水與江合流，又東過彭蠡澤。）

漢與江鬭，轉東成其澤矣。

解讀

《經》文明說「沔水與江合流」，但篇名仍是〈沔水〉，《注》文只好在「彭蠡澤」（今鄱陽湖）上作文章：「漢與江鬭，轉東成其澤矣。」酈道元或許明知所敘已是大江，但因篇名仍是〈沔水〉，所以只好點出「漢與江鬭」的話。實際上是說明，漢水已經注入大江了。所以今本已不足憑。

擷英

（《經》又東過牛渚縣南，又東至石城縣。）

《經》所謂石城縣者，即宣城郡之石城縣也。牛渚在姑熟、烏江兩縣界中，于石城東北減五百許里，安得逕牛渚而方居石城也。蓋《經》之謬誤也。

解讀

《經》文在這一句中提出了一個牛渚縣，因而引起了一場爭論。因為在正史中並無牛渚縣。《殿本》此處有戴震案語：「案牛渚乃山名，非縣名。」《水經注釋》趙一清說：「牛渚圻名，漢未嘗置縣也。」楊、熊《水經注疏》在此處也說：「《通典》當塗縣有牛渚圻；《地理通釋．二十》引《輿地志》，牛渚山北謂之采石。」清王鳴盛在《皇清經解．卷四〇六下．尚書後案》指出：「且牛渚下接縣南二字尤紊謬而酈亦不辨，蓋牛渚非縣，縣南上疑有脫文。」以上各家所言，牛渚山或牛渚圻確實存在，但各家所謂牛渚非縣，主要理由即趙一清所說：「漢未嘗置縣也」，也就是《漢書．地理志》無牛渚縣，《續漢書．郡國志》也無牛渚縣，而晉、宋、齊諸志同樣沒有牛渚縣的建置。不過綜觀《水經注》全書，《經》文如有錯誤，《注》文都隨即加以糾正。今《經》文稱牛渚縣，《注》文未加糾正，而卻說「牛渚在姑熟、烏江兩縣界中」。此處，《注》文提及的姑熟縣，同樣不見於兩《漢志》及晉、宋、齊諸志。由此可知，由於縣的數量極大，而且存廢無常，正史地理志遺漏的縣名為數不少。在《水經注》記及的縣名中，不見於正史地理志的甚多，例如卷十七〈渭水〉的《經》文「又東過獂道縣南」下，《注》文記及的武城縣，《漢書．地理志》及《魏書．地形志》都不見記載。但《注》文明說：「渭水又東逕武城縣西，武城川水入焉」。此外如卷二十八〈沔水〉和卷二十九〈粉水〉中的上粉縣，卷三十二〈夏水〉中的西戎縣，也都不見兩〈漢志〉及晉、宋、齊諸志。又如卷三十六〈沫水〉的靈道縣，卷三十七〈澧水〉中的潕陽縣，卷三十九〈贛水〉中的豫寧縣，《水經注》都記及了建縣年代，但這些晉代建置的縣都不見於《晉書・地理志》，足見各史《地理志》遺漏的縣名雖不多亦不少。《晉書・陶侃傳》言陶侃「領樅陽令」，但《地理志》中卻無樅陽縣名。以牛渚而論，《水經注疏》已言牛渚有城，而《通鑑地理通釋・卷十三》云：「孫皓時，以牛植為牛渚督。」又《通鑑地理通釋・卷一百・晉記二十二》穆帝永和十一年「鎮壽春」下胡注：「南渡初，祖逖以豫州刺史治蕪湖，永和元年，趙胤以豫州刺史治牛渚。」則牛渚在永和元年（西元三四五年）已經成為一個僑州的州治，則在南北朝時建縣實理所當然，故趙一清、戴震等人之說，無非按正史臆度，均不可信。

擷英

（《經》分為二，其一東北流，其一又過毗陵縣北，為北江。）

毗陵縣，會稽之屬縣也。丹徒縣北二百步有故城，本毗陵郡治也。舊去江三里，岸稍毀，遂至城下，城北有揚州刺史劉繇墓，淪于江，江即北江也。《經》書為北江則可，又言東至餘姚則非。考其逕流，知《經》之誤矣。

解讀

《經》、《注》作者都是北人，不了解南方河川，特別是他們都不敢背離經書。所以酈氏雖然在糾《經》文之謬時有其正確之處，但在「《經》書為北江則可」一語中，說明他也是按《禹貢》立言。《禹貢・揚州》有「三江既入」的話。其實此語與《禹貢・沇州》中的「九河既道」一樣，「三」與「九」只是多數之意，並非實數。「九河既道」是以多條河川描述河口三角洲的地理面貌。酈氏則沿襲舊說，在〈河水〉五中以徒駭、太史、馬頰、覆釜、胡蘇、簡、絜、句盤、鬲津九條河流，湊合「九」之數。而「三江既入」，由於《禹貢》中曾出現過「北江」、「中江」兩個地名，但與「三江」並不一定存在關係，《禹貢》也絕無作過這種解釋。而《漢書・地理志》認為北、中二江即《禹貢》「三江」中的兩江，於是又臆加「南江」一名，以湊合「三江」之數。所以《漢書・地理志》即以大江為「中江」，而大江以北和以南，就各有與大江平行的「北江」與「南江」兩條無中生有的河流。所以酈氏在糾《經》之謬時說了「《經》書為北江則可」的話。此卷《注》文中還有「江即北江也」，「江水自石城東逕吳國南為南江」等牽強附會的說話。就是因為《禹貢》有「三江」之文，又有「北江」、「中江」之名，而《漢書・地理志》又臆加「南江」。《水經》與《水經注》在這方面的訛誤都由此而來。

擷英

（《經》又東至會稽餘姚縣，東入于海。）

但東南地卑，萬流所湊，濤湖泛決，觸地成川，枝津交渠，世家分夥，故川舊瀆，難以取悉，雖麤依縣地，緝綜所纏，亦未必一得其實也。

解讀

酈道元足跡未到南方，所以在卷二十九〈沔水〉篇中出現了對東南河川的許多錯誤。受到明代南人黃宗羲在〈今水經序〉中的嚴厲批評：「以曹娥江為浦陽江，以姚江為大江之奇分，苕水出山陰縣，具區在餘姚縣，沔水至餘姚入海，皆錯誤之大者。」黃宗羲所指出的，確實是「皆錯誤之大者」，小的錯誤其實還有不少。不過酈氏畢竟與《漢書・地理志》及《水經》不同，雖然他也必須尊崇《禹貢》，但其實他明知「東南地卑」，這個地區河川紛歧，他儘管參考了許多文獻，但「亦未必一得其實也」。這一段話說明了他與前人不同的科學態度。

擷英

（潛水《經》潛水出巴郡宕渠縣。）

潛水，蓋漢水枝分潛出，故受其稱耳。

解讀

潛水一名，《禹貢・荊州》提及：「九江孔殷，沱、潛既道。」但《禹貢・梁州》也提及：「岷、嶓既藝，沱、潛既道。」則在今湖北和四川都各有一條沱水和潛水。不過《水經》說：「潛水出巴郡宕渠縣。」此縣在今渠縣東北，則此潛水當然在四川，是嘉陵江的支流之一。但《水經》的潛水與《水經注》的潛水又有所不同，因為《水經》既說「潛水出巴郡宕渠縣」，則此水當是古代的宕渠水，是嘉陵江的東支，今稱南江。《水經注》則說：「劉澄之稱白水入潛。然白水與羌水合入漢，是猶漢水也。」《注》文所說的白水為西漢水的支流，在今廣元縣以西注入西漢水；而《注》文所說的漢水，即西漢水。所以《注》文的潛水，是今嘉陵江的幹流。鄭德坤在上世紀三十年代已經注意到了這個問題，因此他在《重繪水經注圖．總圖部分》繪上兩條潛水，一條作「經潛水」，另一條作「注潛水」。

擷英

（湍水《經》湍水出酈縣北芬山，南流過其縣東，又南過冠軍縣東。）

（湍）水西有漢太尉長史邑人張敏碑，碑之西有魏征南軍司張詹墓，墓有碑，碑背刊云：白楸之棺，易朽之裳，銅鐵不入，丹器不藏，嗟矣後人，幸勿我傷。自後古墳舊冢，莫不夷毀，而是墓至元嘉初尚不見發。六年大水，蠻饑，始被發掘。說者言：初開，金銀銅錫之器，朱漆雕刻之飾爛然，有二朱漆棺，棺前垂竹簾，隱以金釘。墓不甚高，而內極寬大。虛設白楸之言，空負黃金之實，雖意錮南山，寧同壽乎？

解讀

酈道元反對厚葬，前已屢有所釋。而這個張詹不僅厚葬，而且還要刊碑欺騙後人。對酈氏來說，確實是撰文斥責的極好事例。「虛設白楸之言」下四句，真寫得入木三分。

擷英

（比水《經》比水出比陽東北太胡山，東南流過其縣南，泄水從南來注之。）

余以延昌四年，蒙除東荊州刺史，州治比陽縣故城。

解讀

這是《水經注》全書記敘的最後一個具體年代。北魏宣武帝延昌四年為西元五一五年，離酈氏遇害已僅十二年，所以這個年分在研究《水經注》的成書年代方面頗有價值，很受酈學家的重視。

卷三十 淮水

擷英

（《經》又東過新息縣南。）

潁陰劉陶為縣長，政化大行，道不拾遺，以病去官。童謠歌曰：悒然不樂，思我劉君，何時復來，安此下民。見思如此。

解讀

酈氏作《注》，對惡官是疾惡如仇，對好官是唯恐失記，而且常常用老百姓的褒讚作記，這一段是採錄了當時的童謠。酈氏自己則僅以「見思如此」四字表達其心情。

擷英

慎水又東流，積為燋陂，陂水又東南流為上慎陂，又東為中慎陂，又東南為下慎陂，皆為鴻郤陂水散流。其陂首受淮川，左結鴻陂。漢成帝時，翟方進奏毀之。建武中，汝南太守鄧晨欲修復之，知許偉君曉知水脈，召與議之。偉君言：成帝用方進言毀之，尋而夢上天，天帝怒曰：何敢敗我濯龍淵，是後民失其利。時有童謠曰：敗我陂，翟子威，反乎覆，陂當復，明府興，復廢業。童謠之言，將有徵矣。遂署都水掾，起塘四百餘里，百姓得其利。

解讀

酈道元在《水經注》中表彰好官甚多，而其中特別是興修水利的好官，因為這與他為《水經》作《注》本意一致。何況這一條事例中既有他要表彰的正面人物，又有他要鞭撻的反面人物，正是他渴求的材料。《注》文引及許偉君的夢，或許是假夢，也或許是真夢，因為他一直以興復湖陂而耿耿於懷，做這樣的夢，正是他日有所思的緣故。但童謠卻是真的，也是《注》文常常利用的勸善懲惡教材。

擷英

（《經》又東過壽春縣北，肥水從縣東北流注之。）

淮水東逕八公山北，山上有老子廟。

解讀

八公山是酈氏可以作一篇大文章的地方，卻以「山上有老子廟」一語輕輕帶過，頗令人不解。在卷三十二〈肥水〉篇《經》「北入于淮」下，《注》文有幾句話及此：「昔在晉世，謝玄北禦苻堅，祈八公山，及置陣于肥水之濱，堅望山上草木，咸為人狀，此即堅戰敗處。非八公之靈有助，蓋苻氏將亡之惑也。」篇在〈肥水〉而又對肥水之戰僅寥寥數語。酈氏對苻秦興亡的心態如何，頗不可解。

擷英

（《經》又東過當塗縣北，過水從西北來注之。）

余按《國語》曰：吳伐楚，墮會稽，獲骨焉，節專車。吳子使來聘且問之，客執骨而問曰：敢問骨何為大？仲尼曰：丘聞之，昔禹致群神于會稽之山，防風氏後至，禹殺之，其骨專車，此為大也。

解讀

這一段《注》文所引的是《國語・魯語》文，「吳伐楚」當作「吳伐越」，《水經注疏》等本已經改「越」。防風氏因會稽之會遲到被殺的故事，不少古籍多有記載，當然是個神話。但其中「獲骨焉，節專車」的事可能是真的，禹殺防風氏的神話或許就從這件事中編造出來的。因為這種巨大的骨骼，在這個地區後來也發現過。據嘉慶《山陰縣志・卷二十一・壇廟》所載：「七尺廟在偏門外縣西四十里湖塘村，宋時建里社，掘土得骨長七尺，仍瘞之，立祀神像于其上，故名七尺廟。」說明這種宋代掘得的長達七尺的巨骨，先秦所見的「節專車」的巨骨，在這一帶確有存在，這是中生代活動於這個地區的恐龍化石。

擷英

故塗山有會稽之名。

解讀

酈道元懂得梵語地名，如〈河水〉篇中的「半達鉢愁」，他用漢語譯作「白山」。他也知道北方的不少地名不是漢語，故不作淵源解釋而只說「北俗」。由於他足跡未到南方，所以對《孟子》所說的「南蠻鴃舌」並不了解。東南地區有許多古代越語地名，「會稽」即是其中之一，《越絕書》亦作「會夷」。至於塗山，這又是另一回事。由於這個地名與神禹有關，為了爭神禹，也就要爭塗山。杜預在《左傳．哀七》下注塗山「在壽春東北」；明方以智《通雅．卷十三．地輿．塗山有四》下說：「古會稽并轄淮南，塗山實在壽春，非會稽也。」另外還有一些古人認為禹死後葬蜀而不葬會稽，這種主張多半出於蜀人，如蘇軾與蘇轍的〈塗山詩〉之類，又如唐蘇鶚的《蘇氏演義》，宋羅泌的《路史》，宋劉昌詩的《蘆浦筆記》等。酈氏只說了一句「故塗山有會稽之名」。但後來人對此還大有文章，無非是個神話，卻可以添枝加葉，寫出許多故事。

擷英

（《經》又東過鍾離縣北。）

梁氏天監中，立堰于二山之間，逆天地之心，乖民神之望，自然水潰壞矣。

解讀

〈比水〉篇中記及酈氏於延昌四年任東荊州刺史事，此是《水經注》全書中記及的最後一個具體年分。而此處所記「立堰于二山之間」，《注》文敘明二山為浮石山和巉山，其堰即浮山堰。但「梁氏天監中」，而天監從西元五〇二年到五一九年，長達十七年，從《注》文無法論定潰壞於何年。按《梁書・康絢傳》所記，浮山堰成於天監十三年（北魏延昌三年），潰於天監十五年八月（北魏熙平元年），此年較延昌四年又晚了一年，故酈書中的具體年分可延長到西元五一六年。

擷英

（《經》又東至廣陵淮浦縣，入于海。）

東北海中有大洲，謂之郁洲。《山海經》所謂郁山在海中者也，言是山自蒼梧徙此云，山上猶有南方草木，今郁州治。故崔季珪之敘〈述初賦〉，言郁洲者，故蒼梧之山也。

解讀

「是山自蒼梧徙此」是因為「山上猶有南方草木」。其實是因為此郁洲在海邊，由於海洋性氣候，植物與同緯度的內陸不同。古人不明此理，故有「蒼梧徙此」之說。

卷三十一

滍水　淯水　濦水　灈水　瀙水　潕水　溳水

擷英

（滍水《經》滍水出南陽魯陽縣西之堯山。）

應劭曰：《韓詩外傳》稱周成王與弟戲，以桐葉為圭曰：吾以封汝。周公曰：天子無戲言。王乃應時而封，故曰應侯，鄉亦曰應鄉。

解讀

此當是引應劭《地理風俗記》的話，《注》文隨即又引《呂氏春秋》：「成王以桐葉為圭封叔虞，非應侯也。《汲郡古文》：『殷時已有應國，非成王矣』。」應劭引書不夠謹慎，常有誤引。但此段主旨並不在於應侯、應鄉，而是如前已論及的：「天子無戲言」。在古代，天子是一國至尊，言行舉止，實際上是受禮法的極大拘束的。《禮・郊特牲》：「天子無客禮，莫敢為主焉。君適其臣，升自阼階，不敢有其室也。覲禮，天子不下堂而見諸侯，下堂而見諸侯，天子之失禮也。」一國之君統治全國社稷蒼生，《禮記》的幾句話說得何等慎重。「天子無戲言」，這是理所當然。但中國歷史上確實出了不少昏君和暴君。我在拙著《酈道元評傳》曾經批評「正史」。正史中「既立《酷吏傳》和《佞幸傳》，為什麼不立《暴君紀》和《昏君紀》？在中國歷史上，酷吏和佞幸當然很多，但暴君和昏君何嘗會少？而且暴君和昏君給人民造成的災難，又豈是酷吏和佞幸可比，這實在是正史的極不公正之處」。說起來實可悲也可嘆。歷史上有的暴君和昏君，「戲言」已經是纖芥小事，而公開自稱朕是「和尚打傘」。讀《水經注》此一段，實在令人悲憤填胸，感慨係之。

擷英

（滍）水南有漢中常侍長樂太僕吉成侯州苞冢，冢前有碑，基西枕岡城，開四門，門有兩石獸，墳傾墓毀，碑獸淪移，人有掘出一獸，猶全不破，甚高壯，頭去地減一丈許，作製甚工，左膞上刻作「辟邪」字，門表壍上起石橋，歷時不毀。其碑云：六帝四后，是諮是諏。蓋仕自安帝，沒于桓後。於時閹闔擅權，五侯暴世，割剝公私，以事生死。夫封者表有德，碑者頌有功，自非此徒，何用許為？石至千春，不若速朽，苞墓萬古，祇彰誚辱。嗚呼，愚亦甚矣。

解讀

此一段實在是《水經注》全書中酈氏以第一人稱所作的最嚴厲的鞭撻。酈道元在《注》文中當然有大量褒貶人物的內容，但他很少直接自己出面說話，即所謂第一人稱的話，總是盡可能用他人的話，甚至借助於鬼神或夢寐。而對於此人，他實在忍無可忍，所以作了嚴厲斥責，按「中常侍」，秦漢均置此官，專職侍從皇帝，出入宮廷，故權力極大，後漢改以宦官任此職。由於此官兼司傳達詔令和掌理文書，形同皇帝貼身祕書，所以中常侍的品格對皇帝有極大影響。後漢後期是一個宦官弄權、朝政腐敗的時代，而州苞（按《後漢書》作州輔，苞字當是酈氏之誤），在這個時期以宦官為中常侍，無疑是個邪惡小人，是招致當時朝廷腐敗的罪魁禍首。「六帝四后，是諮是諏」，其實是他禍國殃民的罪證。而竟以其搜括的民脂民膏，興建如此豪華壯大的墓塋。所以酈氏實在是按捺不住了，才親口說出：「石至千春，不若速朽，苞墓萬古，祇彰誚辱」的話。其實這類事，在中國歷史上，上至帝皇，下及將相甚至宦官，古今都有事例，酈氏痛詬之言，特別是「千春」、「萬古」，人們可以拭目以待。

擷英

（淯水《經》淯水出弘農盧氏縣支離山，東南過南陽西鄂縣西北，又東過宛縣南。）

（洱）水北有張平子墓，墓之東，側墳有平子碑，文字悉是古文，篆額是崔瑗之辭。……又言墓次有二碑，今惟見一碑，或是余夏景驛途，疲而莫究矣。

解讀

這一段說明酈氏的田野考察，其認真態度，實在值得後人稱道和學習。《注》文只記及一碑，他竟能反思：「或是佘夏景驛途，疲而莫究矣。」另一碑是否存在且不論，但他以「疲而莫究」自責，酈氏確是一位做真學問的人。

擷英

（湞）水南道側有二石樓，相去六七丈，雙跱齊竦，高可丈七八，柱圓圍二丈有餘，石質青綠，光可以鑒，其上欒櫨承拱，雕檐四注，窮巧綺刻，妙絕人工。題言：蜀郡太守姓王，字子雅，南陽西鄂人，有三女無男，而家累千金，父沒當葬，女自相謂曰：先君生我姊妹，無男兄弟，今當安神玄宅，翳靈后土，冥冥絕後，何以彰吾君之德？各出錢五百萬，一女築墓，二女建樓，以表孝思。銘云：墓樓東，平林下，近墳墓，而不能測其處所矣。

解讀

此樓與墓，在酈氏時尚存，按《注》文，亦可稱豪華富麗，精雕細琢了。按《金石錄》，此王子雅當漢代人。在宗法社會中，酈氏除詳細記敘此樓墓之壯麗外，顯然還有表彰此三女之意。與〈溳水〉篇的議論州苞當然絕不相同。以酈氏所處時代及其儒家門第，此《注》當然不足疵。而對此三女所築樓墓的記敘，可謂精細。

擷英

《世語》曰：張綉反，公與戰，敗，子昂不能騎，進馬于公，而昂遇害。《魏書》曰：公南征至宛，臨淯水，祠陣亡將士，歔欷流涕，眾皆哀慟。

解讀

曹操是歷史上的一個大奸雄。此處「歔欷流涕」，顯然是一種假惺惺做作。不過做這樣一番表演，應該還是能起作用的。比比後世那些以莫須有之罪，置其共患難的弟兄於死地的，當然高出很多。正如唐韓愈在〈柳子厚墓誌銘〉文中所說：

嗚呼！士窮乃見節義，今夫平居里巷相慕悅，酒食遊戲相徵逐，詡詡強笑語，以相取下，握手出於肺肝相示，指天日涕泣，誓生死不相背負，真若可信。一旦臨小利害，僅如毛髮比，反眼若不相識，落陷阱不一引手救，反擠之，又下石焉者，皆是也。此宜禽獸夷狄所不忍為，而其人自視以為得計。聞子厚之風，亦可以少愧矣。

擷英

（《經》又南過新野縣西。）

朝水又東南分為二水，一水枝分東北，為樊氏陂，陂東西十里，南北五里，俗謂之凡亭陂。陂東有樊氏故宅。樊氏既滅，庾氏取其陂，故諺曰：陂汪汪，下田良，樊子失業庾公昌。

解讀

〈淮水〉篇有翟子威毀陂的記敘，並引用了童謠之言。此處又引「諺」：「樊子失業庾公昌」。《水經注疏》楊守敬按據《後漢書・樊宏傳》：

父重，善農稼，開廣田土三百餘頃，陂渠灌注。章懷《注》引此文作樊氏失業庾氏昌。云其陂至今猶名為樊陂，在鄧州新野縣西南。但樊宏湖陽人，酈氏詳載重事於〈比水〉下，豈因湖陽與新野接壤，因宅在，故有陂新野乎？

按楊氏所考，則此陂開於樊宏之父樊重，而以後陂仍以樊為名。則「諺」所云「樊子失業庾公昌」，此是家族盛衰的普通現象，與陂無涉，與〈淮水〉所敘的翟子威毀陂事不能相比。

擷英

（瀷水《經》瀷水出汝南吳房縣西北奧山，東過其縣北，入于汝。）

山溪有白羊淵，淵水舊出山羊，漢武帝元封二年，白羊出此淵，畜牧者禱祀之。俗禁拍手，嘗有羊出水，野母驚拍，自此絕焉。

解讀

《水經注》經過乾隆全、趙、戴三大家校勘後，基本上（除了北宋景祐亡佚五卷外）已經完整可讀，但從以後酈學家楊守敬、熊會貞、王國維、胡適諸氏的繼續從事，可知《武英殿本》

仍有可以商榷和校勘的必要。此處以「野母驚拍」句，述胡適對此的校勘情況。據《胡適手稿》第三集下冊《野母驚抃——跋趙氏硃墨校本水經注箋》的〈灈水〉篇（卷三一）有此文：

山溪有白羊淵，淵水舊出山羊。漢武帝元封二年，白羊出此淵，畜牧者禱祀之。俗禁拍手，嘗有羊出水，野母驚抃，自此絕焉。《永樂大典》與《黃省曾本》皆作「驚抃」。《吳琯本》改作「驚仆」，朱謀㙔從之，以後《項絪》、《黃晟》兩本也從《朱本》作「驚仆」。戴氏兩本都作「驚拍」，是依上文「俗禁拍手」的拍字，文義較明順。《官本》校云：「案近刻訛作扑。」此是「仆」字誤排「扑」。近刻無一本作「扑」。趙氏刻本與《庫本》同作「驚扑」。《刊誤》云：「一清按，仆當作扑。」《楚辭・天問》注：「手拍曰扑。」上云「俗禁拍手」是也。我檢趙氏硃墨校本，始知《庫本》與刻本皆誤。硃墨校本此條上有硃校云：「《孫潛夫本》改仆曰抃。《楚辭・天問》注：『手兮，鼇雖抃而不傾。』王逸此《注》，一本作『手拍曰抃』。《康熙字典》引《天問》注即作『手拍曰抃』。」趙氏原校如此。底稿寫定時，鈔寫者偶誤作扑，並改《楚辭》注文作「扑」，實無根據。《說文》，拚，拊手也。拍，拊也。拍、拊，古音同。《釋名》，拍，搏也。戴震《屈原賦注》，《天問篇》此句作「鼇戴山拚」，引《玉海》作注作「擊手曰拚」。抃即拚字。古書所謂「抃舞」，即是拍手而舞。《水經注》此條當作「抃」，作「拍」亦通，作「扑」則誤。

胡適在文末署：「卅五・一・六夜」，即西元一九四六年一月六日。當時他還在美國，他是這年七月才啟程回國的。說明他在其有生的最後二十年，從事酈學研究，無時、無地或輟。

此條所校，「拍」、「抃」二字，雖非緊要，而且他在校語中也指出：「作『拍』亦通。」但我擬加上一句：「做學問應作『抃』。」現在，做學問的人越來越少，從官到民，都看不起這一行。從古老的華夏文化來說，實在是令人杞憂的。例如，做官的對當前的社會風尚及局勢趨向，也感到心有憂慮，因而提出所謂「和諧社會」的話。而其實，《禮運》全篇一百零七個字，講的就是「和諧社會」。我們這一輩人，從小就把這百餘字背得滾瓜爛熟，但眼下當官的，恐怕連古人有《禮運》這一篇也不知道。時勢如此，夫復何言。

擷英

（涓水《經》涓水出蔡陽縣。）

（大洪）山下有石門，夾嶂層峻，巖高皆數百許仞。入石門，又得鍾乳穴，穴上素崖壁立，非人迹所及。穴中多鍾乳，凝膏下垂，望齊冰雪，微津細液，滴瀝不斷。幽穴潛遠，行者不极窮深，以穴內常有風熱，無能經久故也。

解讀

《注》文記敘的大洪山，在今湖北隨州市南，屬淮陽山地西段，岩層以古老的沉積岩為主，北部多為千枚岩、石英岩及頁岩，南部以石灰岩為主，喀斯特地貌頗有發育。此《注》所記的前段（文略）「為諸嶺之秀」係對全山的描述（此山最高處海拔一〇五五公尺），但「山下有石門」一段，所記為南部喀斯特地貌部分。酈書記敘喀斯特地貌景致不少，但大洪山是其中代表，因其記敘相當細緻：「凝膏下垂，望齊冰雪，微津細液，滴瀝不斷。」至今到石灰岩洞觀光，也多是這種景致。文字栩栩如生。當今各地以石灰岩溶洞闢為旅遊區者甚多，遊覽者讀此，可以領悟酈氏文字之妙。

卷三十二

漻水 蘄水 決水 泚水 泄水 肥水

施水 沮水 漳水 夏水 羌水 涪水

梓潼水 涔水

擷英

（決水《經》又北入于淮。）

余往因公，至于淮津，舟車所居，次于決水，訪其民宰，與古名全違，脈水尋《經》，方知決口。蓋灌、澮聲相倫，習俗害真耳。

解讀

這是一種地名的考證，在今天屬於地名學研究。酈道元因公務到決水入淮之處。《經》文之下，他首先提出地名的錯誤：「俗謂之澮口，非也，此決、灌之口矣」。他為此「訪其民宰」，才弄清了致訛之由。前面提出劉盛佳教授撰文認為《水經注》是一部地名學之書⓭。從這一條

⓭ 見❺，頁十九。

來看，劉說也有一定道理。案卷十六〈穀水注〉所記：「京相璠與裴司空彥季（案「彥季」當是「季彥」之誤）脩《晉輿地圖》。」劉先生曾在《自然科學史研究》一九八七年第一期中發表了〈晉代傑出的地圖學家——京相璠〉一文，指出〈穀水注〉文中這個「與」字不作「同」字解，假使作「同」字解，則京、裴二人地位懸殊，豈能京在前而裴在後。所以這個「與」字應作「給予」解。他舉了《論語・雍也》例：「與之粟九百，辭。」又舉了《孟子・離婁下》：「可以與，可以無與，與傷惠。」故〈穀水注〉的意思是：京相璠給裴季彥繪製了《晉輿地圖》，即著名的《禹貢地域圖》。所以此圖是京相璠的作品而絕非裴季彥的作品，但因裴位居司空高官，所以由他掛了名。此條因地名錯誤，而他查清了錯誤的原因，所以寫入《注》文。從這條《注》文可以說明，酈氏在田野考察工作中的勤謹。

擷英

（肥水《經》北過其縣西，北入芍陂。）

（肥水）又北逕芍陂東，又北逕死虎塘東，芍陂瀆上承井門，與芍陂更相通注。故《經》言入芍陂矣。……（芍）陂周百二十許里，在壽春縣南八十里，言楚相孫叔敖所造。魏太尉王淩，與吳將張休戰于芍陂，即此處也。陂有五門，吐納川流。西北為香門陂，陂水北逕孫叔敖祠下，謂之芍陂瀆。又北分為二水，一水東注黎漿水，黎漿水東逕黎漿亭南，文欽之叛，吳軍北入，諸葛緒拒之于黎漿，即此水也。東注肥水，謂之黎漿水口。

解讀

《水經注》全書記載了許多水利工程，但由於酈道元足跡未南，所以對南方的水利工程，《注》文中所見的數量與內容都不能與北方相比。這中間，〈肥水〉篇的芍陂與〈漸江水〉篇的長湖（或稱大湖）是最著名的兩處。可惜的是，此二處都已因人為干擾而遭到湮廢。芍陂「陂周百二十許里」，規模可見。但如我在〈湖泊湮廢〉拙文（《酈學札記》）中所說：「前面提到的芍陂，即今安徽省壽縣以南的安豐塘，它與芍陂全盛時代相比，面積已經不到十分之一。」

現在大家已經逐漸懂得了陂湖與水資源的重要性。廢田還湖的呼聲也已在媒體上看到，當然，要真正地付諸實施，其間還有許多困難，但大勢所趨，這種日子必然將要來到。

擷英

（《經》北入于淮。）

昔在晉世，謝玄北禦苻堅，祈八公山。及置陣于肥水之濱，堅望山上草木，咸為人狀，此即堅戰敗處。非八公之靈有助，蓋苻氏將亡之惑也。

解讀

此處《注》文記及「八公山」，此山的地名來由，在同篇《經》文「北入于淮」下已有說明：（船官）湖北對八公山，山無樹木，唯童阜耳。山上有淮南王劉安廟，劉安是漢高帝之孫，厲王長子也。折節下士，篤好儒學，養方術之徒數十人，皆為俊異焉。多神仙祕法鴻寶之道。忽有八公，皆鬚眉皓素，詣門希見，門者曰：「吾王好長生，今先生無住衰之術，未敢相聞。」八公咸變成童，王甚敬之。八士并能煉金化丹，出入無間，乃與安登山埋金于地，白日升天，餘藥在器，雞犬舐之者，俱得上升。其所升之處，踐石皆陷，人馬迹存焉。故山即以八公為目。余登其上，人馬之迹無聞矣，惟廟像存焉。廟中圖安及八士像，皆坐床帳如平生，被服纖麗，咸羽扇裙帔，巾壺枕物，一如常居，廟前有碑，齊永明十年所建也。

按八公山事涉肥水之戰，苻秦以強軍敗於弱旅，此實以後拓跋魏之統一北國，南北朝之所以能相持一百六十年的歷史關鍵。苻秦如無肥水之敗，則南北或已為苻氏所一統。酈氏在《注》文記敘這次攸關漢胡歷史的大戰，不過寥寥數語，而語意慨嘆：「非八公之靈有助，蓋苻氏將亡之惑也。」酈氏對苻秦之敗，其心態如何，《注》文實未表達。但其先敘八公山：「山無樹木，唯童阜耳」，後記肥水之戰：「望山上草木，咸為人狀」。「童阜」何來「草木」，酈氏行文素來細致，此處之不問究竟，匆匆道過，似因此是一件大事，《注》文不得不記敘之意。《注》文記及齊永明十年（西元四九二年）劉安廟碑，此年是北魏太和十六年，正當酈氏行將入仕北朝（或已入仕）之年。其對於十六國、北魏、南朝之史事遞變，心中已有成見。對大一統之想望，苻氏之功敗垂成等，從《注》文對肥水之戰的寥寥記敘中，酈學家或尚可研究。

擷英

（涪水《經》涪水出廣魏涪縣西北。）

臧宮進破涪城，斬公孫恢于涪。自此水上，縣有潺水出潺山……

解讀

這條《注》文，在一九七九年版的《辭海》所寫的《水經注疏》條曾指出：「因未經審校，錯別字及脫漏之處甚多。如〈涪水〉漏抄酈注本文竟達九十多字。」我在段熙仲點校、陳橋驛復校本卷首〈排印水經注疏的說明〉中指出：

這條《辭海》釋文的上半段當然是正確的，我在本文開始時就指出了。但下半段說〈涪水〉抄漏酈《注》本文九十多字的話，其實都是《辭海》自己的錯誤。《辭海》作者認為《水經注疏》抄漏的酈注本文，所指就是：「逕涪縣西，王莽之統睦矣。臧宮進破涪城斬公孫恢于涪自此水上，縣有潺水，出潺山，水源有金銀礦，洗取火合之，以成金銀。潺水歷潺亭而下注涪水，涪水又東南逕綿竹縣北，臧宮泝涪至平陽，公孫述將王元降，遂拔綿竹。涪又東南」，共九十一字。這條釋文的作者，由於沒有考究這一帶的山川地理，而只拿別的版本與之對照，一旦發現「涪水出廣漢屬國，剛氐道徼外，東南流」之下，少了上列九十一字，就立刻斷言這九十一字，被楊、熊或他們的書手所照漏。其實，只要他稍稍耐心一點，往下再讀幾段，就會發現，這九十一字原來未曾少去一個，只是次序前後，被楊、熊重新安排過了。熊會貞在「臧宮溯涪至平陽，公孫述將王元降，遂拔綿竹」句下按云「朱徼外」句下，接「東南流逕涪」云云，至「遂拔綿竹」，下接「涪水又東南流與建始水合」，至「江油廣漢者也」。戴、趙同。準以地望，建始水在上，江油在下，涪縣又在下，何能先逕涪縣而後會建始水而逕江油也，則明有錯簡。「東南流」三字，當接「與建始水合」，至「逕江油廣漢者也」，又移「與建始水合」上「涪水又東南」五字于其下，乃接「逕涪縣西」，至「遂拔綿竹」方合，今訂。疏文的這種次序調整，無疑是正確的，在全書之中，楊在山川地理的比較分析上，的確是花了極大精力的。

當年譚其驤先生看了我這個說明後，曾面告我，他已通知辭書出版社要此條原撰者某先生（譚指其名，但我在此隱之）改正。以後版次，當已改正了。

卷三十三　江水

擷英

（《經》岷山在蜀郡氐道縣，大江所出，東南過其縣北。）

岷山，即瀆山也，水曰瀆水矣，又謂之汶阜山，在徼外，江水所導也。

解讀

這一段記載長江發源的《經》文顯然錯誤。岷江是長江的一條支流，竟作為大江之源。《經》文之誤當然來於《禹貢》：「岷山導江，東別為沱。」《禹貢》是經書，為後世學者的至尊。不僅是《水經》，比《水經》早的《說文》也說：「江水出蜀湔氐徼外岷山。」其實，古人很早就知道，長江還有比岷江更遠的源流。《山海經・海內經》說：「有巴遂山，繩水出焉。」這條繩水，就是長江的正源金沙江。《海內經》一般認為是西漢初期的作品，說明古人對江源的認識，到西漢初期，已比《禹貢》成書的年代即戰國末期前進了一步。到了《漢書・地理志》，情況就更為清楚：「繩水出徼外，東至僰道入江。」僰道即今四川宜賓，正是金沙江與岷江匯合之處。

《水經注》記載的長江上游，雖然在上述《注》文中屈從《水經》，其實就是尊奉《禹貢》。但實際上已經大大地超過了《漢書．地理志》。卷三十六〈若水〉篇說：

> 繩水出徼外，《山海經》曰：「巴遂之山，繩水出焉。東南流，分為二水，其一水枝流東出，逕廣柔縣，東流注于江；其一水南逕旄牛道，東至大莋與若水合。自下亦通謂之繩水矣。」

若水即今雅礱江，若水與繩水匯合，其下流仍稱繩水，這條繩水當然就是今金沙江。〈若水〉篇最後說：

> 若水至僰道，又謂之馬湖江。繩水、瀘水、孫水、淹水、大渡水，隨決入而納通稱。是以諸書錄記群水，或言入若，又言注繩，亦或言至僰道入江。正是異水沿注，通為一津，更無別川，可以當之。

從這段《注》文中，可見酈氏對長江上游的幹支流情況，已經很清楚了。《注》文中的繩水，即今金沙江的通稱，淹水是金沙江的上流，瀘水是金沙江的中流，馬湖江是今金沙江的下流，孫水是今安寧河，大渡水是今康定西的壩拉河。儘管他不敢突破《禹貢》的框框，仍把岷江作為長江的正源，但在實際上已經把長江上流的幹支流分布記敘清楚了。在卷三十七〈淹水〉篇中，《注》文還說到：「淹水逕（姑復）縣之臨池澤，而東北逕雲南縣西，東北注若水也。」臨池澤即今雲南永勝南的程海，這是《水經注》明確記敘的長江幹流所到達的最遠之處，說明酈道元在作《注》時雖然仍尊《禹貢》，但他對長江上源所掌握的資料已經相當豐富了。

擷英

《益州記》曰：自白馬嶺回行二十餘里至龍涸，又八十里至蠶陵縣，又南下六十里至石鏡，又六十餘里而至北部，始百許步；又西百二十餘里至汶山故郡，乃廣二百餘步；又西南百八十里至濕坂，江稍大矣。

解讀

這一段記敘岷江自導江後從白馬嶺到濕坂五百餘里之間的江道變遷，是《水經注》全書中記敘上流江道變遷最詳盡的例子。文字雖然得自《益州記》，但仍須歸功於酈氏的廣泛收錄。《益州記》有數種，曾有一部為《隋書・經籍志》著錄，三卷，李氏撰。章宗源《隋書經籍志考證・卷六》說：「《益州記》，卷亡，任預撰，不著錄。」又嘉慶《四川通志・卷一八八・史部附錄》，《益州記》，無卷數，劉欣期撰。今三書俱佚，僅有輯本收入於《宛委山堂說郛》卷六十一及《說郛》卷四。酈引《益州記》不著撰人名氏，究為何本，不得而知。

擷英

江水又歷都安縣，縣有桃關、漢武帝祠。李冰作大堰于此，壅江作堋，堋有左右口，謂之湔堋，江入郫江，撿江以行舟。《益州記》曰：江至都安，堰其右，撿其左，其正流遂東，郫江之右也，因山頹水，坐致竹木，以溉諸郡。又穿羊摩江、灌江，西于玉女房下白沙郵，作三石人立水中，刻要江神，水竭不至足，盛不沒肩。是以蜀人旱則藉以為溉，雨則不遏其流。故《記》曰：水旱從人，不知饑饉，沃野千里，世號陸海，謂之天府也。郵在堰上，俗謂之都安大堰，亦曰湔堰，又謂之金堤。左思〈蜀都賦〉云：西逾金堤者也。諸葛亮北征，以此堰農本，國之所資，以征丁千二百人主護之，有堰官。

解讀

這一段詳敘都安大堰，即今所稱都江堰，是中國歷史上的重要水利工程。這段《注》文記敘得詳細明白，這個水利工程主要是「壅江作堋」，把江道一分為二。左江是江道正流，右江則是主要的灌溉渠道，具有巨大的灌溉效益。而且除了灌溉以外，還有舟楫之利，並且「因山頹水，坐致竹木」。因為這個地區，古代山林資源豐富，因而也利用山水流放竹木，是一個綜合性的水利工程。工程設計了三個石人作為水位尺，這是經過事前詳細測算的十分巧妙的傑作。工程當然需要保護，每年都要修理，即所謂「歲修」。李冰當年曾訂下了「歲修」的「六字訣」：「深淘潭（灘），淺包隅（堰）」。「六字訣」的用意很明白，它曉諭以後的歲修者，淘潭務深，作隅宜淺。這是因為淘潭的工程量大，用工甚多而不易為人所見。築堰的工程量小，而且堰在水上，容易為人所見。為了詔示以後的歲修者必須重視工程的實際效用而不以外觀眩人，所以必須淘灘使深，而不是築堰示高。「淺包隅」的目的，就是為了「深淘潭」。前三字是務實工程，後三字是表面工程。如不按「六字訣」歲修，則必致堰隨灘高，最終失去工程的作用。《水經注》

原文中是有此「六字訣」的，由於輾轉傳鈔而缺失。以後在《元史・河渠志》中才寫出這六字內容。明曹學佺《大明輿地名勝志・四川六，成都》引《水經注》：「李冰作大堰于此，立碑六字曰：『深淘潭，淺包隅。』隅者，于江作堋，堋有左右口。」今日學者為《水經注》輯佚，佚文往往經引用者改動字句甚或加入己意，以致僅存酈氏之意而無酈文精神。但《名勝志》所引此段，以之插入今本，文字恰相符合。我輯佚數年，在數百條酈佚中，如此條者百不及一，實屬難得。

擷英

（移星橋南岸）道西城，故錦官也。言錦工織錦，則濯之江流，而錦至鮮明，濯以他江，則錦色弱矣，遂命之為錦里也。

解讀

這段《注》文可能引自東晉常璩《華陽國志・蜀志》：「錦工織錦濯其江中則鮮明，濯他江則不好。」故此江在當時可能就稱錦江。到唐杜佑《通典・卷一七六・成都縣下》，就寫明：「有錦江。」按此水即都江堰分出的岷江支流之一。錦江濯錦之事既見於《華陽國志》，說明由來已久，而其產品，當然也包括絲綢，必有一條「絲綢之路」輸出。

我在《鄭州大學學報》哲學社會科學版一九九三年第二期曾發表〈關於四川省蠶桑、絲綢業的發展和南方絲綢之路的論證〉一文，文內有一段提及：

日本文部省為了論證這條絲綢之路的存在，特地設立了一項課題，於一九〇〇年夏季，由大阪商業大學商經學院院長富岡儀八教授來到中國把這項課題委託給我。希望我從四川省現代絲綢業的發展狀況，回溯歷史，以證明古代絲綢業的發展和絲綢之路的存在。

日本文部省之所以請我主持這個課題，顯然因為我是他們聘請的客座教授，當時已先後在關西大學、國立大阪大學（按大阪大學因有國立、府立、市立三所，所以要加「國立」二字）、廣島大學講課三個學期，熟悉的日本漢學家甚多。語言方面，我的講課應日方要求使用英語，但平日交際則由於我夫人日語熟嫻，所以也易於融洽。至於派富岡儀八教授事，由於富岡夫婦與我們夫婦關係甚好，每次去日，都要應邀去他們赤穗家中作客數天，所以他自己也很願意前來傳達文部省的這項任務。他是先到北京在全國科協辦好手續，由科協派人同到杭州的。而恰逢我主編《浙江古今地名詞典》⓮，與參編者二十餘人在舟山群島的岱山定稿。於是北京與浙省科協人員偕同我夫人陪他專車到達定海，當時定海僅有華僑飯店一家涉外賓館，我們就寓此交談。經他說明，我才知日本文部省所以要立此課題的緣由。由於日本學者與旅遊者，當時來華者甚多，但如旅遊路線上有涉及絲綢之路者，簽證常被稽延。由於西安至敦煌每週只有一次班機，中國駐日外交人員為了交通安全等問題，不得不對這一類旅客的簽證加以推遲。假使四川的這一條絲綢之路能夠考證屬實，則日本學者及旅遊者在中國又多了一條考察線路，簽證問題自可有所緩解。承蒙日本文部省及不少大學的漢學家對我的信任，咸認作此課題非我莫屬。所需一切費用當然全由日方負擔，並云若我們夫婦因此而需進入緬甸或中南半島其他國家，一

⓮ 浙江教育出版社一九九一年出版。

切手續及簽證等，都由日方辦理。富岡並特意轉達文部省雅意，說明此項委託，純從對我在學術上的崇敬出發，因他們也知道我們夫婦年事均已不小，故請特別保重身體云云。我們夫婦於一九九二年春入川，四川省絲綢局竟已獲悉此事，已在成都機場迎接，並已訂好錦江飯店賓館，我們表示感謝，但聲明不能接受他們招待。錦江飯店是當時成都最高級的賓館，其名稱為「錦江」，實與此省絲綢業有關。我們在四川各地考察近兩月，當時，日產豐田小轎車在川中尚算稀物，我們出資包用了一輛，凡此省蠶桑絲綢發達之處，我們都前去考察。四川省絲綢局對我們的課題，確是盡力支持，以成都蜀錦廠為例，我在上述拙文中曾有一段述及此廠：

> 成都蜀錦廠以生產蜀錦和真絲出口綢為主，有職工一千九百餘人，年產絲綢二千四百萬米。蜀錦已有二千餘年歷史，在日本正倉院、法隆寺等均藏有「飛鳥」、「奈良」時代的「蜀江錦」殘片。長期以來，蜀錦使用木機織造。該廠現尚存明清時代使用的手工提花木機一架，為我們作了操作表演。現在當然已經改用新式織機。

我們因為有自己包用的小轎車，行動方便，所以除了有蠶桑業的各處都親自考察外，絲綢工業特別發達的工廠，如有職工三千五百餘人的樂山絲綢廠，有職工三千三百餘人的重慶絲紡廠等，都作了多時的考察：拍攝照片，查閱資料，對他們的原料來源、加工過程、產品數量和輸出路徑，都作了紀錄。

我在上述拙文中最後指出：

> 四川省蠶桑業已躍居全國首位，絲綢業發展有很大前途，而歷史悠久，淵源古老。為此可以論定，古代確實存在一條絲綢之路。古印度史書《政事論》，史詩〈摩訶婆羅多〉，

婆羅門教的《摩奴法典》等，均載有中國絲綢的資料，據學者研究，這些絲綢產於四川，它們從四川進雲南、緬甸到達印度。即所謂「蜀身毒道」（印度古譯身毒）。這條道路在中國境內包括西山南道、臨邛道、始陽道、牦牛道、岷江道、石門道、博南道、永昌道等段落，可以稱為「南方絲綢之路」。從四川省蠶桑業和絲綢業發展的現狀，可以追溯和論證它的悠久歷史；從四川省蠶桑業和絲綢業的悠久歷史，可以追索和論證這一條自古存在的「南方絲綢之路」。這條絲綢之路近年來才在學者的研究中逐漸明朗起來，它的重要性或許不低於其他幾條絲綢之路，值得繼續深入研究。

為了讓我承擔的日本文部省委託的這個課題廣為學術界知道，實際上也是為了我所從事的這類國際學術活動在中國的透明度，所以我寫了這樣一篇論文，既交給委託者日本文部省，也同時在《鄭州大學學報》發表。而其實「濯之江流，而錦至鮮明」的話，在《水經注》已經記及了。

擷英

（《經》又東南過僰為武陽縣，青衣水、沫水從西南來，合而注之。）

（布僕）水出徼外成都西沈黎郡，漢武帝元封四年，以蜀都西部邛莋邛，理旄牛道，天漢四年置都尉，主外羌，在邛崍山表。自蜀西度邛莋，其道至險，有弄棟八渡之難，揚母閣路之險。

解讀

《武英殿本》在「西部邛莋邛」下有案語：「案此十四字，舛誤不可通，當作『漢武帝元鼎六年，以蜀郡西部莋都置』。《漢書・武帝本紀》可證，不得繫之元封四年也。」《水經注疏》作「漢武帝元封四年，以蜀郡西部邛莋置」，按此段主要在記敘今蜀、滇一帶道路的艱險：「弄棟八渡之難，揚母閣路之險。」《水經注疏》楊守敬疏：「益州郡之弄棟縣在〈若水注〉，在今雲南境，與此地不相涉。」又疏云：「邛崍山本名邛莋，故邛人、莋之界也。……道至險，有長嶺若棟，八渡之難。」楊氏所疏是在西南地理已較明確以後。酈氏時代，對此處地理甚昧，記敘難免有訛。但「弄棟八渡之難，揚母閣路之險」，還是寫出了邛崍區之道路艱險。從全局評論，此文仍表述了當地的地形險峻事實。

擷英

（《經》又東北至巴郡江州縣東，強水、涪水、漢水、白水、宕渠水五水合，南流注之。）

強水，即羌水也，宕渠水，即潛水、渝水矣。

解讀

《水經注》記敘河川，同名之水當然極多。各卷篇之中，有同名同水，更多的是同名異水，一部專記河川之書，此事甚不足異。但其中潛水之名實，很費推敲。卷二十九之中，〈潛水〉專為一篇。《經》文云：「潛水出巴郡宕渠縣。」此處《注》文云：「宕渠水，即潛水、渝水矣。」而卷三十六〈桓水〉篇在《經》文「桓水出蜀郡岷山，西南行至羌中，入于南海」下，《注》文又說：「《尚書・禹貢》，岷、嶓既藝，沱、潛既道。」酈氏在最後總結：

> 余考校諸書，以具聞見，今略緝綜川流沿注之緒，雖今古異容，本其流俗，粗陳所由。然自西傾至葭萌入于西漢，即鄭玄所謂潛水者也。

此處酈氏之言，當指卷二十九〈潛水〉篇《注》文：

> 潛水，蓋漢水枝分潛出，故受其稱耳。今爰有大穴，潛水入焉。通岡山下，西南潛出謂之伏水。或以為古之潛水，鄭玄曰：「漢別為潛，其穴本小，水積成澤，流與漢合。大禹自導漢疏通，即為西漢水道也。」故《書》曰：「沱、潛既道。」劉澄之稱白水入潛。然白水與羌水合入漢，是猶漢水也。……縣以延熙中，分巴立宕渠郡，蓋古賨國也，今有賨城。縣有渝水。……縣西北有餘曹水，南逕其縣，下注潛水。」

總而言之，潛水在《水經注》中情況與其他許多同名異水有別。《經》、《注》其實都未曾把此水說清，其所以致訛，首先當然是《禹貢》的問題。鄭玄是解釋《禹貢》的權威，所解也先後牴牾，終至出現《經》、《注》皆誤。以致鄭德坤繪《水經注圖》（全圖已散失，僅存總圖），不得不繪出「經潛水」與「注潛水」兩條河流。而《經》、《注》原意也未必如此。不過是前人之訛，後人勉為修補而已。

擷英

（《經》又東至枳縣西，延江水從牂柯郡北流西屈注之。）

江水東逕陽關巴子梁，江之兩岸，舊有梁處，巴之三關，斯為一也。延熙中，蜀車騎將軍鄧芝為江州都督，治此。江水又東，右逕黃葛峽，山高險，全無人居。

解讀

《水經注》在卷四〈河水〉的《經》文「又東過砥柱間」之下，《注》文就提出「勢同三峽」的話。砥柱是酈氏親睹的河中之險，而三峽酈所未見，卻以此比砥柱，足見對於長江三峽的聲名，北人早有共識，在華夏河川之中，乃是第一勝險。〈江水〉篇在此以前，所敘其實多為岷江，而這條《經》文下，才出現「黃葛峽」之名。《注》文甚長，記及的峽、灘甚多，雖然尚未到「勢同三峽」之處，但實已漸入佳境了。此段《注》文中，記敘的峽名，除為首的黃葛峽外，尚有明月峽、雞鳴峽、東望峽數處。峽以外還有灘。此段中記及的有文陽灘、桐柱灘、虎鬚灘、和灘數處，說明這一江段，江寬而沿江山勢尚緩，尚有自然地理學上所謂的河漫灘現象。如《注》文所記的「虎鬚灘」：「灘水廣大，夏斷行旅」，這顯然是因為灘廣而水淺之故。所以江中還有洲的存在，此段中記及的有豐民洲和平洲二處。先者曾是「巴子別都」，而後者則「洲上多居民」。所以在這條《經》文之下，峽雖出現而江道尚不險峻，不過是漸入佳境而已。

擷英

（《經》又東過魚復縣南，夷水出焉。）

（陽溪）北流逕巴東郡之南浦僑縣西，溪硤側鹽井三口，相去各數十步，以木為桶，徑五尺，修煮不絕。……（湯溪水）南流歷縣，翼帶鹽井一百所，巴、川資以自給。粒大者方寸，中央隆起，形如張繖，故因名之曰繖子鹽，有不成者，形亦必方，異于常鹽矣。王隱《晉書・地道記》曰：入湯口四十三里，有石煮以為鹽，石大者如升，小者如拳，煮之水竭鹽成，蓋蜀火井之倫，水火相得乃佳矣。

解讀

蜀中產鹽之事，前一條《經》文下，《注》文已經記及：「《華陽記》曰：（臨江）縣在枳縣東四百里，東接朐忍縣，有鹽官，自縣北入鹽井溪，有井鹽營戶。」而這一段記敘得更為詳細，記下了湯溪水一帶有鹽井一百所，是蜀中的鹽業中心，而且又記及了生產井鹽的火井（天然氣）。四川是一塊大盆地，其中有賴都江堰為灌溉沃潤的成都平原，糧食無虞匱乏；有用天然氣燒製的井鹽，雖處內陸而不求沿海；又有亞熱帶氣候環境中的各種農產果品，而蠶桑業發達，早已出現了一條南方的絲綢之路，所以「天府之國」的概念不僅僅是都江堰而已。從交通條件來說，境內四通八達，而入境則有蜀道之難。諸葛亮的〈隆中對〉實在值得佩服，他確實是個有學問的人。

擷英

江水又東逕石龍而至于博陽二村之間，有盤石，廣四百丈，長六里，阻塞江川，夏沒冬出，基亘通渚。又東逕羊腸虎臂灘。楊亮為益州，至此舟覆，懲其波瀾，蜀人至今猶名之為使君灘。……彭溪小又南，逕朐忍縣西六十里，南流注于江。謂之彭溪口。江水又東，右逕朐忍縣故城南。常璩曰：縣在巴東郡西二百九十里，縣治故城，跨其山阪，南臨大江，江之南岸有方山，山形方峭，枕側江濆。江水又東逕瞿巫灘，即下瞿灘也，又謂之博望灘。

解讀

這一段注文下，江道初時仍然較為寬敞，因而江中多灘。從以上鈔錄的博望灘以下，江灘還有不少。如「江水又逕東陽灘，江上有破石，故亦通謂之破石灘。苟延光沒處也」，「江水又逕落牛灘」。此以下，灘去峽來，「江水又東逕南鄉峽，東逕永安宮南，劉備終于此，諸葛亮受遺處也。其間平地可二十許里，江山迴闊，入峽所無，城周十餘里，背山面江，頽墉四毀，荊棘成林，左右民居，多墾其中。江水又東逕諸葛亮圖壘南，石磧平曠，望兼川陸，有亮所造八陣圖，東跨故壘，皆累細石為之」。由這段《注》文可見，自南鄉峽以東，直至諸葛亮八陣圖，江面仍然較寬，不僅是江中的河漫灘，山勢也並不緊逼江岸，以致「荊棘成林，左右民居，多墾其中」，「石磧平曠，望兼川陸」。但在這句《經》文下，愈向東，蜀江的形勢愈險峻。前方漸入佳境，而最後終於驟入佳境了。

擷英

江水又東逕廣溪峽，斯乃三峽之首也。其間三十里，頹巖倚木，厥勢殆交，北岸山上有神淵，淵北有白鹽崖，高可千餘丈，俯臨神淵。土人見其高白，故因名之。天旱，燃木岸上，推其灰燼，下穢淵中，尋即降雨。常璩曰：縣有山澤水神，旱時鳴鼓請雨，則必應嘉澤。〈蜀都賦〉所謂應鳴鼓而興雨也。峽中有瞿塘、黃龕二灘，夏水回復，沿溯所忌。瞿塘灘上有神廟，尤至靈驗，刺史二千石經過，皆不得鳴角伐鼓，商旅上水，恐觸石有聲，乃以布裹篙足，今則不能爾，猶饗薦不輟。此峽多猿，猿不生北岸，非惟一處，或有取之放著北山中，初不聞聲，將同狢獸渡汶而不生矣。其峽蓋自昔禹鑿以通江，郭景所謂巴東之峽，夏后疏鑿者。

解讀

三峽是長江在川、鄂之間的許多峽谷的總稱。上面兩句《經》文下，已經寫出了好幾處峽谷和灘險之名。但其中以三處特別著名，所以歷來一直稱為「三峽」。但「三峽」之名，歷來頗有差異。此處《注》文說：「江水又東逕廣溪峽，斯乃三峽之首也」，又卷三十四〈江水〉在《經》文「又東過巫縣南，鹽水從縣東南流注之」下，《注》文說：「江水又東逕巫峽」。同卷《經》文「又東過夷陵縣」下，《注》文說：「江水又東逕西陵峽，……所謂三峽，此其一也」，所以楊守敬在《水經注疏》中稱：「是酈氏以廣溪、巫峽、西陵為三峽。」

不過歷來許多文獻中，並無廣溪峽之名。例如《方輿紀要‧卷一二八‧川瀆五‧大江》：「西陵峽在焉，與夔州之瞿唐，巫山之巫峽，共為三峽。」當今多數地理書及其他文獻中，多以《方輿紀要》所舉者為依據。當然，對於這條峽谷紛歧的河道中，三峽名稱的差異並非重要問題。值得重視的是對於三峽景色的描寫。酈氏足跡未曾到過此處，但從其在〈河水〉篇中記敘他親睹的砥柱山中就以「三峽」作比，說他對此早已心嚮往之。為此，他必然遍閱前人有關這個景點的文獻，反覆研究，仔細比較，再由他自己悉心加工。所以雖然未曾親履，但自古以來，描寫三峽文章，實在沒有勝過《水經注》的。特別是其中的兩篇（均在卷三十四之中），確實是百讀不厭的千古文章。

一篇在《經》文「又東過巫縣南，鹽水從縣東南流注之」下：

自三峽七百里中，兩岸連山，略無闕處。重巖疊嶂，隱天蔽日，自非停午夜分，不見曦月。至于夏水襄陵，沿泝阻絕。或王命急宣，有時朝發白帝，暮到江陵，其間千二百里，雖乘奔御風，不以疾也。春冬之時，則素湍綠潭，回清倒影。絕巘多生怪柏，懸泉瀑布，飛漱其間，清榮峻茂，良多趣味。每至晴初霜旦，林寒澗肅，常有高猿長嘯，屬引淒異，空谷傳響，哀轉久絕。故漁者歌曰：「巴東三峽巫峽長，猿鳴三聲淚沾裳。」

另一篇在《經》文「又東過夷陵縣南」下：

江水又東逕西陵峽，〈宜都記〉曰：「自黃牛灘東入西陵界，至峽口百許里，山水紆曲，而兩岸高山重障，非日中夜半，不見日月。絕壁或千許丈，其石彩色，形容多所像類。

林木高茂，略盡冬春。猿鳴至清，山谷傳響，泠泠不絕。所謂三峽，此其一也。山松言：『常聞峽中水疾，書記及口傳，悉以臨懼相戒，曾無稱有山水之美也。及余來踐躋此境，既至欣然，始信耳聞之不如親見矣。其疊崿秀峰，奇構異形，固難以辭敘，林木蕭森，離離蔚蔚，乃在霞氣之表，仰矚俯映，彌習彌佳，流連信宿，不覺忘返，目所履歷，未嘗有也。既自欣得此奇觀，山水有靈，亦當驚知己于千古矣。』

這一篇顯然是引用了袁山松的〈宜都記〉（亦作〈宜都山水記〉），袁曾任宜都太守，正在西陵峽境上，所以有「及余來踐躋此境」的話。「流連信宿，不覺忘返」，如此風景，實在引人入勝。〈宜都記〉早已亡佚，吉光片羽，而其中最精彩的文章，依靠酈道元的引證，才讓後世獲得欣賞的機會。

卷三十四 江水

擷英

（《經》又東過夷陵縣南。）

江水又東逕黃牛山，下有灘，名曰黃牛灘。南岸重嶺疊起，最外高崖間有石，色如人負刀牽牛，人黑牛黃，成就分明，既人迹所絕，莫得究焉。此巖既高，加以江湍紆回，雖途經信宿，猶望見此物。故行者謠曰：朝發黃牛，暮宿黃牛，三朝三暮，黃牛如故。言水路紆深，回望如一矣。

解讀

從黃牛山以東，長江已漸次進入荊江河段，江寬水緩，河道迂曲，而酈氏仍不放過黃牛山這峽谷河段中的最後景點，既描寫山勢形態和高度，也記敘江道從此流入平原。但描寫此二種不同景致，要用許多文字，而且難度不小。但他能遍索資料，獲得「黃牛」一謠，短短十六字，勝過千百言的繁瑣。文章本天成，妙手自得之。當然，要作此「妙手」，又談何容易。

擷英

（《經》又東過枝江縣南，沮水從北來注之。）

江水又東逕上明城北，晉大元中，苻堅之寇荊州也，刺史桓沖徙渡江南，使劉波築之，移州此城。其地夷敞，北據大江，江汜枝分，東入大江，縣治洲上，故以枝江為稱。

解讀

這一段要注意「縣治洲上」之語。苻堅侵占江北，縣治可移至江南。不僅「其地夷敞」，而且還可建立江中洲上縣治。在此以上，《注》文記載了許多稱「灘」的地名，但從此以下，「洲」代替了「灘」，江道已從峽谷區進入了平原區，即今所稱江漢平原。研究古今長江者，要注意《注》文的這種轉變。

擷英

盛弘之曰：（羅）縣舊治沮中，後移出百里洲西，去郡百六十里，縣左右有數十洲槃布江中，其百里洲最為大也。中有桑田甘果，映江依洲，自縣西至上明東及江津，其中有九十九洲。

解讀

因為江道寬廣，加以水流趨緩，上游流沙，易於在這個江段中淤積成洲，所以在羅縣縣境一帶，竟有九十九洲之多，其中大洲如百里洲，「中有桑田甘果」。像百里洲這類洲，已經穩定成陸，有村莊民舍田園。實際上就成為一個江中的島嶼。這是江漢平原長江的大勢，是長江全程中的一個特殊段落，這想必與古代的雲夢澤有關。

擷英

（《經》又南過江陵縣南。）

縣北有洲，號曰枚回洲，江水自此兩分，而為南、北江也。

解讀

枚回洲顯然是個早已穩定的大洲，所以江在此分為二，即北江與南江。但此北、南二江，與《禹貢》及《漢書・地理志》的「三江」不同，酈氏也未曾與之相混。這種因江中橫亘一個大洲（島），江水就分南北兩條，在長江中為數不少，江口的崇明島即是其例，與《禹貢》及《漢書・地理志》之說無關。

卷三十五 江水

擷英

（《經》湘水從南來注之。）

江之右岸有城陵山，山有故城，東接微落山，亦曰暉落磯。……又東逕彭城口，水東有彭城磯，故水受其名。

解讀

長江在流經江漢平原後，江道的情況又有改變。當然，江道所經仍在平原之中，所以江中之「洲」依然。在此卷前面的幾條《經》文下，有諸如虎洲、楊子洲、清水洲、生江洲、爵洲等洲，羅列江中。但除「洲」以外，又有一種地理事物稱為「磯」出現，此《經》下除上述暉落磯、彭城磯外，還有隱磯、鴨蘭磯、蒲磯等。「磯」與「洲」當然不同，「磯」是旁江孤丘，高度均不大，但具有約束江道作用。江漢平原以東，直至大江入海，沿江並無高山大嶺，所以「磯」就顯得重要，自此東下，如采石磯、燕子磯等，都是沿江名磯。

擷英

（《經》又東北至江夏沙羨縣西北，沔水從北來注之。）

（龍驤水）南至武城，俱入大江，南直武洲，洲南對楊桂水口，江水南出也。通金女、大文、桃班三治，吳舊屯所，在荊州界盡此。

解讀

按金女、大文、桃班三治，歷來學者多費解。清李兆洛《歷代地理志韻編今釋》卷首李鴻章序說：「金女、大文、桃班、陽口、歷口之類，皆不見于諸志。……亦不能無疑也。」楊守敬、熊會貞《水經注疏》改「治」為「冶」。楊守敬疏云：「〈隋志〉，江夏縣有鐵。《寰宇記》，冶唐山在江夏南二十六里。《舊記》云：『宋時依山置冶，即今所指之冶。』」按此處楊、熊所改為是，對歷來諸本包括《武英殿本》之訛，甚有價值。楊、熊俱鄂人，對鄂地地理掌故甚有心得，此「治」字，不唯酈書之訛，李兆洛、李鴻章亦同其訛（李鴻章已提出其疑），足見古籍校勘，確能愈校愈精。

擷英

（《經》鄂縣北。）

江水右得樊口，庾仲雍《江水記》云：谷里袁口，江津南入，歷樊山上下三百里，通新興、馬頭二治。

解讀

如上條，楊守敬、熊會貞《水經注疏》改「治」為「治」。熊會貞《疏》云：「〈晉志〉，武昌有新興、馬頭鐵官。〈唐志〉，武昌有鐵。《御覽》八百三十引《武昌記》，北濟湖當是新興治塘湖。元嘉發水治。……〈一統志〉，新興治在大治南。」此條與前條同，熊氏之改甚佳。其中「大治」之名今仍存。鄂省自古多「治」，鈔錄者誤作「治」，楊、熊之校，甚有貢獻。

擷英

《經》又東過下雉縣北，利水從東陵西南注之。

（江水）又東，左得青林口，水出廬江郡之東陵鄉。江夏有西陵縣，故是言東矣。《尚書》云：江水過九江至于東陵者也。西南流，水積為湖，湖西有青林山，宋太始元年，明帝遣沈攸之西伐子勛，伐柵青山，睹一童子甚麗，問伐者曰：取此何為？答：欲討賊。童子曰：下旬當平，何勞伐此。在眾人之中，忽不復見，故謂之青林湖。湖有鯽魚，食之肥美，辟寒暑，湖水西流，謂之青林水。

解讀

中國自古稱大川必言「江河淮濟」，江為大川之首。但《水經》只寫到下雉縣，而酈書也僅以一個神話故事提及青林山、青林湖、青林水。一條大江，《經》、《注》都只寫到今湖北和江西之間，於事實在可疑。全祖望在〈水經江水篇跋〉（《鮚埼亭集外編》卷二二）中說：「〈江水〉失去第四篇，而青林湖以下竟無考。」戴震在《武英殿本》中說：

案《水經》于〈沔水〉內敘其入江之後所過，蓋與江水合沔之後，詳略互見，今〈江水〉止于下雉縣，而〈沔水〉內訂其錯簡，又東過彭蠡澤，又東過皖南縣，又東至石城分為二，其一東北流，又東北出居巢縣南，又東過牛渚，又過毗陵縣為北江，參以末記《禹貢》山水澤地所在〉，北江在毗陵北界，東入于海，下雉以下大江入海之大略固具在，道元于〈江水〉敘次必詳悉，自宋時已闕逸矣。

全祖望認為〈江水〉失去第四篇的話是有道理的，北宋景祐所失五卷之中，確有可能包括〈江水〉一卷。戴震之言失之於含混不清。若〈江水〉無第四篇，而〈沔水〉篇中怎又混入大江入海之事，如黃宗羲所說，其間又錯誤百出呢？今卷二十九〈沔水〉篇中酈氏語：「但東南地卑，萬流所湊，濤湖泛決，觸地成川，枝津交渠，世家分夥，故川舊瀆，難以取悉，雖麤依縣地，緝綜所纏，亦未必一得其實也。」此一段，應為〈江水〉第四篇大江入海後之結束語，竟錄入與此毫無關係的〈沔水〉篇中，實在是牽強附會。所以《水經注》在缺佚五卷後，傳鈔湊合之中，魯魚亥豕之訛存在甚多，但於今已無可補救了。

卷三十六 青衣水 桓水 若水 沫水 延江水 存水 溫水

擷英

（若水《經》又東北至犍為朱提縣西，為瀘江水。）

建安二十年立朱提郡，郡治縣故城。郡西南二百里得所綰堂琅縣，西北行，上高山，羊腸繩屈八十餘里，或攀木而升，或繩索相牽而上，緣陟者若將階天，故袁休明〈巴蜀志〉云：高山嵯峨，巖石磊落，傾側縈回，下臨峭壑，行者扳緣，牽援繩索。三蜀之人，及南中諸郡，以為至險。有瀘津，東去縣八十里，水廣六七百步，深十數丈，多瘴氣，鮮有行者。

解讀

此段《注》文引及〈巴蜀志〉。章宗源《隋書經籍志考證・卷六》：「〈巴蜀志〉卷亡，袁休明撰，不著錄。」〈隋志〉又著錄〈巴蜀記〉一卷，不著撰人。此二者是否同書，因均已亡佚，無可查核。但酈氏因當時的廣搜博覽，尚能見及此書，所引「以為至險」數句，確實把山道艱難寫得觸目驚心。按《續漢書・郡國志》朱提下注引〈南中志〉，謂縣西南二里有堂狼山，多毒草，盛夏之月，飛鳥過之，不能得去。「堂狼」與「堂琅」同音，恐即堂琅縣之山；「飛鳥過之，不能得去」，寫得未免過分。此段《注》文記及的瀘津，也說「多瘴氣，鮮有行者」。「瘴氣」是諸書寫到西南山區時常用的詞彙，意思是一種深山惡水中的毒氣，人受到瘴氣，就會中毒而死。我認為古人所謂瘴氣，實在是深山老林中的枯枝敗葉，積久腐爛，所謂腐殖質之類，當然易於繁殖細菌病毒，而這些地區行人稀少，特別是當時的衛生條件不好，所以經過這些地區的行旅，容易致病而死。回憶一九八二年我曾由本地嚮導帶入南美亞馬遜原始森林，在深邃的赤道雨林中考察了大半天。嚮導人無非手持一根木棍，因亞馬遜原始森林與剛果及南洋的原始森林不同，其間很少毒蛇猛獸故也。但枯枝敗葉確實堆積甚多。敗葉多處，有深及膝部者，霉腐之氣甚濃，因樹蓋甚密，不見陽光，加以雨水極多，必然要產生這種現象，或許就是我們所說的瘴氣。但現在的條件與古時不能相比，進入森林前，衣褲鞋襪帽蓋，都妥為準備。褲管緊紮，加上手套，肌膚基本上不會觸及林中腐物。而考查以後，回到旅館，又立即沐浴消毒，所以可保無「瘴氣」之虞。現在中國西南山區的情況，想必也已經改變了。

擷英

自朱提至僰道有水步道，水道有黑水、羊官水，至險難，三津之阻，行者苦之。故俗為之語曰：楢溪、赤水，盤蛇七曲，盤羊烏櫳，氣與天通，看都護泚，住柱呼伊，庲降賈子，左擔七里。又有牛叩頭、馬搏頰坂，其艱險如此也。

解讀

中國西南古代的道路，李白在〈蜀道難〉詩中，已經寫得淋漓盡致。這中間，由陝入川的稱為棧道。在卷二十七〈沔水〉篇中已有記敘。而這一段中所說：「庲降賈子，左擔七里」，則是另一類艱險的山道，即所謂「左擔道」。庲降在當時是建寧郡治，約在今雲南曲靖附近。僰道是今四川宜賓，是岷江注入長江之處，商業必然繁榮，從庲降到僰道，是從一個政治中心到一處商業重鎮，行人當然不少。但這條道路，在古代被稱為「左擔道」，其險峻實不下於棧道。楊希閔在《水經注匯校》於此處引李克〈蜀記〉說：「蜀山自綿谷葭萌，道陘險窄，北來負擔者，不容息肩，謂之『左擔道』。」商賈之人，用扁擔在肩上負重，行走於狹窄的山道之上，肩挑者的唯一休息方式，是把扁擔換到右肩，行進一段後，又從右肩換到左肩，在整個負重行程中，這樣的換肩動作，使左、右肩獲得間息的機會。但是從庲降入川，由於山道既險又狹，換肩的動作也不可能，負擔肩挑者，只能用一個肩膀硬挺。「左擔七里」，說明這條「左擔道」的長度。負重者奔走於如此漫長的山道上，當然不勝其苦。但當年要在這樣崎嶇險峻的山上，開鑿出如此一條道路，其工程的艱巨，實在也是很難想像的。

擷英

（溫水《經》東北入于鬱。）

區粟建八尺表，日影度南八寸，自此影以南在日之南，故以名郡。望北辰星，落在天際。日在北，故開北戶以向日。此其大較也。范泰《古今善言》曰：日南張重，舉計入洛，正旦大會，明帝問：日南郡北向視日邪？重曰：今郡有雲中、金城者，不必皆有其實，日亦俱出于東耳。

解讀

日南郡位於今越南中南部，是中國歷來行政區劃中最偏南的一郡。應劭在《地理風俗記》中說：「日南，故秦象郡」，雖然並不完全正確，但可以說明這個地區在西元前三世紀已由漢族建立了郡縣。《漢書・地理志》說王莽改名為日南亭，所以直到西漢之末，此郡仍在漢朝的版圖之中。東漢馬援和路博德幾次南征，日南郡也都在漢疆之中。同條《注》文說：「晉太康三年，省日南郡屬國都尉，以其所統盧容縣置日南郡及象林縣之故治。」直到南北朝，《注》文還記及元嘉二十年「陳兵日南，脩文服遠」之事，所以南朝勢力仍到達這個地區。對於領土的地理位置絕大部分在北回歸線以北的漢族王朝來說，把此郡稱為「日南」，這就是《注》文所說的：「日在北，故開北戶以向日，此其大較也。」這段話中，「此其大較也」一句是說得很有道理的，因為日南郡並不全年都「開北戶以向日」。按此郡地理位置大概在北緯十七度南北，所以每年夏至前後，約有五十天時間太陽在北。則一年之中「開北戶以向日」的日子還不到兩個月。《注》文所說的「區粟建八尺表」，所謂「八尺表」，顯然是一種日晷之類的設置，是古人根據日照以確定地理位置的依據。區粟是古代林邑國城市，在今越南順化一帶，具體地點至今尚有不同意見，但大致在北緯十六度附近，一年中位於日南的時間接近兩個月，所以《注》文的「此其大較也」一語是順理成章的。

《注》文還舉了范泰《古今善言》所敘的一段故事，此書，〈隋志〉與兩〈唐志〉都曾著錄，全書有三十卷，可惜已經亡佚。但《注》文提及的這位張重，顯然是個不學無術之輩，但在郡中必然是個有權勢的人物，所以能夠獲得這樣一次到洛陽的當前稱為公費旅遊的機會。而且得以在洛陽與漢族的至尊對面。可惜這位以權勢關係來到中原的人，連最起碼的天文知識都沒有，只憑其平時聽到過的幾個中原郡名，油嘴滑舌，答非所問。只是由於漢明帝自己所知也不多，所以無法當場揭穿他的胡言亂語。這樣的人物，其實古今都不少。我在國外講學，常常看到一些衣冠楚楚的所謂「考察」官員，如同木偶似地被翻譯（有的翻譯其實也是半瓶醋的）牽來牽去。這類華夏官員，其實連當年的張重都不如。可嘆也。

擷英

古人云：五嶺者，天地以隔內外，況綿途于海表，顧九嶺而彌邈，非復行路之逕阻，信幽荒之冥域者矣。

解讀

「五嶺」一名始於《史記・張耳陳餘列傳》：「秦為亂政虐刑以殘賊天下數十年矣，北有長城之役，南有五嶺之戍。」當時所謂「五嶺」，並不一定有五座山嶺，正如《禹貢》三江、九河等一樣，「三」、「九」只是多數而已。北方平原之民，來到南粵叢山峻嶺之地，五嶺當是言其多山之意。但以後三江、九河等，都以江、河名稱湊合其數，於是五嶺也就用五座山嶺之名的名稱湊合其數。《史記索隱》引裴氏《廣州記》云：「大庾、始安、臨賀、桂陽、揭陽，斯五嶺。」所以五嶺之名始見於晉代成書的《廣州記》，較三江、九河要晚得多了。

到了《水經注》時代，實數的五嶺概念已經明確。酈氏在《注》文中記敘了五嶺的具體名稱和地理位置。因五嶺是分布在今湘桂、湘粵、贛粵之間的漫長地帶的，所以《水經注》在〈湘水〉、〈溱水〉、〈鍾水〉、〈耒水〉四篇中，才把此五嶺的名稱記敘完整。

卷三十八〈湘水〉的《經》文「東北過零陵縣東」下，《注》文說：「越城嶠水南出越城之嶠，嶠，即五嶺之西嶺也」。此處的越城嶠，即《廣州記》的始安嶺。同卷《經》文「又東北過泉陵縣西」下，《注》文說：「馮水又左會萌渚之水，水南出萌渚之嶠，五嶺之第四嶺也。」此處的萌渚嶠，就是《廣州記》的臨賀嶺。卷三十八〈溱水〉的《經》文「東至曲江安聶邑東，屈西南流」下，《注》文說：「山，即大庾嶺也，五嶺之最東矣。」卷三十九〈鍾水〉的《經》文「鍾水出桂陽南平縣都山，北過其縣東，又東北過宋渚亭，又北過鍾亭，與灌水合」下，《注》文說：「都山，即都龐之嶠，五嶺之第三嶺矣。」此處的都龐嶠，就是《廣州記》的揭陽嶺。卷三十九〈耒水〉的《經》文「又東北過其縣之西」下，《注》文說：「山則騎田之嶠，五嶺之第二嶺也。」此處的騎田嶠，就是《廣州記》的桂陽嶺。前面指出，像三江、九河、五嶺等冠以數字的地名，開始只是表示多數，以後才湊合成實，但這中間，五嶺一名最具有實際意義。因為三江、九河，即使在湊合成實以後，學者尚多爭議，而且名稱也常有更易。但五嶺卻不同，它一旦具有實名以後，就一直穩定不變。在科學的自然地理學誕生以後，五嶺就成為南嶺的別名。南嶺是綿亘於湘、贛、粵、桂四省邊境的一系列東北、西南走向的山脈的總稱，是長江和珠江的分水嶺。而從西到東，越城（海拔二一二三公尺）、都龐（海拔二〇〇九公尺）、萌渚（海拔一七八七公尺）、騎田（海拔一五一〇公尺）、大庾（海拔一〇〇〇公尺）屹立其間，不少重要的南北通道，如梅嶺絡、摺嶺絡、桂嶺絡等，都在五嶺之間的低谷山口通過。在自然地理上，五嶺以南，屬於南亞熱帶和熱帶；在人文地理上，由於這個地區開拓甚晚，所以顯然比湘鄂落後。因此，《注》文引古人云：「五嶺者，天地以隔內外。」從自然與人文兩方面來說，都是一句重要的名言。

擷英

《林邑記》曰：浦通銅鼓、外越、安定、黃岡心口，蓋藉度銅鼓，即駱越也。

……《林邑記》曰：外越、紀粟、望都，紀粟出浦陽。

解讀

此段《注》文中，《林邑記》二次記及「外越」。而在卷三十七〈葉榆河〉的《經》文「過交趾麊泠縣北，分為五水，絡交趾郡中，至南界復合為三水，東入海」下的《注》文中，又引《林邑記》：「所謂外越、安定、紀粟者也。」《水經注》記及「外越」之名三次，均從《林邑記》一書引來。此書，〈隋志〉及兩〈唐志〉均有著錄，《林邑國記》一卷，不著撰人，書已亡佚。按林邑即台婆，西元二世紀末期，在今越南中部一帶建國。今古籍中記及內越、外越者唯《越絕書》，此書卷八：「句踐徙治山北，引屬東海，內、外越別封削焉。」同卷又記及秦始皇進占越地後，「置海南故大越處，以備東海外越，乃更名大越曰山陰」。按「越」，《漢書》譯「粵」，是中國古代南方的一個大部落（民族）。古代在今國境之中部落當然極多，但其中漢、楚、越三足鼎立，是三大部落。從自然地理環境而論，漢族所處最為優越，黃河汎濫改道之害多在下游，漢族繁衍生息之處，土地平坦，氣候適宜，屬於一片穩產豐產的小麥雜糧區。楚族位處長江與雲夢澤地區，湖沼遍布，土地低溼，水患雖不頻繁，但間或有之，而其墾殖較漢族地區為艱。越族處於南方沿海，從晚更新世以來，海進與海退反覆交替，部落播遷流散，發展歷程較漢族及楚族都顯得複雜困難。《注》文引《林邑記》「外越」，而今存《越絕書》則內、外越並記，這中間就涉及自從晚更新世以來這個部族在海進與海退中的播遷和流散。我往年曾撰有〈越族的發展與流散〉拙文⑮，文中引及《越絕書》及《水經注》所引的《林邑記》，內、外越的記敘現在能在古代文獻上見到的僅此而已，而其過程實際曲折、複雜而且為時漫長。

擷英

渡便州，至典由，渡故縣，至咸驩。咸驩屬九真，咸驩已南，麞麂滿岡，鳴咆命疇，警嘯聒野，孔雀飛翔，蔽日籠山。

⑮ 原載於《東南文化》一九八九年第六期，收入於《吳越文化論叢》，中華書局一九九九年出版。

解讀

九真郡是西漢初年南粵趙佗所置，到西漢武帝元鼎六年（西元前一一一年）就歸屬漢。九真在日南之北，也是中國歷史上的南疆，此處《注》文所記敘的是一番熱帶風光。古籍記載中頗為少見，故錄出以供參閱欣賞。

擷英

元嘉元年，交州刺史阮彌之征林邑，陽邁出婚不在。……陽邁攜婚，都部伍三百許船來相救援。謙之遭風，餘數船艦，夜于壽泠浦裡相遇，暗中大戰，謙之手射陽邁柂工，船敗縱橫，崑崙單舸，接得陽邁。

解讀

《水經》與《水經注》都是從崑崙開始的。《水經》的第一句是「崑崙墟在西北」，《水經注》的第一句是「三成為崑崙丘」。但《經》、《注》對「崑崙」均未作任何解釋，僅是山而已。

「崑崙」當是外來語，但傳入華夏為時甚早，因為成書於戰國時代的《山海經》與《禹貢》，都已記入了這個名稱。曾有人以此名與漢族的西來說聯繫起來，徐球在〈黃帝之囿與巴比倫之懸園〉（《地學雜志》一九三一年第一期）中以〈河水注〉所引及的崑崙山「玄圃」等相比，作為漢族西來的證據。從《山海經》等引述的「崑崙」，實際上是一座神話之山，其上有所謂「太帝之庭」。但今天我們在地圖上確實在羌塘高原和塔里木盆地南緣之間繪有一條「崑崙山」。這條「崑崙山」，實際上是張騫和漢武帝二人合作的作品。對此，《史記・大宛列傳》可以為證：「漢使窮河源，河源出于闐，其山多玉石，採來，天子案古圖書，名河所出曰崑崙山。」這裡的「漢使」是張騫，「天子」是漢武帝。所謂「古圖書」，當是《禹本紀》和《山海經》之類。《禹本紀》在酈道元時尚存在，但以後就亡佚。司馬遷曾在《大宛列傳》中引及一句，此句大概就是漢武帝的依據：「河出崑崙，崑崙高二千五百餘里，日月所相避隱為光明也。」漢武帝在《山海經》一書中也獲得一些依據，那就是〈河水注〉也曾引及的「面有九井，以玉為檻」。他把張騫考察的結果「河源出于闐」（這是錯誤的）、「其山多玉石」（這是正確的）兩句話與《禹本紀》和《山海經》核對，於是就把于闐（今和田）南山定為崑崙山。歷代相傳落實，直到今天。

儘管漢武帝把「崑崙」作為一座山名而固定下來，但「崑崙」事實上是個外來語，它還有各種不同的音譯。〈河水〉篇的《注》文中就有「林楊國去金陳國」的話。《太平御覽・卷七九〇・四夷部・一一・金隣國條》說：「金隣一名金陳，去扶南可二千餘里，地出銀，人民多，好獵大象，生得乘騎，死得去其牙齒。」〈河水〉篇的金陳與《御覽》金隣，據岑仲勉〈南海崑崙與崑崙山之最初譯名及其附近諸國〉（《中外史地考證》上冊）一文說：「金隣之還原，當作 Kumrun 或 Kumrun……崑崙國與 Kumrun 之即金鄰，蓋無致疑之餘地。」這樣，金隣或金鄰，是崑崙的另一種音譯。而這個金隣或金鄰，在《水經注》作金潾。因為《經》文「東北入于鬱」中有《注》文說：「晉功臣表所謂金潾清逕，象渚澄源者也」。這個「金潾」，並且也可以譯作「金麟」。明田藝蘅《留青日札・卷十》引張籍〈蠻中詩〉：「銅柱南邊毒草春，行人幾日到金麟。」《御覽》

說金隣人好獵大象，張籍說金麟在銅柱以南。位於銅柱南而產象，則此金潾或金麟，不在中國西北，而在中國之南了。現在，「崑崙單舸，接得陽邁」一語，正好作了證明，崑崙不僅出現於西北，而且也出現於南海。西域「崑崙」是山名，南海「崑崙」是國族名。「崑崙」一名，有這許多典故可以研究，做學問真是一件大事情。

擷英

豫章俞益期，性氣剛直，不下曲俗，容身無所，遠適在南。〈與韓康伯書〉曰：惟檳榔樹，最南游之可觀，但性不耐霜，不得北植。不遇長者之目，令人恨深。嘗對飛鳥戀土，增思寄意，謂此鳥其背青，其腹赤，丹心外露，鳴情未達，終日歸飛，飛不十千，路餘萬里，何由歸哉？

解讀

《水經注》所引書信不少，列名者近二十種，當時不知從何處獲致。例如此處所引〈俞益期與韓康伯書〉。同條《注》文中又引〈俞益期箋〉曰：

馬文淵立兩銅柱于林邑岸北，有遺兵十餘家不返，居壽泠岸南而對銅柱，悉姓馬，自婚姻，今有二百戶，交州以其流寓，號曰馬流，言語飲食，尚與華同。山川移易，銅柱今復在海中，正賴此民，以識故處也。

按〈俞益期與韓康伯書〉，未見公私著錄，早已亡佚。俞益期，按《注》僅知其為豫章人，行歷不詳。韓康伯見於《世說新語》〈言語〉、〈方正〉、〈雅量〉、〈品藻〉、〈捷悟〉、〈賢媛〉各篇。《隋書・經籍志》著錄有晉太常卿《韓康伯集》十六卷，則韓當為知名人士。集中或有致俞益期覆書，因集已亡佚，無可查核。

擷英

王氏《交廣春秋》曰：朱崖、儋耳二郡，與交州俱開，皆漢武帝所置。大海中，南極之外，對合浦徐聞縣，清朗無風之日，逕望朱崖州，如囷廩大，從徐聞對渡，北風舉帆，一日一夜而至，周回二千餘里，徑度八百里，人民可十萬餘家，皆殊種異類，被髮雕身，而女多姣好，白皙、長髮、美鬢。犬羊相聚，不服德教。

解讀

《注》文對建置短暫的朱崖、儋耳二郡的記敘，實際上與《水經》之《注》無關。充分說明了酈道元的大一統思想。由於他雖為《水經》作《注》，但是他在版圖上以西漢王朝（若干處兼及域外）為基礎，這是絕無可疑的。為此，他查得王氏《交廣春秋》（當是《新唐書・藝文志》著錄的王范《交廣二州記》一卷），把此二州即今海南省記敘下來，文字非常親切詳細。是今天研究海南島早期自然、人文的重要資料。按《三國志・吳書・孫策傳注》，太康八年，廣州大中正王范，上《交廣二州春秋》等，故酈氏所引當是此書。已亡佚，藉酈書之引得見此吉光片羽。

卷三十七 淹水 葉榆河 夷水 油水 澧水 沅水 浪水

擷英

（葉榆河《經》益州葉榆河，出其縣北界，屈從縣東北流。）

（葉榆）縣西北八十里，有吊鳥山，眾鳥千百為群，其會鳴呼啁哳，每歲七八月至，十六七日則止，一歲六至。雉雀來吊，夜燃火伺取之。其無嗉不食，似特悲者，以為義則不取也。俗言鳳凰死于此山，故眾鳥來吊，因名吊鳥。

解讀

這段《注》記敘的是一種奇怪的鳥類現象。但酈氏足跡未履其境，酈氏是根據當時流行的資料寫作這段文字的。酈書雖未說明來源，其實是引自《續漢書・郡國志》所引的《廣志》。在當時《廣志》尚未亡佚，所以其文有可能直接從《廣志》引來。吊鳥山的現象很特異，是否確有其事，還需要和其他記載相互核對。

在酈道元以後約一千年，著名的明代旅行家徐霞客親履其地。他在《滇游日記》八，己卯（崇禎十二年，西元一六三九年）三月初二日的日記中記載了鄧川州鳳羽（今雲南洱源）所聽到的這種奇怪的鳥類現象，除了地名與酈氏稍有不同外，事實基本上無異。《水經注》作「吊鳥山」，而《徐霞客游記》作「鳥吊山」：

> 晨餐後，尹具數騎，邀余游西山。蓋西山即鳳羽之東垂也。條岡數十枝，俱向東蜿蜒而下，北為土主坪。……從土主廟西上十五里，即關坪，為鳳羽絕頂。其南白王廟後，其山更高，望之雪光皚皚而不及登。鳳羽，一名鳥吊山，每歲九月，鳥千百為群，來集坪間，皆此地所無者，土人舉火，鳥輒投之。

說明酈道元在一千年以前記載的這種現象，徐霞客一千年以後再次得到證實。不過徐霞客到達這裡的時候正值三月，而這種特異的「鳥會」要到九月（酈道元說七八月）才出現，所以徐氏雖然親履其地，但並無親見其事。

但這種現象至今仍然存在，雲南人民出版社一九八五年出版的校注本《徐霞客游記》，在這一天的日記之後，校注者朱惠榮教授作了一條注釋：

> 這種動人的奇景至今仍然存在，每年中秋前後，在大霧迷濛，細雨綿綿的夜晚，成群結隊按一定路線遷徙的候鳥，迷失了方向，在山間徘徊亂飛，當地群眾在山上四處點燃火把誘鳥，火光繚亂，群鳥亂撲。鳥吊山的奇景，在雲南不止一處，墨江哈尼族自治縣壩溜公社瑤家寨附近的大風丫口，至今每年秋天總有二三晚「鳥會」，有時也出現在春季。

朱惠榮教授說「每年中秋前後」，則酈道元所說的「每歲七八月至」和徐霞客所說的「每歲九月」都沒有錯。從朱注中知道參加「鳥會」的都是迷失方向的候鳥；酈道元的記載則是「夜燃火伺取之」；徐霞客的記載是「土人舉火，鳥輒投之」；而朱注則說「當地群眾在山上四處點燃火把誘鳥」。從《水經注》到朱注，歷時一千四百多年，燃火誘捕候鳥的習俗未變，這倒是令人杞憂的。候鳥應該保護，怎能大量誘捕。《水經注》中就已有保護候鳥的記載。卷四十〈漸江水〉在《經》文「北過餘杭，東入于海」下的《注》文說：

昔大禹在位十年，東巡狩，崩于會稽，因而葬之。有鳥來，為之耘，春拔草根，秋去其穢，是以縣官禁民，不得妄害此鳥，犯則刑無赦。

與會稽的這種保護候鳥的措施相比，鳥吊山這種長時期的群眾性捕殺候鳥，當然是十分不幸的。不過，最近我在雲南民族出版社出版的《民族文化》一九八六年第六期中，讀到了一篇目擊這種「鳥會」的楊圭臬所寫的〈鳥吊山〉一文，使我不勝慰藉。因為群眾誘捕候鳥的事，現在已經停止了。文中說：

鳥雀越來越多，簡直像雨點般朝火光撲來。有的唧唧喳喳啼叫，有的引頸長鳴，震動山谷。這時，只要拿一根長竹桿隨意刷打就可以打下許多鳥雀。據說，過去也是這樣的。但近年已沒有人再打鳥了。只有偶爾用網兜捕捉幾隻奇異的鳥類飼養。而上山林的都是來「趕鳥會」，欣賞這種罕見的大自然奇觀。

至於大量的候鳥來自何處，在文中也有較詳的說明：

一位特地從昆明動物研究所趕來參加「鳥會」的科學工作者告訴我：「這些鳥中，大部分是從青海湖的鳥島飛來的。像領鶬這種鳥，那只有青海湖才有。」我感到很驚奇，他慢慢地跟我說：「這些都是候鳥，每年冬天都要飛到孟加拉灣一帶過冬，到第二年春天返回，烏吊山剛好是候鳥南遷的中途站，於是便有這麼多鳥雀了。」

擷英

（《經》過交趾羗泠縣北，分為五水，絡交趾郡中，至南界，復合為三水，東入海。）

《尚書大傳》曰：堯南撫交趾于《禹貢》荊州之南垂，幽荒之外，故越也。《周禮》，南八蠻，雕題、交趾，有不粒食者焉。《春秋》不見于傳，不通于華夏，在海島，人民鳥語。秦始皇開越嶺南，立蒼梧、南海、交趾、象郡，漢武帝元鼎二年，始并百越，啟七郡。

解讀

前面已經提及，古代中國國境內的許多部落（族）中，以漢、楚、越三者為最大。越居於南，所以文明發展最早的漢人就把南方的許多部族統稱為南蠻。因為地域大，部族的分支多，所以《周禮》稱為「南八蠻」，也因為其中稱越者甚多，所以又常稱為「百越」。這一段中所謂：「荊州之南垂，幽荒之外，故越也」（《漢書》不譯「越」而譯「粵」），又因語言不通，以單綴語音的漢人聽來，所以稱他們為「人民鳥語」，也就是《孟子．滕文公上》所說的「南蠻鴃舌」。其實，當前許多花了納稅人外匯到西方作稱為「考察」而其實是公費旅遊的官員們，他們對彼方人也有「人民鳥語」的感受。三大部族中，前面也已述及，越族由於位處南方海邊，從晚更新世以來就因海進海退的自然變遷而數經流散。後來秦始皇一統華南，又被其驅趕而遷移流散。由於自然變遷而流散的，最近一次在距今一萬餘年的全新世，也就是迄今為止的第四紀的最後一次海進。大批越人外遷，最近的到今浙皖一帶的山區，即後來的句吳，有的南遷，有的北遷，但部族的名稱常常還不變，好像漢人南遷而姓氏不變一樣。例如南遷到中南半島的仍稱「越南」，北遷到日本的甚多，今日本稱「越」的地名不計其數。也就是這段《注》文所說的「故越也」。但所有這些南北播遷的越人，如《越絕書》和前引酈書中的《林邑記》，都稱為「外越」。而隨著海進中海面提升而逐漸南撤最後進入會稽、四明山區的這一支則稱為「內越」。到了西元前二世紀，秦始皇占據這個地方，「內越」也被大部驅散，許多部落分支被驅趕到今西南各地。現在還可以看到他們流散播遷的遺跡，就是那些地方的地名，與越族原來的中心地區即今浙江一帶的地名往往語音相同。我往年曾撰有〈中國古代的方言地理學——《方言》與《水經注》在方言地理學上的成就〉⑯一文，把當前在東南地區保留的古代越語地名與西南的地名作了對比。其中如含「無」、「毋」的地名，含「句」的地名，含「烏」的地名，含「朱」的地名，含「姑」的地名，含「餘」的地名等多類，如東南的「無錫」，西南的「會無」，東南的「句章」，西南的「句漏」，東南的「烏程」，西南的「烏櫳」，東南的「朱室」，西南的「朱提」，東南的「姑蔑」，西南的「姑復」，東南的「餘杭」，西南的「餘發」等，真是不勝枚舉，可以清楚地看到當年越人流散的足跡。所以「荊州之南垂，幽荒之外，故越也」一語，其實是道出了古代越族流散的故跡。

⑯ 收入於《酈學新論——水經注研究之三》，山西人民出版社一九九二年出版。

擷英

（夷水《經》東入于江。）

（夷）水所經皆石山，略無土岸，其水虛映，俯視游魚，如乘空也。淺處多五色石，冬夏激素飛清，傍多茂木空岫，靜夜聽之，恆有清響，百鳥翔禽，哀鳴相和，巡頹浪者，不覺疲而忘歸矣。

解讀

「夷水」即今日的「清江」，是長江的一條小支流，長不過四〇〇公里。即使在古代，也不是受人重視的支流。但這一段《注》文寫得清幽雋永，讓人屢讀不捨。其中對「游魚」的描寫，實為柳宗元《永州八記》所倣效。《注》文當然引自他書，酈氏亦必有加工。由於未曾說明原文得自何書，以地區及文筆度之，恐是袁山松的〈宜都記〉，因夷水正在這個地區，而從上述〈江水〉篇聯繫，袁山松也能寫出一手佳文。

擷英

（澧水《經》澧水出武陵充縣西，歷山東過其縣南。）

澧水又東，茹水注之，水出龍茹山，水色清澈，漏石分沙。莊辛說楚襄王，所謂飲茹溪之流者也。

解讀

酈道元寫景，筆法多變。上篇寫夷水：「其水虛映，俯視游魚，如乘空也。」此篇寫澧水支流茹水：「水色清澈，漏石分沙。」一以游魚，一以沙石，其意均在河水的「虛映」、「清澈」。南方諸水，酈氏當然得之於當時南人資料，但必然經過他的加工。

擷英

（沅水《經》又東北過臨沅縣南。）

沅水又東歷小灣，謂之枉渚。渚東里許，便得枉人山，山西帶脩溪一百餘里，茂竹便娟，披溪蔭渚，長川逕引，遠注于沅。

解讀

在一條《經》文之下，《注》文寫了沅水沿流的許多自然風景，因文字較長，故只引「枉渚」一段。《經》文下所引如臨沅縣西的「明月池，白璧灣。灣狀半月，清潭鏡澈，上則風籟空傳，下則泉響不斷，行者莫不擁楫嬉游，徘徊愛玩」，隨即又引「三石澗，鼎足均跱，秀若削成，其側茂竹便娟，致可玩也」。而此以下的「綠蘿山」，《注》文說：

（沅水）又東帶綠蘿山，綠蘿蒙冪，頹巖臨水，實釣渚漁詠之勝地，其疊嚮若鐘音，信為神仙之所居。

但《廣博物志・卷五・地形一・山》尚輯有綠蘿山的佚文一段：

> 武陵綠蘿山，素巖若雪，松如插翠，流風叩阿，有絲桐之韻。土人歌曰：「仰茲山兮迢迢，層石構兮嵯峨，朝日麗兮陽巖，落景梁兮陰阿，郭壑兮生音，吟籟兮相和，敷芳兮綠林，恬淡兮潤波，樂茲潭兮安流，緩爾楫兮咏歌。」

這一段佚文，除《廣博物志》外，在清杜文瀾《古謠諺・卷二十九・武陵綠蘿山土人歌》及王仁俊《經籍佚文・水經注佚文》（稿本）中，也都有輯入，字句與《廣博物志》同。則其為酈佚可以無疑。故沅水在此一線山水風景確甚幽美，今日已經開發的名勝地張家界，或亦在此《經》文之下。《注》文所記，可以為今日旅遊業發展，提供線索，所以很有價值。

擷英

（泿水《經》其一又東過縣東，南入于海。）

建安中，吳遣步騭為交州史，騭到南海，見土地形勢，觀尉佗舊治處，負山帶海，博敞渺目，高則桑土，下則沃衍，林麓鳥獸，于何不有。海怪魚鱉，黿鼉鮮鱷，珍怪異物，千種萬類，不可勝記。佗因岡作臺，北面朝漢，圓基千步，直峭百丈，頂上三畝，複道回環，逶迤曲折，朔望升拜，名曰朝臺。前後刺史郡守遷除新至，未嘗不乘車升履。

解讀

這一段《注》文是三國時代對當時的珠江三角洲的全面描述。因嶺南是中國開拓較晚之地，所以古代文獻中很少能看到當時的珠江三角洲面貌的文字。此處所述：「負山帶海，博敞渺目，高則桑土，下則沃衍」，是這片三角洲當時自然地理和人文地理的概括寫照。文字雖然簡單，但概貌已經包羅盡致了。步騭是吳地人，驟到這個開發甚晚的地區，在自然地理上已屬熱帶，當然使他不勝駭異：「珍怪異物，千種萬類，不可勝記」。因為這裡的海產與動植物，是他在東南吳越地區所不曾見過的。珠江三角洲後來開拓成一個富庶地區，記載甚多。但這段《注》記載的，為時最早，所以很有價值。

卷三十八 資水 漣水 湘水 灕水 溱水

擷英

（漣水《經》漣水出連道縣西，資水之別。）

（漣）水東入衡陽湘鄉縣，歷石魚山下，多玄石，山高八十餘丈，廣十里，石色黑而理若雲母，開發一重，輒有魚形，鱗鰭首尾，宛若刻劃，長數寸，魚形備足，燒之作魚膏腥，因以名之。

解讀

石魚山玄石當然是一種沉積岩，而「開發一重，輒有魚形」，顯然是魚類化石，《注》文記敘得非常清楚。但「燒之作魚膏腥」，於事實不可能。石魚山之名當得於「開發一重，輒有魚形」而不是得於「魚膏腥」。

擷英

（湘水《經》又東北過重安縣東，又東北過酃縣西，承水從東南來注之。）

衡山東南二面臨映湘川，自長沙至此，江湘七百里中，有九向九背。故漁者歌曰：帆隨湘轉，望衡九面。山上有飛泉下注，下映青林，直注山下，望之若幅練在山矣。

解讀

這一段《注》描寫在湘江行舟中觀瞻南嶽衡山的風景，寫得有聲有色，文字不長，卻是一篇絕妙文章。古人為文，有時不免有些誇張之詞，但以之增加文字聲色，亦屬錦上添花。例如「江湘七百里中，（衡山）有九向九背」的話，事實上或許沒有可能。但酈氏為了他常用的手法，即採集「漁者歌曰」，所以有「九向九背」之語在先，因為漁歌所說的：「帆隨湘轉，望衡九面」是當地一句千錘百煉的諺語，如同〈江水〉篇中引〈行者謠〉的「黃牛山」一樣。引用歌謠諺語，是酈氏慣用的寫作手法，也是他撰文的成功之處。

擷英

（又東北過陰山縣西，洣水從東南來注之；又北過醴陵縣西，漉水從東南來注之。）

湘水又北逕建寧縣，有空泠峽，驚浪雷奔，浚同三峽。

解讀

《注》文描寫空泠峽，只用了「驚浪雷奔」四字，但如同〈河水〉砥柱山一樣，他又用了「浚同三峽」之語，說明酈氏雖未親履三峽，但對於三峽，他確實是心嚮往之的，為此，他在〈江水〉篇中，下了大功夫，搜羅文獻，細心加工，寫出了千古文章。

擷英

（又北過羅縣西，溳水從東來流注。）

瀟者，水清深也，《湘中記》曰：湘川清照五六丈，下見底石如摴蒱矢，五色鮮明，白沙如霜雪，赤崖若朝霞，是納瀟湘之名矣。

解讀

酈道元描寫江河湖陂的水之清者，有多種多樣的筆法，前面多已提出了。這段《注》文是他描寫湘水上源之一的瀟水。對此，他直接運用了《說文》，《說文．卷十一上．水部》：「瀟，深清也。」《說文》的「瀟」雖然不同於《水經注》的「瀟」，《說文》解「深清」，酈氏解「清深」，其實是一樣的。由於《湘中記》給了他數字的依據：「湘川清照五六丈，下見底石如摴蒱矢。」此水的清深達到五六丈，尚能清澈見到底石，所以他不必再用「其水虛映」、「漏石分沙」等描寫方法，而是把「五六丈」這種具體的深度數字如實寫出。從描寫水清的手法一端，足見他寫景的技巧，確實不同凡響，「太上」之譽，可以受之無愧。

擷英

(《經》又北過下雋縣西，微水從東來流注。)

(洞庭)湖水廣圓五百餘里，日月若出沒于其中。

解讀

「日月若出沒于其中」，用這樣的譬喻，其實就是把洞庭湖比作海。而「湖水廣圓五百餘里」，用這個數字估計，洞庭湖當年的面積必然超過一萬平方公里。洞庭湖是中國古代地理書《禹貢》、《職方》、《爾雅》等都記載的全國大湖，在當年的記載中稱為「雲夢」，是一個跨今湖北、湖南二省的大湖。直到上世紀三四十年代，洞庭湖雖已縮小很多，但仍是中國最大的淡水湖，面積超過四千平方公里。上世紀五十年代以後，由於圍墾加劇，全湖迅速縮小，成為比早年贛北的鄱陽湖（當時排全國第二）更小的次一級淡水湖，與《水經注》的記載相比，或許已不到當年的五分之一。古代的雲夢澤面積甚大，後來因湖泊沼澤化的自然地理規律，加上沿湖人們的圍墾。開始是湖泊分散，一個大湖，陸續分割成許多小湖。前面在卷二十二〈渠水〉篇中記敘的圃田澤，也是相似的例子。雲夢澤分散縮小以後，殘留的湖泊，特別是在今湖北境內還有不少，所以湖北曾有「千湖之省」之稱。但以後也不斷縮小湮廢。據《光明日報》記者鄭北鷹所撰〈拯救湖泊〉一文所載，在上世紀五十年代，今湖北境內尚有大小湖泊一〇五二個，而至今已僅剩下八十三個。水資源在人類可持續發展中的重要性，現在已為許多有識之士所共見。酈氏的這幾句文字，實在值得我們重視和反省。

擷英

（灕水《經》灕水亦出陽海山。）

灕水與湘水出一山而分源也。湘、灕之間，陸地廣百餘步，謂之始安嶠。嶠，即越城嶠也。嶠水自嶠之陽南流注于灕，名曰始安水，故庾仲初之賦〈揚都〉云：判五嶺而分流者也。

解讀

「湘、灕之間，陸地廣百餘步」，即通常所說的「湘灕同源」。《漢書・地理志》與《說文解字》對此均有記載，但以《水經注》的記載最為詳明。此處，湘、灕二水之間，「陸地廣百餘步」，這就是「湘灕同源」的來由。秦始皇時，由史祿主持開鑿，令湘、灕溝通，稱為「零渠」，又作「澪渠」，以後常稱「興安運河」或「湘桂運河」，是溝通長江、珠江二水系的古運河，全長六八里，分南、北二渠，南渠占總水量的十分之三，注於灕江；北渠占總水量的十分之七，而匯於湘江。其間有斗門、堰壩等設施。零渠里程雖短，但它是世界上人工開鑿的最早運河之一。

擷英

（溱水《經》溱水出桂陽臨武縣南，繞城西北屈東流。）

武溪水又南入重山，山名藍豪，廣圓五百里，悉曲江縣界，崖峻險阻，巖嶺干天，交柯雲蔚，霾天晦景，謂之瀧中。懸湍回注，崩浪震山，名之瀧水。

解讀

「溱水」即今珠江三源中的「北江」，《注》文中所描述的「武溪水」，今仍稱「幽水」，是溱水的主要源流。另一源今稱「湞水」，二源匯合，即今所稱「北江」。這段《注》主要是描寫武溪水，記敘此水發源處的自然景色。「崖峻險阻，巖嶺干天，交柯雲蔚，霾天晦景」，說明此水從南嶺導源，上源是由瀑布形成的，即《注》文記敘的「懸湍回注，崩浪震山」。《注》稱其地為「瀧中」，稱其水為「瀧水」。前面已經提及，《水經注》稱瀑布的詞彙多變，「瀧」也是其中之一。

擷英

（《經》東至曲江縣安聶邑東，屈西南流。）

林水自源西注于瀧水，又與雲水合。水出縣北湯泉，泉源沸湧，浩氣雲浮，以腥物投之，俄頃即熱。

解讀

這一段《注》文所記敘的是雲水溫泉。但《武英殿本》在文字上顯然承以往傳鈔之訛，尚可再校。按此句中的「俄頃即熱」，其他多本，如《永樂大典》本、黃省曾本、吳琯本、王國維、何焯諸校及趙一清的《水經注釋》，都作「俄頃即熟」。酈道元足跡未南，《注》文當然是引他人著作。按南北朝宋劉義慶曾撰有《幽明錄》一書，雖早已亡佚，但酈氏必見，此段《注》文或即從《幽明錄》引來。因《太平御覽・卷七十九・地部》曾引及《幽明錄》中「雲水溫泉」，其文說：

始興雲水，源有湯泉，每至霜雪，見其上蒸氣數十丈，生物投之，須臾便熟。

所以《武英殿本》文字，「腥物」是「生物」的音訛，「熱」是「熟」的形訛。《永樂大典》本等的這一段，從內容考究，比《殿本》順理成章，故《殿本》的這一段值得斟酌。

卷三十九

洭水 深水 鍾水 耒水 洣水 漉水 瀏水 溳水 贛水 廬江水

擷英

（洭水《經》洭水出桂陽縣盧聚。）

（嶠）水出都嶠之溪，溪水下流歷峽，南出是峽，謂之貞女峽。峽西岸高巖名貞女山，山下際有石如人，形高七尺，狀如女子，故名貞女峽。古來相傳，有數女取螺于此，遇風雨晝晦，忽化為石。斯誠巨異，難以聞信。但啟生石中，摯呱空桑，抑斯類矣。物之變化，寧以理求乎？

解讀

這一段《注》文是酈道元批判那些自古以來以訛傳訛的奇談怪論。除了對「貞女石」的「斯誠巨異，難以聞信」屬於《注》文中事外，他藉此引出北方傳說中的「啟生石中，摯呱空桑」二事。啟是傳說中的禹之子。前者，《淮南子》等古籍中有載；後者所稱之「摯」，即伊尹之名，

《墨子》中載有伊尹母化為空桑的神話，酈書在〈伊水〉篇中已有敘及，該篇《經》文「又東北過陸渾縣」下《注》文記及：

昔有莘氏女採桑于伊川，得嬰兒于空桑中，言其母孕于伊水之濱，夢神告之曰：「臼水出而東走。」母明視而見臼水出焉，告其鄰居而走，顧望其邑，咸為水矣，其母化為空桑，子在其中矣。莘女取而獻之，命養于庖，長而有賢德，殷以為尹，曰伊尹也。

酈氏在該篇中直錄此傳說，未曾評說。但在此則以之與「貞女石」的怪談類比：「物之變化，寧以理求乎？」說出了他的見解：「啟生石中，摯呱空桑」也都和「貞女石」一樣，都是無稽之談。

擷英

（《經》東南過合溗縣。）

應劭曰：溗水東北入沅。瓚注《漢書》，沅在武陵，去溗遠，又隔湘水，不得入沅。

解讀

這段《注》文是酈道元舉《漢書》瓚注為例，批評應劭的錯誤。應劭是漢末人，著作甚多，如《地理風俗記》、《風俗通》、《漢書集解音義》等，酈書多有引及。但應劭北人，南方事非他熟稔，所以常有錯誤。古代北人所撰南方史地，包括史、漢在內，錯誤疊見。《水經》與《水經注》都是北人所撰書，但《注》文指名糾《經》文之謬者就達三十多處。因這一條事關河川，而且應劭錯得非常明顯，所以酈氏特加指出。其實，應書涉南之事，錯訛常見，此處只是一例而已。

擷英

（鍾水《經》又北過魏寧縣之東。）

魏寧，故陽安也。晉太康元年改曰晉寧。

解讀

在歷史地理學研究中，地名學是非常重要的一種分支學科。這一條《經》文稱「魏寧」而《注》文說「晉太康元年改曰晉寧」。即為戴震在《武英殿本》卷首〈校上案語〉作為依據：

觀其涪水條中，稱廣漢已為廣魏，則決非漢時；鍾水條中，稱晉寧仍曰魏寧，則未及晉代。推尋文句，大抵三國時人。

以這一條地名學的依據，考證《水經》撰述時代，是很有說服力的。有一位我熟悉的美國漢學家朋友，他有把他研究工作中出現的歷史地名括注現代地名的習慣，但常常在這個問題上碰釘子。所以發牢騷：「共產黨的官是一批土包子，他們最大的本領和嗜好就是改地名，改地名能改出生產力來嗎？」我不想和他解釋這類我自己也說不清楚的問題，也不願和他多糾纏，其實，這半個多世紀的確是個大改地名的時代，但西漢末年的王莽也曾作過大改地名的蠢事。王莽改的地名，還有不少讓酈道元記錄在《水經注》裡頭。但在中國歷史上，除了在地名學上的這兩次「怪胎時代」外，地名的改動其實並不是很大的，而且如這段《經》、《注》文字上的「魏寧」和「晉寧」之例，還能讓後人做學問呢。

擷英

（贛水《經》又北過南昌縣西。）

（建成）縣出燃石，《異物志》曰：石色黃白而理疏，以水灌之便熱，以鼎著其上，炊足以熟，置之則冷，灌之則熱，如此無窮。元康中，雷孔章入洛，齎石以示張公，張公曰：此謂燃石。於是乃知其名。

解讀

對於建成縣的「燃石」，酈氏引《異物志》，說得確實甚異，但其事尚可商榷。按《異物志》、《隋書·經籍志》著錄漢楊孚撰，一卷，早已亡佚，今有《嶺南叢書》及《叢書集成初編》輯本，所載多怪異事物。南北朝建成縣在今贛西一帶，此處有煤炭。此「燃石」很可能就是煤炭。因南北朝雷次宗撰有《豫章記》一書，亦記及這種事物：「縣有葛鄉，有石炭二頃，可燃以炊。」《續漢書·郡國志》建城注曾引及雷氏此語。酈書在〈贛水〉篇中曾引及雷次宗，故酈氏曾見《豫章記》可以無疑。但雷氏所記石炭，酈書在〈河水〉、〈㶟水〉等諸篇已幾次引及。而《異物志》所描述的「燃石」，於事甚異，酈氏不諳南方事物，因而捨《豫章記》而引《異物志》，其實應以《豫章記》所述為是。

擷英

（廬江水《經》廬江水出三天子都，北過彭澤縣西，北入于江。）

《注》（文從略。）

解讀

《水經》的〈廬江水〉只有一條《經》文，不過寥寥十八字。酈道元在這條《經》文之下寫了大約一千三百字的《注》文，但這篇《注》文與全書的其他《注》文很不相同。全文絕不記敘此水的發源、流程和入江的情況，連《經》文所說的「北過彭澤縣西」的話，既不糾謬，也不解釋。一千三百字的《注》文，主要是引述了王彪之的〈廬山賦序〉、孫放的〈廬山賦〉、遠法師的《廬山記》以及《豫章記》、《豫章舊志》、《潯陽記》、《開山圖》等，內容都是描寫匡廬風景。現在當然不能斷定，酈道元當時是否已經知道，《水經》的〈廬江水〉一篇，是一條錯誤的、並不存在的河流。按照酈氏作《注》通例，《經》文如有錯誤，《注》文總是隨即糾謬。而對於廬江水，他避開了《經》文所敘，自己搜羅了許多有關匡廬文獻，寫了一篇與其他卷篇不同體例的文字。從這種情況判斷，酈道元本人也不知道到底有沒有廬江水這條河流。既不能肯定，也不能否定，所以只好撇開《經》文，自作主張，寫出這樣一篇《注》文。

《水經》的〈廬江水〉和〈漸江水〉均鈔自《山海經》。《海內東經》說：「漸江水出三天子都，在蠻東，在閩西北，入海餘暨南。廬江水出三天子都，入江彭澤西，一曰天子鄣」。但《海內南經》則說：「三天子鄣山在閩海西北，一曰在海中。」中國自古有些地理書，如《山海經》、《穆天子傳》，當然不是說它們沒有價值，但對它們之中的每一個地名，都像現代地名一樣地確信其存在就未免過分天真。上述「三天子都」就是這樣的一個例子。因為首創這個地名的《山海經》，在《海內東經》和《海內南經》中就彼此徑庭。「三天子都」在什麼地方，《山海經》的作者顯然也是根據當時的傳說。因為直到《漢書．地理志》，對於南方的河流，還是相當模糊的。《漢書．地理志》中丹陽郡說：「漸江水出南蠻中，東入海。」班固（孟堅）沒有用「三天子都」這個地名，說明他對這個地名就持懷疑態度。前面已經指出，所有這些地理書的作者都是北方人，他們對於南方的山川地理，所知實在很少。但後來有些學者，在漸江水發源已經基本了解的情況下，反過來把漸江水源所出之地定為「三天子都」，這實在是和漢武帝把于闐南山定為崑崙山一樣地可笑。

至於廬江水，當然是一條錯誤的河流。但歷來卻有不少人為《水經》作各種解釋，楊守敬就是其中之一。他撰有〈山海經、漢志、水經注廬江異同答問〉（《晦明軒稿》上冊）一文，長達二千言，用各種理由證明廬江水即是皖清弋江，甚至說：「豈有精如孟堅而不知南北」。其實，班固對於南方河川，訛誤甚多，又何止廬江水而已。酈道元在卷二十九〈沔水〉篇的《注》文中自己承認對江南河川的無知。他在那段《注》文中所說的一番話（前已引及），說得非常坦率，但楊守敬在其《水經注圖凡例》中卻說：

亦有《經》文不誤而酈氏誤指者，如〈廬江水〉，《經》文之三天子都，本指黟歙之黃山，而酈氏移至廬山，今則兩圖之。

楊守敬硬說《水經》不誤，無非如他在上述《晦明軒稿》中的文章，在「彭澤縣」的地理位置上做工夫。彭澤縣的地理位置歷來雖或有變化，但變來變去絕對變不到今蕪湖市的位置。也就是說，這條莫須有的廬江水，不管作怎樣的解釋都不可能成為今清弋江。很有一些人有一種盲目為古人護短的偏見，越古就越正確，班固就比酈道元正確。其實班固假使已把江南水道說得清清楚楚，酈道元何至於在〈沔水〉篇中說「未必一得其實」的話呢？

酈道元的這種知之為知之，不知為不知的科學態度令人佩服，在酈道元的時代，對江南河川的知識尚且如此，則何況乎《山海經》和《漢書．地理志》，卻竟有不少人曲為之解，說明迷信古人和古書的事，由來實已很久了。〈廬江水〉篇是一個例子。酈氏自知對江南河川缺乏知識，無法對《水經》作出臧否，勉強寫了這樣一篇與全《注》體例不同的文章，實在是不得已而為之。

卷四十

漸江水　斤江水　江以南至日南郡二十水　禹貢山水澤地所在

擷英

（漸江水《經》漸江水出三天子都。）

《山海經》謂之浙江也。

解讀

漸江水即今錢塘江。王國維〈浙江考〉（《觀堂集林》第十二卷）說：

浙江之名始見于《山海經》、《史記》、《漢書》、《越絕書》、《吳越春秋》諸書。《漢書・地理志》及《水經》皆有漸江水，無浙江水。《說文解字》于江沱二字下出浙字，曰江水至會稽山陰入海為浙江。其後又出漸字，曰漸水出丹陽黟南蠻中東入海。

其實，王國維此文中尚未引及《莊子・外物篇》，該篇稱此水為「淛河」。錢塘江有這幾種古名，這是因為浙江原是越語，「浙」是越語漢譯，「漸」（古音讀「斬」）、「淛」（制）都是一音之轉，也就是說都是越語漢譯。按《水經》，此水幹流是今新安江。但一九五〇年以後，一些通俗讀物及媒體上，忽然毫無依據地把此水正源移到《水經》支流婺江上游浙江省境內常山、開化的馬金溪的上源蓮花尖。但後來安徽人發現，這個源頭從蓮花尖向上還可上溯到青芝埭尖，而青芝埭尖已在皖境。對於這類事件的主要原因除了省境的爭論以外，實在是因為從上世紀五十年代之始，學術頓時式微，學術界多數人均被政治掛帥的階級鬥爭所牽連。錢塘江河源除了一般學術界以外人士隨意傳播以外，我雖服膺《水經注》，但在撰寫所謂「普及」讀物：《祖國的河流》⑰，在此江河源中，也只能把其發源分成南源、中源、北源。直至上世紀八十年代之初，學術界才有一些有責任心的人士，提出重新研究之舉。於是浙江省地理學會、水利學會、測繪學會、林學會四個學會，並與安徽省合作，組成近二十人的實地考察隊，聘請專家顧問，於一九八三年起，開始到各地實勘。經過為期兩年多的在皖浙地區奔走和反覆研勘，最後一致肯定《水經》的記載不訛（實勘隊員除個別成員外，均未接觸過《水經》）。考察隊繪製了不少地圖，拍攝了許多照片，並寫了從各種論點研究的論文。最後由浙江省科協組織，於一九八五年十二月在杭州舉行討論會，並邀請中國科學院地理研究所及長江流域規劃辦公室專家參加討論。經過幾天的討論，一致同意考察隊的考察成果，錢塘江正源發源於安徽休寧六股尖，是懷玉山的主峰，其地理座標為東經一一七度四五分二〇秒，北緯二九度三三分四〇秒。海拔高度一三五〇公尺。錢塘江的河口為澉浦長山東南嘴至餘姚市西三閘的連線。從河源到河口，全長六〇五公里，流域面積為四八八八七平方公里。此項結果，包括地圖、照片和考察隊員從各個

---

⑰ 上海新知識出版社一九五四年初版，至一九五七年反右，前後共印九次計六七〇〇〇〇冊。

角度的文章，在討論會上由全國、全省專家反覆議論。參加這項成果的專家共十五人，一致同意，並簽了名。最後由浙江省科學技術協會編成《錢塘江河源河口考察報告》一書，公開問世。此書十六開，共四八頁，包羅二年多考察的全部成果。當時並由新華社發了電訊。但由於此書印數不多，流傳不廣，至今在學術界圈子以外，知者仍然不多，所以藉此重述其經過概要如上。

擷英

（漸江水《經》漸江水出三天子都。）

浙江又左合絕溪，溪水出始新縣西，東逕縣故城南，為東、西長溪，溪有四十七瀨，浚流驚急，奔波聒天。

解讀

〈漸江水〉篇中出現了「瀨」，此條說「溪有四十七瀨」，以下又提到「自建德至此（按壽昌縣南）八十里中有十二瀨，瀨皆峻險，行旅所難」，「自（桐廬）縣至於潛，凡十有六瀨」。《注》文還提及各處「瀨」的具體名稱，不勝枚舉。不過，酈書在〈漸江水〉篇以前，河川中已經偶或提及「瀨」，如卷三十八〈資水〉篇：「縣有關羽瀨，所謂關侯灘也。」由此可知，「瀨」與「灘」屬於河川中的同類地理事物。王充《論衡・書虛篇》說：「溪谷之深者安洋，淺多砂石，激揚為瀨。」至於稱「灘」稱「瀨」，大概出於方言，清錢坫《異語・卷十二・釋水》（《玉簡齋叢書》一集）說：「瀨，磧也，吳、楚謂之瀨。」漸江水屬於錢坫所謂的地域範圍，所以這裡的河川中出現了許多「瀨」。有「瀨」之處，往往山峻水急，自然風景優美，所以《注》文多所描述，清暢可誦。

擷英

孫權使賀齊討黟歙山賊，賊固黟之林歷山，山甚峻絕，又工禁五兵，齊以鐵杙椓山，升出不意，又以白棓擊之，氣禁不行，遂用奇功平賊。于是立始新之府于歙之華鄉，令齊守之，後移出新亭，晉太康元年，改曰新安郡。

解讀

這段《注》文記敘東吳政權定局後，孫權派賀齊平定其轄境內黟、歙一帶「山賊」事。其間如「工禁五兵」、「白棓擊之」等等，當然是以後附會的傳說之類。但討伐「山賊」之事確是史實，值得加以解釋。按秦始皇一統這個地區以前，這裡原是越族居地。秦占領以後，越族人流散，但其中也有逃入山區的。《注》文所說「山賊」，其實就是越族遺民入居山區者，史書也常稱「山越」。秦始皇曾對故越族中心地區即山陰一帶的越人作過一次強迫的移民。《越絕書・卷八》說：「徙大越民，置餘杭、伊攻、□⑱、故鄣。」卷二又說：「烏程、餘杭、黝、歙、無湖、石城縣以南，皆故大越徙民也，秦始皇勒石徙之」。

所以在黟、歙一帶的山區，越人後裔居於山區者甚多。《後漢書・靈帝紀》：「丹陽山越賊

---

⑱ 作者按：「伊攻」之下，《越絕書》有□，當是東漢初人整理《越絕書》時所不知的地名。

圍太守陳夤」。說明這些越族後裔，也有下山造反的。而「山越」一詞，也就在《靈帝紀》首見出現。《資治通鑑・漢紀・卷四十八》在鈔錄《靈帝紀》此條下，胡三省《注》云：「山越本亦越人，依阻山險，不納王租，故曰山越。」到了三國時代，由於後漢末期的社會擾亂，地方不寧，山越人下山甚多，甚至聚眾在郡城包圍郡守陳夤。所以才有孫權命令賀齊討伐之舉。從此以後，山越歸化，新的郡縣興建。山越名稱也不再見於載籍。至於今浙江境內還有一些少數民族如畲族之類，與山越是否存在關係，尚可研究。

擷英

浙江又北逕新城縣，桐溪水注之，水出吳興郡於潛縣北天目山，山極高峻，崖嶺竦疊，西臨峻澗。山上有霜木，皆是數百年樹，謂之翔鳳林。東面有瀑布，下注數畝深沼，名曰浣龍池。池水南流逕縣西，為縣之西溪，溪水又東南與紫溪合，水出縣西百丈山，即潛山也。山水東南流，名為紫溪。中道夾水，有紫色磐石，石長百餘丈，望之如朝霞，又名此水為赤瀨，蓋以倒影在水故也。紫溪又東南流逕白石山之陰，山甚峻極，北臨紫溪，又東南，連山夾水，兩峰交峙，反項對石，往往相捍。十餘里中，積石磊砢，相挾而上，澗下白沙細石，狀若霜雪，水木相映，泉石爭暉，名曰樓林。

解讀

〈漸江水〉篇是酈書中的一個文章優美的佳篇。這段《注》文從天目山到紫溪，是其中之例。天目山是錢塘江不少支流發源處，紫溪是其中之一。「山上有霜木，皆是數年樹，謂之翔鳳林」，此山林木甚多，但特有樹種為高大的柳杉(Cryptomeria Fortunei)，此樹除天目山外，僅在廬山尚有存留。最大的柳杉樹，胸徑超過二公尺，樹高三十多公尺。酈書所謂「翔鳳林」或即指此。紫溪即今分水江的一段，此河上流因切割作用強烈，比降甚陡，特別是從河橋鎮到紫溪一段，兩岸高山緊逼，構成一峽谷地帶，河道寬度僅五十公尺左右，河床中積石纍纍，灘多水急。至今紫溪附近一段，與《注》文描述，絕無二致。天目山又多瀑布。「東面有瀑布」一句，《名勝志・浙江卷一・杭州府・于潛縣》引《水經注》作「東西瀑布」，按今日實勘，當以《名勝志》所引為是。因全山瀑布不少，不僅東面有之。

擷英

（《經》北過餘杭，東入于海。）

浙江又東逕烏傷縣北，王莽改曰烏孝。《郡國志》謂之烏傷。《異苑》曰：東陽顏烏以純孝著聞，後有群烏助銜土塊為墳，烏口皆傷，一境以為顏烏至孝，故致慈烏，欲令孝聲遠聞，又名其縣曰烏傷矣。

解讀

「烏傷」原是越語地名。秦一統這個地區後，在地名上改異極少，《越絕書》記載甚明，除「大越」改山陰，「武原」改海鹽外，其餘地名，包括郡名會稽及各縣名，均保留越語，烏傷是其中之一。但漢人移入這個地區後，由於漢人不解越語，故原有越語地名，不斷發生漢化及半漢化現象。《異苑》編造顏烏故事，以「烏口皆傷」附會「烏傷」。但王莽已改此縣為「烏孝」，說明《異苑》中由劉敬叔所編的故事，在西漢時已經流傳。王莽大改地名，但他根本不諳越語（把越語地名「無錫」改為「有錫」亦是一例）。今這個地區的許多古代越語地名繼續存在，有的並至今使用。但歷來研究者不多。清李慈銘在《越縵堂日記》同治八年七月十三日下說：

蓋餘姚如餘暨、餘杭之比，皆越之方言，猶稱于越、句吳也。姚、暨、虞、剡，亦不過以方言名縣，其義無得而詳。

李慈銘是一位學者，不以牽強附會之說隨意解釋越語地名。不過他似乎未曾詳讀《越絕書》，因他認為「其義無得而詳」中的「餘姚」、「餘暨」（蕭山古名）、「餘杭」的「餘」字，《越絕書・卷八》有解：「朱餘者，越鹽官也，越人謂鹽曰餘。」故漢譯的「餘」字，越意為「鹽」。越語至今已基本淪佚，但從若干古籍及今越地方言中，尚可究其淵源。

擷英

《錢唐記》曰：防海大塘在縣東一里許，郡議曹華信家議立此塘，以防海水。

始開募有能致一斛土者，即與錢一千。旬月之間，來者雲集，塘未成而不復取，于是載土石者，皆棄而去，塘以之成，故改名錢塘焉。

解讀

這一段《注》文，酈氏錄自劉宋劉道真《錢塘記》⓳。古籍引及此文的，除《水經注》外，尚有《後漢書・朱儁傳注》和《通典・卷一八二》，內容基本相同。既然「議立此塘」者是「郡議曹」，則這個「郡」當是會稽郡或吳郡。距劉道真作錢塘縣令時已經很久了。劉道真是按當時地方的傳說把這段故事寫入《錢塘記》的。這種傳說，內容有牽強附會的，但也有真實的，其中真實的部分具有重要價值。《注》文中所說：「郡議曹華信家議立此塘，以防海水」，這是極有價值的。因為「防海大塘」在「縣東一里許」，這是劉道真親見的話，他是南朝宋錢塘縣令，他的話證實了在劉宋錢塘縣東一里許，確有這條「防海大塘」的存在。中國古籍中記載沿海築塘，《錢塘記》以前尚無其他文獻記及（《越絕書・卷八》記有「石塘」，但「石塘」不能證明其為了「防海」而作），這是其可貴之處。但《記》內述及的築塘傳說，顯然存在牽強附會，因為南朝宋距漢為時已遠，對於這類傳說，劉道真已無法分辨，也或許他明知這類傳說的虛假，但以之收入《錢塘記》既是如實而傳，也增加了文采。當然，後世的評論就未必如此。天津圖書館所藏全祖望《五校鈔本》上，此處有施廷樞的手寫評語：「千錢誑眾之陋」。施廷樞的話，當

⓳ 此處《錢塘記》即擷英之《錢唐記》。「錢唐」是秦置縣，原作「唐」，至唐朝因與朝名相同而改作「塘」。

然也是批評這種傳說，並不是批評這條「防海大塘」。因為修築這樣一條海塘，顯然有很大的工程量。而且當時社會的道德準則是溫良恭儉讓，不是假冒偽劣。為政者決不致設計一套「陰謀」甚或「陽謀」來坑害人民的。所以對於劉道真的《錢塘記》（此書已亡佚）所輯存的這些內容，「防海大塘」是這位縣令親見的事物，是中國對海塘的最早記載，具有很高價值。而「千錢詎眾」之類，無非是一種無稽的傳說而已。對於古籍，大多都有這類虛構故事，今天的讀者自能善於區別。

擷英

浙江又東與蘭溪合，湖南有天柱山，湖口有亭，號曰蘭亭，亦曰蘭上里，太守王羲之，謝安兄弟，數往造焉。吳郡太守謝勗封蘭亭侯，蓋取此亭以為封號也。太守王廙之移亭在水中，晉司空何無忌之臨郡也，起亭于山椒，極高盡眺矣。亭宇雖壞，基陛尚存。

解讀

這一段《注》文記敘蘭亭，蘭亭後來成為紹興的一個重要勝地。《注》文記及了「太守王羲之」，但未記敘永和九年（西元三五三年）三月三日以王羲之為首的蘭亭修禊，這當是酈道元的疏漏，亦可能是後來傳鈔者的佚落。因〈蘭亭詩序〉（或稱〈蘭亭集序〉，此文名稱甚多，不勝枚舉）這篇名作，酈氏必然讀到。但從這段《注》文中，我們仍可獲得若干六朝以前這個地方的資料。首先，清于敏中在《浙程備覽．紹興府》中所說：「或云蘭亭非右軍始，舊有蘭亭即亭堠之亭，如郵鋪相似，因右軍褉會，遂名于天下。」亭原來是縣以下的一級地方行政區劃，「吳郡太守謝勗封蘭亭侯」一語中已可明確。或許是因為其地濱鑒湖，又有會稽山之勝，當時的文人雅士藉湖上交通之便利，常到此聚會，因而有王羲之修褉之舉。而參與此次聚會者，多是當時名人，就是于敏中所謂「遂名于天下」的來由。從此，蘭亭除了作為縣下的行政區劃以外，好事者又在此建造亭榭，並且以「蘭」為名。但僅從《注》文所示，這個亭榭已經兩度遷移。王廙之移亭在水中地旁鑒湖，何無忌又建亭到天柱山山巔。而六朝以後又數經播遷，酈道元當然不及見。直到明朝，郡守沈啓在天章寺附近重建，其地與王羲之修褉的蘭亭相去甚遠。清全祖望在〈宋蘭亭石柱銘〉（《鮚埼亭集》卷二十四）文中說：「自劉宋至趙宋，其興廢不知又幾度，顧不可考，若以天柱山之道案之，其去今亭三十里。」全祖望文中所說的趙宋蘭亭，其址已在天章寺，明沈啓無非重加修葺而已。明末清初人張岱在〈古蘭亭辨〉（《琅嬛文集．卷三》）文中說：「因其地有池，乃構亭其上，甃石為溝，引田水灌入，摹仿曲水流觴，尤為兒戲。」張岱和全祖望都是知道歷史上蘭亭修褉和播遷過程的學者。所以對一處名勝古蹟，按其來龍去脈，作出有根有據的考證。但現代人絕大多數已不做學問，也不懂學問。眼下各地也多有修復古代名勝古蹟作為旅遊景點的，但目的在於開發旅遊業，發展經濟，已經不再重視考證了。

擷英

漢世劉寵作郡，有政績，將解任去治，此溪父老，人持百錢出送，寵各受一文。然山棲遁逸之士，谷隱不羈之民，有道則見，物以感遠為貴，荷錢致意，故受者以一錢為榮，豈藉費也，義重故耳。

解讀

全部《水經注》中，酈氏凡遇清官，總以各種文字加以讚揚。諸如童謠兒歌之類，也無不搜集利用。這段關於劉寵的《注》文，酈氏或許是參照了《後漢書・劉寵傳》的文字寫成的，〈劉寵傳〉的原文如下：

寵簡除煩苛，禁察非法，郡中大化。徵為將作大匠，山陰縣五六老叟，龍眉皓髮，自若耶山谷間出，人賫百錢以送寵，寵勞之曰：「父老何自苦。」對曰：「山谷鄙生，未嘗識郡朝，他守時，吏發求民間，至夜不絕，狗吠竟夕，民不得安。自明府下車以來，狗不夜吠，民不見吏，年老遭值聖明，今聞當見棄去，故自扶奉送。」寵曰：「吾政何能及公言耶？勤苦父老為人，選一大錢受之。」

劉寵與這些老人告別之處，在今紹興與蕭山交界的一條河邊，此後地名就稱「錢清」，人民並建了一座「一錢亭」以資紀念。此亭現今修復在河邊。酈氏表揚的清官，至今仍為後人稱頌。

擷英

（浦陽）江水導源烏傷縣，東逕諸暨縣，與洩溪合。溪廣數丈，中道有兩高山夾溪，造雲壁立，凡有五洩。下洩懸三十餘丈，廣十丈，中三洩不可得至，登山遠望，乃得見之。懸百餘丈，水勢高急，聲震水外，上洩懸二百餘丈，望若雲垂。此是瀑布，土人號為洩也。

解讀

五洩是至今仍存的諸暨重要名勝，是會稽山區中的著名瀑布。五洩瀑布是江南的自然勝景，但在至今留傳的古籍中，《水經注》卻是最早記敘這處江南名勝的古籍。說明酈道元當年在搜羅文獻資料上確實是盡心竭力。今酈氏用以記敘五洩的原籍已經亡佚，竟至江南勝景卻在此北人文獻中詳敘。所以《水經注》對南方的記敘也作出了南人不及的貢獻。《水經注》全書記入的瀑布達六十餘處，但使用「瀑布」這個詞彙的僅十三處，五洩是其中之一，「此是瀑布，土人號為洩也」。稱瀑布為洩，可能還是殘留的古代越語，所以這一「洩」字，在語言學研究中還很有價值。

擷英

浦陽江又東北逕始寧縣嵊山之成功嶠，嶠壁立臨江，欹路峻狹，不得并行，行者牽木稍進，不敢俯視。

解讀

卷三十六〈若水〉篇中，《注》文記敘了當年西南山區的行路艱難情況，「庲降賈子，左擔七里」，即所謂「左擔道」。而從這段《注》文所敘，東南地區在未曾開拓以前，今浙東丘陵的交通也非常困難。山路險狹，「不得并行，行者牽木稍進，不敢俯視」。其困難程度，實在有甚於「左擔道」。如果沒有此篇中的記敘，後來人顯然無法想像浙東丘陵古代的交通困難情況。現代人需要研究古籍，因為許多古代情況，如無古籍，是無法想像的。

擷英

（上虞）縣東北上亦有孝子楊威母墓。威少失父，事母至孝，常與母入山採薪，為虎所逼，自計不能禦，于是抱母，且號且行，虎見其情，遂彌耳而去，自非誠貫精微，孰能理感于英獸矣。

解讀

這段《注》文中有「常與母入山採薪」一句。王國維對這個「薪」字，在〈宋刊水經注殘本跋〉（《觀堂集林》第十二卷）中說：

> 卷四十〈漸江水注〉，入山採旅，諸本皆作薪。案《後漢書・光武紀》，野穀旅生。注，旅，寄也，不因播種而生，故曰旅。今字書作穭，音呂。又《獻帝紀》，尚書郎以下，自出採稆，注引《埤蒼》曰：「穭自生也。稆與穭同。」酈云採旅，正與范書語合，諸本改作薪，蓋緣不知採旅為何語耳。

王國維的話，只有一點需要改正，即「諸本皆作薪」。因為王氏生前僅讀到《永樂大典》本的前二十卷。其實《永樂大典》本卷四十〈漸江水注〉中，此處亦作「入山採旅」。所以應該說，除了殘宋本和《永樂大典》本外，其餘各本都作「入山採薪」。「旅」字和「薪」字，在字形和讀音上，兩者均無相似之處，不可能是傳鈔的錯誤。這中間，一定有一位自以為是的校勘者，既不懂「旅」字這個常見字是否另有他義，又未查明此字是否還有另外音訓，一筆將其改成「薪」字，以後各本就從此以訛傳訛，於是從黃省曾刊行此本開始，直到近代的一切版本，此處都作「入山採薪」。但按情理而論，《水經注》的原文當以「入山採旅」為是。除了上述「旅」和「薪」形、音懸殊，不會造成傳鈔之誤外，從故事的情節判斷，「旅」是可以食用的野生植物，荒年當用以代糧，《救荒本章》之類的書上常有記載。上山採集這類代食品，勞量並不很大，但必須具有識別的知識。「薪」是燃料，上山採薪，需要很大的勞力，但並不需要識別的知識。一個孝子上山，為什麼要帶母親同去，這當然是因為母親年長識多，具有鑑別野生植物何者可食，何者不可食的知識。上山採薪，就是砍柴，是人人能做的辛苦生活，孝子當然不會帶母親上山砍柴的。由此推斷，《水經注》原文應該是「入山採旅」，王國維的考據是信而有徵的。

陳橋驛《水經注》研究著作目錄

1. 《水經注研究》，天津古籍出版社一九八五年版。
2. 《水經注研究二集》，山西人民出版社一九八七年版。
3. 《酈學新論——水經注研究之三》，山西人民出版社一九九二年版。
4. 《酈道元與水經注》，上海人民出版社一九八七年版。
5. 《酈道元》，花山文藝出版社二〇〇〇年版。
6. 《酈道元評傳》，南京大學出版社一九九四年版，一九九七年再版。
7. 《酈學札記》，上海書店出版社二〇〇〇年版。
8. 《水經注》（武英殿本），上海古籍出版社一九九〇年版。
9. 《水經注疏》（上中下冊），江蘇古籍出版社一九八九年版，一九九九年再版。
10. 《水經注校釋》，杭州大學出版社一九九九年版。
11. 《水經注》（簡化字本），浙江古籍出版社二〇〇一年版。
12. 《水經注全譯》（無原文本），山西人民出版社一九九五年版。
13. 《水經注全譯》（上下冊，附原文本），貴州人民出版社一九九六年版。

14. 《科學巨著水經注評價》（《中國典籍精華叢書》第九卷），中國青年出版社二〇〇〇年版。
15. 《水經注》一黃河之水，臺灣古籍出版有限公司二〇〇二年版。
16. 《水經注》二汾濟河之水，臺灣古籍出版有限公司二〇〇二年版。
17. 《水經注》三海河之水，臺灣古籍出版有限公司二〇〇二年版。
18. 《水經注》四洛渭河之水，臺灣古籍出版有限公司二〇〇二年版。
19. 《水經注》五淮河之水，臺灣古籍出版有限公司二〇〇二年版。
20. 《水經注》六沔河之水，臺灣古籍出版有限公司二〇〇二年版。
21. 《水經注》七長江之水，臺灣古籍出版有限公司二〇〇二年版。
22. 《水經注》八江南之水，臺灣古籍出版有限公司二〇〇二年版。
23. 《水經注圖》，山東畫報出版社二〇〇三年版。
24. 《水經注研究四集》，杭州出版社二〇〇三年版。
25. 《水經注校證》，中華書局二〇〇七年版。
26. 《水經注論叢》（《求是百年學術精品叢書》），浙江大學出版社二〇〇八年版。
27. 《水經注》，（《中華經典藏書》），中華書局二〇〇九年版。

文苑叢書

古典小說選讀

丁肇琴 編著

古典小說是中國文學中的瑰麗珍寶，也是瞭解當時社會文化的一項重要材料。本書從六朝至明清之際浩如煙海的小說作品中，精選最具代表性、趣味性、文學性和社會性的名家名作，並輔以精確的注釋及深刻的賞析，堪稱為古典小說選集的範本。特別的是，還加上延伸閱讀這一單元，不僅能提供讀者閱讀相關文本或論文的捷徑，也幫助您更貼近作家的心靈。

唐詩欣賞與創作入門

許正中 著

唐詩是中國文學之精華，不論律詩或絕句，五言或七言，每首詩的字數、句數、聲韻等，都有其特定的格式。瞭解其規則要素，是掌握欣賞與創作的入門之鑰。本書首先略述近體詩之源流，再分章就其聲韻特質與相關要素，如平仄、押韻、格式、對偶等，舉實例加以詳細說明，末章並就近體詩之作法與析賞述其大要。相信可讓讀者進一步深入體會唐詩的奧妙，獲得欣賞與創作唐詩之樂。

紅樓夢與中華文化

周汝昌 著

本書為周汝昌先生眾多《紅》學論著中，少數授權臺灣出版社發行的作品之一，為其致力研究《紅》學四十多年的成果精萃。此書特從文、史、哲「三位一體」的角度與層次來論證《紅樓夢》這部中華文化史上的奇蹟，提出《紅樓夢》形式上雖是章回小說，但其內容卻是一部偉大的悲劇，精神更已達到抒情詩的境界，三者融然不分；而作者曹雪芹則是身兼大詩人、大思想家、大史學家的綜合型奇才。全書觀點不同流俗，創見特為豐厚，發掘出《紅樓夢》的另一種新風貌。

中國歷代故事詩

邱燮友 著

中國文化中的璀璨瑰寶——故事詩，是用詩歌的方式，來鋪述一則故事的長篇敘事詩。中國的故事詩，大抵用音樂或樂曲來說故事，因而多為樂府詩的形式。換言之，將小說的題材，用詩歌的方式來表達，便成為故事詩。每個時代都有動人的故事發生，這些有血有淚、有情有義的故事，由民間詩人或文人透過詩歌、音樂記錄下來，就如同四季的風，催開每季不同的花朵，然後在和煦的陽光下，展現婀娜多姿的姿態，令人搖蕩情靈，吟頌不已。

唐人小說

柯金木 編著

本書分為五個教學單元，收錄十四篇唐人小說，各篇均有導讀、正文、眉批、注釋、譯文、析評、問題與討論等七個部份，作為基本閱讀、研習的依據。在內容編排上，特別重視即知即用、淺顯易懂，並有完整的課程搭配介紹。在教學思維上，強調由教師引導學生思考，以及多向互動的學習觀點，既有個別獨立的章旨討論，也有網絡串聯的單元分析表。另有課前活動、課後活動的設計，可以有效激發學習興趣、效益。

古典詩歌選讀

王文顏、侯雅文、顏天佑 編著

詩歌是中國文學的菁華，長久以來溫暖萬千讀者的心靈。為了彌補坊間詩選的不足，本書在編選上依年代先後選擇代表性詩人及作品，另採「主題式」選詩，將同類型的詩歌集中呈現，以便讀者比較、鑑賞。舉凡愛情、友情、自然、歷史、自我等主題，皆在選編之列。另外，自明鄭以來在臺灣生根發展的古典詩，不但具有古典詩的面貌，更反映臺灣獨有的內涵。因此本書另立專章，除了簡述臺灣古典詩歌發展的梗概外，亦精心挑選數首詩作提供讀者欣賞。希望與您共享讀詩的喜悅，一同貼近詩人的心靈。

古籍今注新譯叢書

新譯王維詩文集（上）、（下）

陳鐵民　注譯

王維是唐代成就最高的詩人之一，也是盛唐山水田園詩派的代表人物。他的詩內容豐富，形式多樣，詩風清澹簡遠，語言清新明麗，精警自然，各種體裁與題材都不乏千古傳誦的佳作，影響當代與後世詩人極為深遠。本書以清趙殿成《王右丞集箋注》為底本，參校多種善本與相關資料，完整收錄王維今存的詩三百七十四首，文七十篇，校勘至為精審。注釋準確，語譯流暢，研析精彩深入且言之有據，是欣賞、研究王維文學成就的最佳選擇。

新譯白居易詩文選

陶敏、魯茜　注譯

白居易是中唐有名的社會寫實詩人，詩歌作品平易近人，老嫗能懂。他所倡導的新樂府運動，重視文學的實用性，帶動詩歌革新，影響深遠。本書選錄其作品共二百二十首，以詩歌為主，並適當選入較多的制、策、奏、判等應用文，以全面反映白居易的文學成就。全書注釋簡明，語譯淺近，力求保留作品原有的風致和神韻。研析以文本藝術鑑賞為中心，並介紹學界相關研究成果。透過本書可一覽白居易的理想與智慧、執著與堅守，以及藝術才華與情感體驗等，進而對人生有更深的體會。

新譯古文觀止（上）、（下）（二版）

謝冰瑩　等　注譯

清人吳楚材、吳調侯叔侄編選的《古文觀止》，因為包含了先秦以來優秀的散文作品及各名家之代表作，且篇幅適中，雅俗共賞，自康熙三十四年（西元一六九五年）問世以來，即風行各地，家喻戶曉，影響之廣泛深遠，遠超過《昭明文選》、《古文辭類纂》、《經史百家雜鈔》等著名選本。本局所作《新譯古文觀止》出版於民國六十年，此革新版為歷年來第二次之大幅修訂。在既有的基礎之上，除了正文依各種善本重為校勘外，並特別加強注釋、語譯和賞析三部份，力求與當代語言一致，貼切現代人的研讀需求，希望能幫助讀者打開禁錮於古老話語中的豐沛寶藏。

新譯聊齋誌異選（上）、（下）

任篤行、劉淦　注譯　袁世碩　校閱

《聊齋誌異》是清初著名文學家蒲松齡所作的短篇小說集，書中所寫多為社會上的奇聞異事或狐鬼花妖神仙故事，不僅小說情節生動曲折，引人入勝，同時富有真實的社會生活內容，寓有啟迪人生的深刻思想。蒲松齡透過一則則鬼怪世界的描寫，以奧妙的構思和運筆，影射現實社會，刻劃人生百態，被譽為「中國文言小說之集大成者」。《聊齋誌異》自刊行後即廣泛傳播，坊間書肆隨處可見，甚至到了「家有其書」的地步，近代更被大量改編為戲劇、影集播出。本書精選其中的一百篇，以明暢的注譯和深入的研析，幫助讀者掌握《聊齋誌異》的精華，領略蒲松齡的小說藝術。

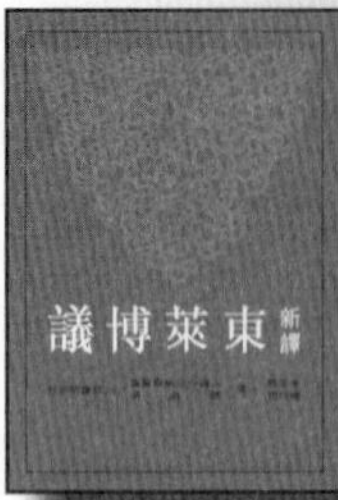

新譯東萊博議（上）、（下）（二版）

李振興、簡宗梧　注譯

《東萊博議》原名《左氏博議》，是宋人呂祖謙為指導諸生課試之文，「思有以佐其筆端」而寫的史論著作。它除了有助於開拓讀史傳之視野外，於謀篇立意、行文技巧等更足資借鑑，到今日仍是指導議論文作法的絕佳教材。本書各篇有題解說明歷史背景與主要篇旨，注釋以隱文僻句的出處說明，及語譯未能詳明者為重點。而研析部分則重在文章脈絡的分析、變巧手法的深究及思想層面的探討，以提供讀者作為欣賞、分析的參考。

新譯山海經（二版）

楊錫彭　注譯

《山海經》可說是上古時代一部小型的百科全書，它以地理為綱，內容涉及原始社會末期和階級社會初期的社會、地理、經濟、物產等景況，記錄了豐富的遠古神話傳說，保存了人類早期記憶的資料。書中描繪的人事物奇妙且有趣，注釋和語譯簡明貼切，引領讀者進入廣大山河的美麗世界，和古人豐沛的想像力一同翱翔。

世紀文庫

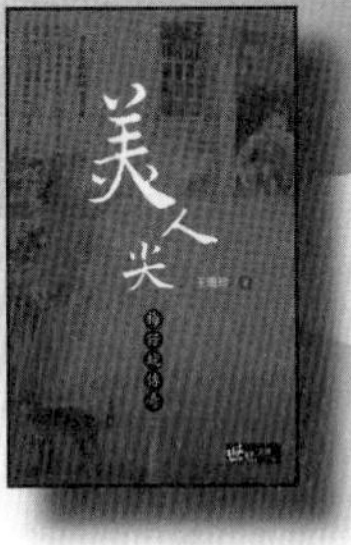

美人尖

王瓊玲 著

十六歲的阿嫌，懷抱著青春的浪漫，嫁到了財大勢強的李家。然而，才隔幾個山頭，她額頭上旺夫家、積財寶的「美人尖」，卻成為婆婆眼中需要攔路破解的「額頭叉」，甚至招來「石磨倒挨」、家破人亡的詛咒。盛怒的阿嫌決定反擊，甘願以燦美如花的一身及一生為賭注，開啟她鬥爭不斷的人生……

張愛玲說，生命是一襲爬滿蚤子的華袍。在被爬蟲逗弄得全身發癢之際，你是奮起抵抗還是消極放棄？透過本書的幾則故事，一段過分沉重的歷史，讓我們看見一群最勇於迎戰的鬥士！

小姨多鶴

嚴歌苓 著

快樂單純的中國東北家庭張家，二兒子張儉的太太小環，因受到日本兵的驚嚇而流產，從此無法生育。十六歲日本滿洲國少女多鶴，因國敗家亡，被人口販子賣到張家當成生育工具。在時代和命運捉弄下，張儉、小環、多鶴無奈的組成了家庭。外人總覺得這個家「怪怪的」，他們三人就在這「怪怪的」雰圍下，彼此牽絆糾葛了一生，並且深深影響他們的下一代——張儉和多鶴的子女！

惆悵夕陽

彭歌 著

不論有多少好或是不好，我們都已走近黃昏，黃昏之後，黑夜，黎明，但那是另一天了。我不一定看得到明天之後的明天，所以，他默默地思索，這樣的夕陽，果然是好，無限的好，無限的依戀。

本書收錄了資深作家彭歌三篇中篇小說，三個發生在不同時代的故事，一貫的是作者心繫兩岸，向前瞻望，對海峽兩岸人民生存情境的悲憫與關懷。

尋找長安——文化遊記

張錯　著

本書以遊記文體展現出對古典文化的溯源與依歸。所收錄十篇文化遊記，代表作者近十多年來，從文學轉向考古與視覺藝術的研究歷程。全書以「恐後世無傳」的心境，去憶取、追尋、重新演繹那些美麗的流逝時光。從長安出發，踏遍大江南北的名城古都、殷墟墓室、石窟雕繪、名山古寺，展開一系列古典雅致的找尋。文中透過實景實物的描述，不但延伸了閱讀的空間感，更使沉默無語的古蹟、器物，流露出比人間言語更純真樸實的精神內涵。

溫室中的島嶼

古蒙仁　著

台灣崩壞的豈只是生態環境？世道人心同樣危脆羸弱，二者同在風雨飄搖之中。其實，生態環境的安危，與世道人心有莫大的關係。而節能減碳云云，根本之計還在恬安淡泊，無為無慾。作者為深入了解台灣的生態危機，以一年的時間，親赴各地災區採訪。曉行夜宿，無畏風吹雨打，就是為了驗證這塊土地曾發生過的災難，用以提醒國人關心我們所處的生態環境，這也是本書希望獲致的成果。